Die innerstädtische Auseinandersetzung in Regensburg am Ende der Reichsunmittelbarkeit

Rechtshistorische Reihe

Band 449

Zur Qualitätssicherung und Peer Review der vorliegenden Publikation

Die Qualität der in dieser Reihe erscheinenden Arbeiten wird vor der Publikation durch den einen Herausgeber der Reihe geprüft.

Notes on the quality assurance and peer review of this publication

Prior to publication, the quality of the work published in this series is reviewed by one of the editors of the series.

Johannes Kalb

Die innerstädtische Auseinandersetzung in Regensburg am Ende der Reichsunmittelbarkeit

Eine historische und rechtliche Untersuchung

PL ACADEMIC RESEARCH

Bibliografische Information der Deutschen Nationalbibliothek
Die Deutsche Nationalbibliothek verzeichnet diese Publikation in der Deutschen Nationalbibliografie; detaillierte bibliografische Daten sind im Internet über http://dnb.d-nb.de abrufbar.

Zugl.: Regensburg, Univ., Diss., 2014

Die vorliegende Arbeit wurde von
Herrn Prof. Dr. Hans-Jürgen Becker
zur Aufnahme in die Reihe empfohlen.

Umschlagabbildung:
Justitia. Allegorie der Gerechtigkeit.
Druck aus dem 17. Jahrhundert.

D 355
ISSN 1615-0344-290X
ISBN 978-3-631-65550-4 (Print)
E-ISBN 978-3-653-04703-5 (E-Book)
DOI 10.3726/978-3-653-04703-5

Peter Lang – Frankfurt am Main · Bern · Bruxelles · New York · Oxford · Warszawa · Wien

Diese Publikation wurde begutachtet.

www.peterlang.com

Vorwort

Diese Abhandlung wurde im Sommersemester 2014 von der Fakultät für Rechtswissenschaft an der Universität Regensburg als Dissertation angenommen. Mein besonderer Dank gilt meinem Doktorvater Herrn Professor Hans-Jürgen Becker für seine in jeder Hinsicht vorbildliche Betreuung. Seine Zuverlässigkeit und freundliche Unterstützung waren eine stetige Motivation für mich. Herrn Professor Martin Löhnig danke ich herzlich für die zügige Erstellung des Zweitgutachtens.

Den Mitarbeiterinnen und Mitarbeitern der von mir aufgesuchten Archive und Bibliotheken in Erlangen, Göttingen, München, Regensburg und Wien danke ich für ihre Freundlichkeit. Bei den vielen Menschen aus meinem privaten Umfeld, die meine Arbeit wohlwollend begleitet haben, möchte ich mich ganz persönlich erkenntlich zeigen.

Erlangen, im August 2014 Johannes Kalb

Inhaltsverzeichnis

Literatur

Aretin, Karl Otmar Freiherr von, Heiliges Römisches Reich 1776–1806. Reichsverfassung und Staatssouveränität, Band 2, Wiesbaden 1967.

Arndt, Ernst Moritz, Reisen durch einen Theil Teutschlands, Ungarns, Italiens und Frankreichs in den Jahren 1798 und 1799, Band 1, Leipzig 1804.

Bader, Karl Siegfried, Die Rechtsprechung des Reichshofrats und die Anfänge des territorialen Beamtenrechts, in: Zeitschrift der Savigny-Stiftung für Rechtsgeschichte, Germanistische Abteilung, Band 65, 1947, S. 363–379.

Bastian, Fritz/Widemann, Josef (Bearb.), Regensburger Urkundenbuch, Band 1, Urkunden der Stadt bis zum Jahre 1350, München 1912.

Bátori, Ingrid, Die Reichsstadt Augsburg im 18. Jahrhundert. Verfassung, Finanzen und Reformversuche, Göttingen 1968.

Becker, Hans-Jürgen, Das Gewaltmonopol des Staates und die Sicherheit des Bürgers. Der Ewige Landfriede- vor 500 Jahren, NJW 1995, S. 2077–2081.

Becker, Hans-Jürgen, Die Städtekurie am Immerwährenden Reichstag zu Regensburg als Rechtsform, in: Weber, Andreas Otto (Hg.), Städtische Normen – genormte Städte. Zur Planung und Regelhaftigkeit urbanen Lebens und regionaler Entwicklung zwischen Mittelalter und Neuzeit, Ostfildern 2009, S. 145–161.

Becker, Hans-Jürgen, Die Übergabe Regensburgs an Bayern. Regensburg wird bayerisch- doch erst mal französisch, in: Becker, Hans-Jürgen/Färber, Konrad Maria (Hg.), Regensburg wird bayerisch. Ein Lesebuch, Regensburg 2009, S. 23–32.

Becker, Hans, Jürgen, Kommentier- und Auslegungsverbot, in: Erler, Adalbert/Kaufmann, Ekkehard (Hg.), Handwörterbuch zur deutschen Rechtsgeschichte, Band 2, Berlin 1978, S. 963–974.

Beck, Tobias S., Kaiser und Reichsstadt am Beginn der Frühen Neuzeit. Die Reichshauptmannschaft in den Regensburger Regimentsordnungen 1492–1555, Regensburg 2011.

Brockhaus, Friedrich Arnold (Hg.), Austräge, in: Conversations-Lexikon. Oder kurzgefasstes Handwörterbuch für die in der gesellschaftlichen Unterhaltung aus den Wissenschaften und Künsten vorkommenden Gegenstände mit beständiger Rücksicht auf die Ereignisse der älteren und neueren Zeit, Nachträge, Erster Band A bis L, Amsterdam 1809, S. 73.

Buchstab, Günter, Reichsstädte, Städtekurie und Westfälischer Friedenskongreß. Zusammenhänge von Sozialstruktur, Rechtsstatus und Wirtschaftskraft, Münster 1976.

Buschmann, Arno (Hg.), Kaiser und Reich. Verfassungsgeschichte des Heiligen Römischen Reiches Deutscher Nation vom Beginn des 12. Jahrhunderts bis zum Jahre 1806 in Dokumenten, Teil I, Vom Wormser Konkordat 1122 bis zum Augsburger Reichsabschied von 1555, 2. Auflage, Baden-Baden 1994.

Buschmann, Arno (Hg.), Kaiser und Reich. Verfassungsgeschichte des Heiligen Römischen Reiches Deutscher Nation vom Beginn des 12. Jahrhunderts bis zum Jahre 1806 in Dokumenten, Teil II, Vom Westfälischen Frieden 1648 bis zum Ende des Reiches im Jahre 1806, 2. Auflage, Baden-Baden 1994.

Chrobak, Werner, Der Verlust der Regensburger Kunstschätze in der Säkularisation, in: Becker, Hans-Jürgen/Färber, Konrad Maria (Hg.), Regensburg wird bayerisch. Ein Lesebuch, Regensburg 2009, S. 97–106.

Chrobak, Werner, Politik und Gesellschaft in Regensburg zwischen 1810 und 1848, in: Becker, Hans-Jürgen/Färber, Konrad Maria (Hg.), Regensburg wird bayerisch. Ein Lesebuch, Regensburg 2009, S. 57–82.

Conrad, Hermann, Die verfassungsrechtliche Bedeutung der Reichsstädte im Deutschen Reich, in: Studium Generale, Band 16, 1963, S. 493–500.

Danz, Wilhelm August Friedrich, Grundsätze des Reichsgerichts Prozesses, Stuttgart 1795.

Denneler, Iris, Friedrich Karl von Savigny, Berlin 1985.

Doeberl, Michael, Entwicklungsgeschichte Bayerns, Band 1, 3. Auflage, München 1916.

Druffel, August von/Brandi, Karl (Hg.), Briefe und Akten. Zur Geschichte des sechzehnten Jahrhunderts mit besonderer Rücksicht auf Bayerns Fürstenhaus, Band 4, Beiträge zur Reichsgeschichte 1553–1555, München 1896.

Eberlein, Ulrich, Die Esslinger Bürgerprozesse. Eine Untersuchung der innerstädtischen Auseinandersetzungen in den letzten Jahren der Reichsunmittelbarkeit unter besonderer Berücksichtigung rechtlicher, wirtschaftlicher und sozialer Hintergründe, Tübingen 1986.

Ehrenpreis, Stefan, Kaiserliche Gerichtsbarkeit und Konfessionskonflikt. Der Reichshofrat unter Rudolf II. 1576–1612, Göttingen 2006.

Eisenhardt, Ulrich, Die Rechtswirkungen der in der Goldene Bulle Karls IV. genannten privilegia de non evocando et appellando, in: Zeitschrift der Savigny-Stiftung für Rechtsgeschichte, Germanistische Abteilung, Band 86, 1969, S. 75–96.

Eisenhart, August Ritter von, Malblanc, Julius Friedrich von, in: Allgemeine Deutsche Biographie, Band 20, München 1884, S. 129–131.

Endres, Rudolf, Nürnberg im 18. Jahrhundert, in: Mitteilungen des Vereins für Geschichte der Stadt Nürnberg, Band 75, 1988, S. 133–153.

Engel, Franz, Tabellen alter Münzen, Maße und Gewichte. Zum Gebrauch für Archivbenutzer, Rinteln 1965.

Ernstberger, Anton, Nürnberg im Widerschein der Französischen Revolution 1789–1796, in: Zeitschrift für Bayerische Landesgeschichte, Band 21, München 1958, S. 409–471.

Färber, Konrad Maria, Das Fürstentum Regensburg zwischen 1802 und 1810, in: Becker, Hans-Jürgen/Färber, Konrad Maria (Hg.), Regensburg wird bayerisch. Ein Lesebuch, Regensburg 2009, S. 33–56.

Färber, Konrad Maria, Regensburgs langer Weg nach Bayern, in: Becker, Hans-Jürgen/Färber, Konrad Maria (Hg.), Regensburg wird bayerisch. Ein Lesebuch, Regensburg 2009, S. 11–22.

Fehrenbach, Elisabeth, Vom Ancien Régime zum Wiener Kongress, 4. Auflage, München 2001.

Fehr, Hans, Deutsche Rechtsgeschichte, 6. Auflage, Berlin 1962.

Feine, Hans Erich, Zur Verfassungsentwicklung des Heiligen Römischen Reichs seit dem Westfälischen Frieden, in: Zeitschrift der Savigny-Stiftung für Rechtsgeschichte, Germanistische Abteilung, Band 52, 1932, S. 65–133.

Fellner, Thomas/Kretschmayr, Heinrich (Bearb.), Die österreichische Zentralverwaltung. I. Abteilung. Von Maximilian I. bis zur Vereinigung der österreichischen und böhmischen Hofkanzlei (1749), Band 1, Wien 1907.

Fischer, Klaus, Regensburger Hochfinanz. Die Krise einer europäischen Metropole an der Wende zur Neuzeit, Regensburg 2003.

Fischer, Philipp Jacob (Hg.), Übersetzung des Vertrages von Osnabrück zwischen dem Reich und Schweden vom 24. Oktober 1648, Frankfurt am Main 1649, zitiert: Vertragspartner, in: *Fischer, Philipp Jacob*, Übersetzung des Vertrages von Osnabrück zwischen dem Reich und Schweden vom 24. Oktober 1648.

Fischer, Philipp Jacob (Hg.), Übersetzung des Vertrages von Münster zwischen dem Reich und Frankreich vom 24. Oktober 1648, Frankfurt am Main 1649, zitiert: Vertragspartner, in: *Fischer, Philipp Jacob*, Übersetzung des Vertrages von Münster zwischen dem Reich und Frankreich vom 24. Oktober 1648.

Freytag, Gustav, Arndt, Ernst Moritz, in: Allgemeine Deutsche Biographie, Band 1, Leipzig 1875, S. 541–548.

Fuchs, Franz, Der Kampf um Regensburg. Eine „Freistadt" zwischen Kaiser und Herzog (ca. 1480–1493), in: Angerer, Martin (Hg.), Ratisbona. Die königliche Stadt, Regensburg 2000, S. 19–28.

Fürnrohr, Walter, Das Patriziat der Freien Reichsstadt Regensburg zur Zeit des Immerwährenden Reichstags. Eine sozialgeschichtliche Studie über das Bürgertum der Barockzeit, in: Verhandlungen des Historischen Vereins für Oberpfalz und Regensburg, Band 93, 1952, S. 153–308.

Goetting, Hans (Hg.), Braunschweigisches Jahrbuch, Band 44, Wolfenbüttel 1963.

Gömmel, Rainer, Die Wirtschaftsentwicklung vom 13. Jahrhundert bis zum Zweiten Weltkrieg, in: Schmid, Peter (Hg.), Geschichte der Stadt Regensburg, Band 1, Regensburg 2000, S. 478–506.

Grimm, Jacob/Grimm, Wilhelm, Deutsches Wörterbuch von Jacob und Wilhelm Grimm, Band 4, 1, 2, Leipzig 1897.

Gschließer, Oswald von, Der Reichshofrat. Bedeutung und Verfassung, Schicksal und Besetzung einer obersten Reichsbehörde von 1559 bis 1806, Wien 1942.

Gumpelzhaimer, Christian Gottlieb, Geschichte der Streitigkeiten zwischen Magistrat und Bürgerschaft der Reichsstadt Regenspurg, Ulm 1795, zitiert: *Gumpelzhaimer*, Geschichte der Streitigkeiten.

Hahn, Karl-Heinz (Hg.), Briefe an Goethe. Gesamtausgabe in Regestform, Band 4, 1802–1804, Weimar 1988.

Hanzely, Vincenz, Anleitung zur neuesten Reichshofratspraxis, Band 1, Frankfurt und Leipzig 1784.

Hanzely, Vincenz, Anleitung zur neuesten Reichshofratspraxis, Band 2, Frankfurt und Leipzig 1784.

Hanzely, Vincenz, Grundlinien der heutigen Reichshofrathspraxis im Allgemeinen. Mit erläuternden Anmerkungen und Beyspielen, Nördlingen 1778.

Hattenhauer, Hans (Hg.), Allgemeines Landrecht für die preußischen Staaten von 1794, 3. Auflage, Neuwied/Kriftel und Berlin 1996.

Hausenstein, Wilhelm, Die Wiedervereinigung Regensburgs mit Bayern im Jahre 1810, Zur Beurteilung Karls von Dalberg, München 1905.

Häberlin, Karl Friedrich, Handbuch des Teutschen Staatsrechts. Nach dem System des Herrn Geheimen Justizrath Pütter. Zum gemeinnützigen Gebrauch der gebildeten Stände in Teutschland, mit Rücksicht auf die neuesten merkwürdigsten Ereignisse bearbeitet, Band 2, Berlin 1794.

Härter, Karl, Reichstag und Revolution 1789–1806. Die Auseinandersetzungen des Immerwährenden Reichstags zu Regensburg mit den Auswirkungen der Französischen Revolution auf das alte Reich, Göttingen 1992.

Hefner, Otto Titan von, Geschichte der Regierung Albrechts IV., Herzogs in Bayern, München 1852.

Herchenhahn, Johann Christian, Geschichte der Entstehung, Bildung und gegenwärtigen Verfassung des Kaiserlichen Reichshofraths. Nebst der Behandlungsart der bei demselben vorkommenden Geschäfte, Band 3, Mannheim 1793.

Hildebrandt, Reinhard, Rat contra Bürgerschaft, in: Zeitschrift für Stadtgeschichte, Stadtsoziologie und Denkmalpflege, Band 2, 1974, S. 221–241.

Hildebrandt, Reinhard, Zur Frage der reichsstädtischen Finanzen und Haushaltspolitik seit dem Westfälischen Frieden, in: Maschke, Erich/Sydow, Jürgen (Hg.), Städtisches Haushalts- und Rechnungswesen, Sigmaringen 1977, S. 91–107.

Hofmann, Hanns-Hubert, (Hg.), Quellen zum Verfassungsorganismus des Heiligen Römischen Reiches Deutscher Nation 1495–1815, Darmstadt 1976.

Hömig, Karl, Carl Theodor von Dalberg. Staatsmann und Kirchenfürst im Schatten Napoleons, Paderborn 2011.

Kant, Imanuel, Kritik der reinen Vernunft, 2. Auflage, 1787.

Krenner, Franz von, Baierische Landtags-Handlungen in den Jahren 1429 bis 1513, Band 10, München 1804.

Kühn, Manfred, Kant. Eine Biographie, München 2003.

Larenz, Karl, Methodenlehre der Rechtswissenschaft, 6. Auflage, 1991.

Laufs, Adolf, Die Reichsstädte auf dem Regensburger Reichstag 1653/1654, in: Zeitschrift für Stadtgeschichte, Stadtsoziologie und Denkmalpflege, Band 1, 1974, S. 23–48.

Laufs, Adolf (Hg.), Die Reichskammergerichtsordnung von 1555, Köln und Wien 1976.

Lau, Thomas, Die Reichsstädte und der Reichshofrat, in: Sellert, Wolfgang (Hg.), Reichshofrat und Reichskammergericht. Ein Konkurrenzverhältnis, Köln/Weimar und Wien 1999, S. 129–153.

Lau, Thomas, Unruhige Städte. Die Stadt, das Reich und die Reichsstadt (1648–1806), München 2012.

Malblank, Julius Friedrich von, Abhandlungen aus dem Reichsstädtischen Staatsrechte, Erlangen 1793.

Malblank, Julius Friedrich von, Anleitung zur Kenntnis der deutschen Reichs- und Provinzial- Gerichts- und Kanzleyverfassung und Praxis, Band 3, Nürnberg und Altdorf 1792.

Malblank, Julius Friedrich von, Anleitung zur Kenntnis der deutschen Reichs- und Provinzial- Gerichts- und Kanzleyverfassung und Praxis, Band 4, Nürnberg und Altdorf 1795.

Mayer, Stefan Rudolf, Das Ringen Bayerns und des Kaiserhofes um die Reichsstadt Regensburg 1486/92–1508, München 1996.

Meierhofer, Joseph, Die finanzwirtschaftlichen Zustände des reichsstädtischen und kurfürstlichen Regensburgs in den Zeitabschnitten 1780/1802 und 1803/1810, Band 1, Erlangen 1923.

Meierhofer, Joseph, Die finanzwirtschaftlichen Zustände des reichsstädtischen und kurfürstlichen Regensburgs in den Zeitabschnitten 1780/1802 und 1803/1810, Band 2, Erlangen 1923.

Meiern, Johann Gottfried von (Hg.), Acta Pacis Westphalicae Publica. Oder Westphälische Friedens-Handlungen und Geschichte, Band 5, Hannover 1735.

Mohl, Benjamin Ferdinand, Historisch-politische Vergleichung der beyden höchsten Reichsgerichte in ihren wichtigsten Verhältnissen, Ulm 1789.

Moraw, Peter, Reichshofrat, in: Handwörterbuch zur Deutschen Rechtsgeschichte, Band 4, Berlin 1990, S. 630–638.

Moser, Friedrich Carl von, Pragmatische Geschichte und Erläuterungen Der Kayserlichen Reichs-Hof-Raths-Ordnung, Band 1, Frankfurt und Leipzig 1751.

Moser, Johann Jacob, Einleitung zu dem Reichs-Hof-Raths-Proceß, Band 1, Nürnberg 1755.

Moser, Johann Jacob, Einleitung zu dem Reichs-Hof-Raths-Proceß, Band 2, 2. Auflage, Nürnberg 1738.

Moser, Johann Jacob, Einleitung zu dem Reichs-Hof-Raths-Proceß, Band 4, 2. Auflage, Nürnberg 1747.

Moser, Johann Jacob, Merckwürdige Reichs-Hof-Raths-Conclusa. Denen fürnemlich, so den bey diesem höchsten Reichs-Gericht tam in Agendo quam in

Judicando üblichen Modum & Stylum erlernen wollen, zu Nutzen mitgetheilet, Band 1, Frankfurt 1726.

Moser, Johann Jacob, Merckwürdige Reichs-Hof-Raths-Conclusa. Denen fürnemlich, so den bey diesem höchsten Reichs-Gericht tam in Agendo quam in Judicando üblichen Modum & Stylum erlernen wollen, zu Nutzen mitgetheilet, Band 5, Frankfurt 1728.

Moser, Johann Jacob, Vermischte Schriften. Über mancherley das Teutsche Staatsrecht betreffende Materien, Band 2, Frankfurt und Leipzig 1736.

Moser, Johann Jacob/Häberlin, Karl Friedrich, Von der kaiserlichen Wahlcapitulation, Nürnberg 1792.

Moser, Johann Jacob, Von der Reichs-Stättischen Regiments-Verfassung. Nach denen Reichs-Gesezen und dem Reichs-Herkommen, wie auch aus denen Teutschen Staats-Rechts-Lehrern, und eigener Erfahrung, Frankfurt und Leipzig 1772.

Moser, Johann Jacob, Von der Teutschen Justiz-Verfassung. Nach denen Reichs-Gesezen und dem Reichs-Herkommen, wie auch aus denen Teutschen Staats-Rechts-Lehrern, und eigener Erfahrung, Band 1, Frankfurt und Leipzig 1774.

Moser, Johann Jacob, Von der Teutschen Unterthanen Rechten und Pflichten. Nach denen Reichs-Gesezen und dem Reichs-Herkommen, wie auch aus denen Teutschen Staats-Rechts-Lehrern, und eigener Erfahrung, Frankfurt und Leipzig 1774.

Moser, Johann Jacob, Von Teutschland und dessen Staats-Verfassung überhaupt. Nach denen Reichs-Gesezen und dem Reichs-Herkommen, wie auch aus denen Teutschen Staats-Rechts-Lehrern, und eigener Erfahrung, Stuttgart 1766.

Möncke, Gisela, Zur Problematik des Terminus „Freie Stadt“ im 15. und 16. Jhr., in: Petri, Franz (Hg.), Bischofs- und Kathedralstädte des Mittelalters und der frühen Neuzeit, Köln 1976, S. 84–94.

Mühlfeld, Johann G. Megerle von, Ergänzungsband zu dem Österreichischen Adels-Lexikon des achtzehnten und neunzehnten Jahrhunderts. Enthaltend alle darin nicht aufgenommenen. Von 1701 bis 1822, Wien 1824.

Nemitz, Jürgen, Die direkten Steuern der Stadt Regensburg. Abgaben und Stadtverfassung vom 17. bis zum frühen 19. Jahrhundert, München 2000.

Nemitz, Jürgen, Verfassung und Verwaltung der Reichsstadt (1500–1802), in: Schmid, Peter (Hg.), Geschichte der Stadt Regensburg, Band 1, Regensburg 2000, S. 248–264.

Neubauer, Edmund, Das geistig-kulturelle Leben der Reichsstadt Regensburg (1750–1806), München 1979.

Otto, Carl E./Schilling, Bruno/Sintenis, Friedrich Ferdinand (Hg.), Das Corpus Juris Civilis, Band 1, Leipzig 1830.

Paricius, Johann Carl, Allerneueste und bewährte Historische Nachricht. Von Allen in denen Ring-Mauren der Stadt Regensburg gelegenen Reichs-Stifftern, Haupt-Kirchen und Clöstern Catholischer Religion, Regensburg 1753.

Piendel, Max, Die Ritterbünde der Böckler und Löwler im bayerischen Wald, in: Unbekanntes Bayern. Burgen, Schlösser, Residenzen, München 1960, S. 72–80.

Polster, Gert, Die elektronische Erfassung des Wolfschen Repertoriums zu den Prozeßakten des Reichshofrats im Wiener Haus-, Hof- und Staatsarchiv, in: Mitteilungen des Österreichischen Staatsarchivs 51, 2004, S. 635–649.

Press, Volker, Der Hohenzollern-Hechingische Landesvergleich von 1798. Reichsrecht und Untertanenvertretung im Zeichen der Französischen Revolution, in: Zeitschrift für Hohenzollerische Geschichte, Band 14, 1978, S. 77–108.

Press, Volker, Reichsstadt und Revolution, in: Kirchgässner, Bernhard/Naujoks, Eberhard (Hg.), Stadt und wirtschaftliche Selbstverwaltung, Sigmaringen 1987, S. 9–59.

Pütter, Johann Stephan, Historische Entwicklung der heutigen Staatsverfassung des Teutschen Reichs, Band 2, 2. Auflage, Göttingen 1788.

Pütter, Johann Stephan, Kurzer Begriff des Teutschen Staatsrechts, Göttingen 1764.

Reinalter, Helmut, Der Jakobinismus in Mitteleuropa, Stuttgart 1981.

Renz, Albert Conrad Friedrich, De nexus inter magistratum et cives civitatum imperii fundamento ac effectu, Göttingen 1779.

Ried, Thomas (Hg.), Codex. Chronologico Diplomaticus Episcopatus Ratisbonensis. Collectus ac Editus Opera et Studio Thomae Ried, Cancellistae Consistorialis Ratisbonensis, Band 1, Regensburg 1816.

Roth, Johann Richard von, Staatsrecht deutscher Reichslande, Band 1, Mainz 1788.

Sailer, Rita, Untertanenprozesse vor dem Reichskammergericht. Rechtsschutz gegen die Obrigkeit in der zweiten Hälfte des 18. Jahrhunderts, Köln/Weimar und Wien 1999.

Salig, Christian August, Vollständige Historie Der Augspurgischen Confeßion und derselben Apologie. Aus bewährten Scribenten, und gedruckten zum Theil auch ungedruckten Documenten genommen, Band 1, Halle 1730.

Sartori, Joseph von (Hg.), Auserlesene Beyträge in Reichsstädtischen Sachen, Band 1, Frankfurt und Leipzig 1777.

Savigny, Friedrich Carl von, Juristische Methodenlehre. Nach der Ausarbeitung des Jakob Grimm, Wesenberg, Gerhard (Hg.), Stuttgart 1951.

Savigny, Friedrich Carl von, System des heutigen Römischen Rechts, Band 1, Berlin 1840.

Scheel, Heinrich, Süddeutsche Jakobiner. Klassenkämpfe und republikanische Bestrebungen im deutschen Süden Ende des 18. Jahrhunderts, Berlin 1962.

Schenk, Tobias, Ein Erschließungsprojekt für die Akten des kaiserlichen Reichshofrats, in: Archivar. Zeitschrift für Archivwesen 63, 2010, S. 285–290.

Schmelzeisen, Gustav Clemens, Der Reichshofrat, JuS 1975, S. 427–430.

Schmid, Herbert, Eine „Freistadt" wird zur „gemeinen Reichsstadt". Regensburg in der Zeit der Reichshauptleute unter Kaiser Maximilian I., in: Verhandlungen des Historischen Vereins für Oberpfalz und Regensburg, Band 128, 1988, S. 7–79.

Schmid, Peter, Die Anfänge der Regensburger Bürgerschaft und ihr Weg zur Stadtherrschaft, in: Zeitschrift für bayerische Landesgeschichte, Band 45, 1982, S. 483–539.

Schmid, Peter, Ratispona metropolis Baioariae: Die bayerischen Herzöge und Regensburg, in: Schmid, Peter (Hg.), Geschichte der Stadt Regensburg, Band 1, Regensburg 2000, S. 51–101, zitiert: *Schmid*, Die bayerischen Herzöge und Regensburg.

Schmid, Peter, Die Bürgerschaft auf dem Weg zur Reichsfreiheit, in: Schmid, Peter (Hg.), Geschichte der Stadt Regensburg, Band 1, Regensburg 2000, S. 177–190.

Schmidt-Aßmann, Eberhard, Der Rechtsstaat, in: Handbuch des Staatsrechts der Bundesrepublik Deutschland, Band II. Verfassungsstaat, Isensee, Josef/Kirchhof, Paul (Hg.), 3. Auflage, Heidelberg 2004.

Schmidt, Uwe, Südwestdeutschland im Zeichen der Französischen Revolution. Bürgeropposition in Ulm, Reutlingen und Esslingen, Ulm 1993.

Schoeps, Hans Joachim, Preußen. Geschichte eines Staates, Frankfurt am Main und Berlin 1981.

Schönfeld, Roland, Studien zur Wirtschaftsgeschichte der Reichsstadt Regensburg im achtzehnten Jahrhundert, in: Verhandlungen des Historischen Vereins für Oberpfalz und Regensburg, Band 100, 1959, S. 5–148.

Schramm, Percy Ernst, Hamburg. Ein Sonderfall in der Geschichte Deutschlands, Hamburg 1964.

Schremmer, Eckart, Die Wirtschaft Bayerns. Vom hohen Mittelalter bis zum Beginn der Industrialisierung. Bergbau, Gewerbe, Handel, München 1970.

Schulz, Norbert (Hg.), Kommunalverfassungsrecht Bayern, Loseblattsammlung, Stand Juli 2012, zitiert: Bearbeiter, in: *Schulz*, Kommunalverfassungsrecht Bayern.

Schwab, Ludwig, Regensburg im Aufruhr. Der Freiheitskampf einer Stadt 1485–1521. Ereignisse und Merkwürdigkeiten, Regensburg 1956.

Schwemmer, Wilhelm, Die Schulden der Reichsstadt Nürnberg und ihre Übernahme durch den bayerischen Staat, Nürnberg 1967.

Selchow, Johann Heinrich Christian von, Einleitung in den Reichshofrathsproceß. Aus einer Handschrift herausgegeben und mit vielen Zusätzen vermehret, Band 1, Lemgo 1778.

Selchow, Johann Heinrich Christian von, Einleitung in den Reichshofrathsproceß. Aus einer Handschrift herausgegeben und mit vielen Zusätzen vermehret, Band 2, Lemgo 1780.

Sellert, Wolfgang (Hg.), Die Ordnungen des Reichshofrats 1550–1766, 2. Halbband bis 1766, Köln und Wien 1990.

Sellert, Wolfgang, Projekt einer Erschließung der Akten des Reichshofrats, in: Sellert, Wolfgang (Hg.), Reichshofrat und Reichskammergericht. Ein Konkurrenzverhältnis, Köln/Weimar und Wien 1999, S. 199–210.

Sellert, Wolfgang, Prozeßgrundsätze und Stilus Curiae am Reichshofrat. Im Vergleich mit den gesetzlichen Grundlagen des reichskammergerichtlichen Verfahrens, Aalen 1973.

Sellert, Wolfgang, Über die Zuständigkeitsabgrenzung von Reichshofrat und Reichskammergericht. Insbesondere in Strafsachen und Angelegenheiten der freiwilligen Gerichtsbarkeit, Aalen 1965.

Seyfarts, Johann Friedrich, Teutscher ReichsProceß. Nebst beygefügten Abkürtzungen des Processus aus dem in denen Königl. Preussischen Landen eingeführten Codice Fridericiano, Halle im Magdeburgischen 1756.

Smend, Rudolf, Das Reichskammergericht. Geschichte und Verfassung, Weimar 1911.

Striedinger, Ivo, Der Kampf um Regensburg 1486–1492, in: Verhandlungen des Historischen Vereins für Oberpfalz und Regensburg, Band 44, 1, 1890, S. 1–88, Band 44, 2, 1891, S. 97–205.

Thomas, Heinz/Putzo, Hans/Reichold, Klaus/Hüßtege, Rainer/Seiler, Christian (Hg.), Zivilprozessordnung: FamFG, Verfahren in Familiensachen, GVG, Einführungsgesetze, EU-Zivilverfahrensrecht, 34. Auflage, München 2013, zitiert: Bearbeiter, in: *Thomas/Putzo.*

Thudichum, Friedrich, Das vormalige Reichskammergericht und seine Schicksale, in: Zeitschrift für deutsches Recht und deutsche Rechtswissenschaft, Band 20, 1861, S. 148–222.

Töpfer, Bernhard, Stellung und Aktivitäten der Bürgerschaft von Bischofsstädten während des staufisch-welfischen Thronstreites, in: Töpfer, Bernhard (Hg.), Stadt und Städtebürgertum in der deutschen Geschichte des 13. Jahrhunderts, Berlin 1976, S. 13–62.

Triepel, Heinrich, Die Reichsaufsicht. Untersuchungen zum Staatsrecht des Deutschen Reiches, Berlin 1917.

Uffenbach, Johann Christoph von, Tractatus singularis et Methodicus excelsissimo Consilio Caesareo-Imperiali Aulico. Vom Kayserl. Reichs-Hoff-Rath, Frankfurt am Main 1700, zitiert: *Uffenbach*, Vom Kayserl. Reichs-Hoff-Rath.

Uhlhorn, Manfred, Der Mandatsprozeß sine clausula des Reichshofrats, Köln und Wien 1990.

Utschig, Wolfgang, Die Finanzwirtschaft des Regensburger Ungeldamts im 18. Jahrhundert, Nittendorf-Undorf bei Regensburg 2004.

Verdenhalven, Fritz, Alte Maße, Münzen und Gewichte aus dem deutschen Sprachgebiet, Neustadt an der Aisch 1968.

Walderdorff, Hugo Graf von, Regensburg in seiner Vergangenheit und Gegenwart, 4. Auflage, Regensburg 1896.

Weißler, Adolf, Geschichte der Rechtsanwaltschaft, Leipzig 1905.

Westphal, Siegrid, Kaiserliche Rechtsprechung und herrschaftliche Stabilisierung. Reichsgerichtsbarkeit in den thüringischen Territorialstaaten 1604–1806, Köln/Weimar und Wien 2002.

Wieacker, Franz, Privatrechtsgeschichte der Neuzeit, 2. Auflage, Göttingen 1967.

Wiesand, F.W. (Hg.), Sammlung derer von einem Wohledlen Hoch- und Wohlweisen Herrn Stadt-Kammerer und Rath der des Heil. Röm. Reichs Freyen

Stadt Regensburg vom Jahr 1754 bis 1802 im Druck erlassene Decrete, Regensburg 1802, zitiert: *Wiesand,* Sammlung.

Wirth, Johann (Hg.), Wahlkapitulation des römischen Kaisers Franz des Zweiten. Nach dem kurmainzischen Originale zum Drucke befördert, Mainz 1792.

Wurzbach, Constantin von, Fahnenberg, Aegid Joseph Karl Freiherr, in: Biographisches Lexikon des Kaiserthums Oesterreich, Band 4, Wien 1858, S. 133.

Wurzbach, Constantin von, Thugut, Franz Maria Freiherr, in: Biographisches Lexikon des Kaiserthums Oesterreich, Band 45, Wien 1882, S. 1–6.

Zeumer, Karl (Bearb.), Quellensammlung zur Geschichte der Deutschen Reichsverfassung in Mittelalter und Neuzeit, 2. Auflage, Tübingen 1913.

Ziegler, Walter, Regensburg am Ende des Mittelalters, in: Henrich, Dieter (Hg.), Albrecht Altdorfer und seine Zeit, Regensburg 1981, S. 61–82.

Zugschwert, Hans, Die wirtschaftlichen Beziehungen der freien Reichsstadt Regensburg zum Herzogtum Bayern seit dem 14. Jahrhundert, Frankfurt am Main 1931 und Kallmünz 1932.

Quellen

Archiv des Historischen Vereins für Oberpfalz und Regensburg

Manuskripte Regensburg
Nr. 67 (Aufzeichnungen des Ratskonsultenten Glätzel, um 1700 verfasst)

Nr. 70 (Klageschrift des Äußeren Rates und der Vierziger von 1795)

Nr. 103 (Erläuterung der kaiserlichen Regimentsordnung von 1514 durch Steueramtsdirektor Sigmund Bösner von 1793)

Nr. 113 (Rede des Steueramtsdirektors Sigmund Bösner vor dem Inneren und Äußeren Rat von 1792)

Nr. 120 (diverse Aktenstücke von 1792 bis 1797 zum Streit zwischen Bürgerschaft und Magistrat der Reichsstadt Regensburg)

Bayerisches Hauptstaatsarchiv München

Ministerium des Äußeren
Nr. 5437 (Die inneren Verhältnisse der Reichsstadt Regensburg zwischen 1801 und 1805)

Reichsstadt Regensburg Literalien
Nr. 311 (Reichsacht über Regensburg und Albrecht IV.)

Nr. 317 (Übergabevertrag vom 26.06.1486)

Nr. 357 (Privilegienbuch aus dem 18. Jahrhundert)

Nr. 358 (Privilegienbuch aus dem 18. Jahrhundert)

Nr. 363 (Privilegienbuch aus dem 15. Jahrhundert)

Nr. 365 (Privilegienbuch aus dem 17. Jahrhundert)

Nr. 376 und Nr. 377 (Regimentsordnung von 1500)

Nr. 380 und Nr. 381 (Regimentsordnung von 1514)

Nr. 605 (Aufzeichnungen Sigmund Bösners zum Geheimen Ratsprotokoll, die Jahre 1650 bis 1699 betreffend, um 1790 verfasst)

Nr. 613 (Vorbemerkungen des Steueramtsdirektors Sigmund Bösner zu seiner Ärargeschichte der Reichsstadt Regensburg, um 1790 verfasst)

Reichsstadt Urkunden Regensburg
— 1486 VI 20 (kaiserliche Protestnote)

— 1491 X 1 (Reichsacht über Regensburg)

— 1492 V 25 (Rückversetzung in die Reichsunmittelbarkeit)

— 1794 VI 17 (kaiserliches Schuldenmoratorium von 1794)

— 1799 VI 21 (kaiserliches Schuldenmoratorium von 1799)

Fürst Thurn und Taxis Zentralarchiv Regensburg

Ratisbonensia
Nr. 252 (Lebenserinnerungen des Steueramtsdirektors Sigmund Bösner, um 1785 verfasst, Abschrift aus dem 20. Jahrhundert)

Haus-, Hof- und Staatsarchiv Wien

Alte Prager Akten
Nr. 140 (Regensburg Reichshauptmannschaft 1533–1534)

Reichshofrat, Obere Registratur 60 (Prozessakten der Augsburger Kaufmannschaft gegen den Augsburger Magistrat den Finanzzustand und andere Beschwerden betreffend)

— Klageschrift der Kaufmannschaft zur Augsburg gegen den Augsburger Magistrat von 1804

Reichshofrat, Obere Registratur 1034 (z. Z. der Veröffentlichung in Restauration, Nachweis bei: *Nemitz*, Die direkten Steuern der Stadt Regensburg, Prozessakten Äußerer Rat und Vierziger gegen den Magistrat der Reichsstadt Regensburg mit Unterlagen zu dem Schuldenmoratorium)

— Erklärung des Äußeren Rates und der Vierziger vom 12.12.1793

— Schreiben des Inneren Rates an den Reichshofrat vom 31.10.1794

— Schreiben des Inneren Rates an den Reichshofrat vom 04.12.1794

— Etwas über Regensburgs dermalige Lage. Ein Bruchstück zu den Annalen dieser Stadt, Regensburg 1794

— Schreiben des Geheimen Rates an den Reichshofrat vom 31.12.1795

— Schreiben des Äußeren Rates an den Reichshofrat vom 14.01.1796

— Eingabe des Äußeren Rates vom 28.04.1796

— Schuldenprogressionstabelle von 1796

Reichshofrat, Obere Registratur 1035 (Prozessakten Äußerer Rat und Vierziger gegen den Magistrat der Reichsstadt Regensburg mit Unterlagen zu dem Schuldenmoratorium)

— Reichshofratsconclusum vom 21.08.1795

— Schreiben des Sigmund Bösner an den Reichshofrat vom 13.05.1796

— Dem Aueßerem Rathe der Reichsstadt Regensburg gewidmet, anonyme Druckschrift von 1796

— Schreiben des Inneren Rates an den Reichshofrat vom 16.09.1797

— Schreiben des Inneren Rates an den Reichshofrat vom 28.09.1797

— Bericht der Steuerrechnungsabhörungsdeputation von 1797

— Bericht der Steuerrechnungsabhörungsdeputation vom 07.03.1798

— Ratsprotokoll vom 24.02.1799

— Schreiben der Reichsstadt Regensburg an den Reichshofrat vom 09.03.1799

— Bericht zur Regensburger Finanzsituation vom 15.03.1799

— Schreiben des Inneren Rates an den Reichshofrat vom 16.04.1799

Reichshofrat, Obere Registratur 1036 (Prozessakten Äußerer Rat und Vierziger gegen den Magistrat der Reichsstadt Regensburg mit Unterlagen zu dem Schuldenmoratorium)

— Wachtgedingsordnung von 1774

— Prozessvollmacht des Syndikats vom 23.04.1794

— Reichshofratsconclusum vom 17.06.1794

— Prozessvollmacht der vier Inneren Ratsherren vom 28.10.1794

— Prozessvollmachten des Äußeren Rates und der Vierziger vom 29.10.1794 und 31.10.1794

— Schreiben des Äußeren Rates und der Vierziger an den Reichshofrat vom 19.12.1794

— Schreiben des Sigmund Bösner an den Reichshofrat vom 14.02.1795

— Schreiben des Äußeren Rates an den Reichshofrat vom 27.07.1795

— Schreiben des Sigmund Bösner an den Reichshofrat vom 14.12.1795

— Abschrift des Ratsprotokolles vom 15.12.1795

— Klageschrift des Äußeren Rates und der Vierziger von 1795

— Schreiben Merks an den Reichshofrat vom 23.06.1796

— Schreiben des Äußeren Rates an den Reichshofrat vom 27.06.1796

— Schreiben Fahnenbergs an den Reichshofrat vom 01.07.1796

— Reichshofratsconclusum vom 12.08.1796

— Befolgungsbericht des Magistrates vom 10.11.1796

— Schreiben Merks an den Reichshofrat vom 01.01.1797

— Schreiben des Heinrich Johann Thomas Bösner an den Reichshofrat vom 12.01.1797, Beilage von 1794

— Schreiben Merks an den Reichshofrat vom 09.03.1797

— Schreiben Merks an den Reichshofrat vom 01.05.1797

— Schreiben des Äußeren Rates und der Vierziger an den Reichshofrat vom 02.11.1797

— Prozesskosten des Äußeren Rates und der Vierziger, 15.11.1797

— Schreiben Merks an den Reichshofrat vom 10.07.1798

— Reichshofratsconclusum vom 28.09.1798

— Schreiben des General Moreau vom 30. Messidor VIII.

Reichshofrat, Relationen 146 R3 (Prozessakten Äußerer Rat und Vierziger gegen den Magistrat der Reichsstadt Regensburg)

— Reichshofratsconclusum vom 14.04.1794

— Klageschrift der vier Inneren Ratsherren vom 28.10.1794

— Gutachten des Reichshofrates von 1794

— Schreiben des Inneren Rates an den Reichshofrat vom 07.01.1796

— Aktenvermerk von 1796

— Weisung von 1796

— Schreiben des Äußeren Rates an den Reichshofrat vom 03.02.1797

— Schreiben des Sigmund Bösner an den Reichshofrat vom 21.01.1798

— Bericht des Regensburger Magistrates vom 09.05.1799

Reichskanzlei, Kleinere Reichsstände 416 (Regensburger Akten zu Bistum und Stadt aus den Jahren 1450 bis 1499)

— Regimentsordnung von 1495

Reichskanzlei, Kleinere Reichsstände 423 (Prozessakten Äußerer Rat und Vierziger gegen den Magistrat der Reichsstadt Regensburg)

— Schreiben des Inneren Rates an den Reichshofrat vom 25.06.1793

Niedersächsische Staats- und Universitätsbibliothek Göttingen

2 H BAV I, 5070 (Varia, die Reichsstadt Regensburg betref. 1797–1800)

4 J CAM 276/220 (Reichshofräthliche die Reichsstadt Regensburg betreffende Erkenntnisse, 1795)

Stadtarchiv Regensburg

Cameralia

Nr. 64 (Sigmund Bösners Ungeldamtsgeschichte, 1700–1791, um 1791 verfasst)

Nr. 66 (Historischer Entwurf der Stadt Regensburgischen Begebenheiten in den Jahren 1486 bis 1496, verfasst von Christian Gottlieb Gumpelzhaimer um 1781)

Nr. 72 (Sigmund Bösners Ärargeschichte der Reichsstadt Regensburg mit Beilagen, um 1790 verfasst)

Nr. 73 (Sigmund Bösners Ärargeschichte der Reichsstadt Regensburg mit Beilagen, um 1790 verfasst)

Nr. 189–207 (Steueramtsrechnungen von 1750 bis 1772)

Nr. 280 (Konzeptbücher der steueramtlichen Obligationen)

I AH (Handschriften)

Nr. 12 (Notizbuch des Steuerschreibers Johann Salomon Putzenberger, um 1775 verfasst)

Nr. 13 (Übersicht über die Regensburger Ratsmitglieder und Beschreibung des Wahlvorgangs, 18. Jahrhundert)

Ratsprotokolle

— Ratsprotokoll vom 28.12.1796

— Ratsprotokoll vom 23.10.1797

Abkürzungsverzeichnis

Art.	Artikel
AHVOR	Archiv des Historischen Vereins für Oberpfalz und Regensburg
BayGO	Bayerische Gemeindeordnung
BayHStA	Bayerisches Hauptstaatsarchiv München
Bearb.	Bearbeiter
betref.	betreffend
f.	folgende
ff.	die folgenden
fl.	Gulden
FZAR	Fürst Thurn und Taxis Zentralarchiv Regensburg
Hg.	Herausgeber
HHStAW	Haus-, Hof- und Staatsarchiv Wien
JuS	Juristische Schulung
KommHV-Doppik	Verordnung über das Haushalts-, Kassen- und Rechnungswesen der Gemeinden, der Landkreise und der Bezirke nach den Grundsätzen der doppelten kommunalen Buchführung
Nr.	Nummer
Rdnr.	Randnummer
S.	Seite
StadtAR	Stadtarchiv Regensburg
NJW	Neue Juristische Wochenschrift
NSuUB	Niedersächsische Staats- und Universitätsbibliothek Göttingen
Vorbem.	Vorbemerkung
VWGO	Verwaltungsgerichtsordnung

ZPO	Zivilprozessordnung
z. Z.	zur Zeit

A. Einleitung

I. Aufgabenstellung

Im letzten Jahrhundert der Reichsunmittelbarkeit gab es nach *Moser* allein bis zum Jahr 1772 in dreißig von insgesamt fünfundfünfzig Reichsstädten Auseinandersetzungen zwischen Bürgerschaft und Stadtrat.[1] Hinzu kommen belegbar fünf weitere Auseinandersetzungen, die bis zum Ende des 18. Jahrhunderts stattfanden.[2] Eine von diesen wurde am Beispiel der Reichsstadt Esslingen näher untersucht.[3] Die innerstädtischen Streitigkeiten entzündeten sich in der Regel daran, dass das Machtmonopol des Stadtrates infrage gestellt wurde und dessen Misswirtschaft aus Sicht der Bürger nicht mehr hinnehmbar war. Regelmäßig musste der Reichshofrat in Wien als Gericht den Streit juristisch entscheiden. Hierbei ist keine Kontinuität in der Rechtsprechung zu erkennen[4], sondern jede der juristischen Auseinandersetzungen ist gesondert zu betrachten. Wenn der Reichshofrat entschied, dann war die Krise nicht mehr von innen heraus zu lösen, sondern es bedurfte des Einschreitens des Kaisers von außen, auch um die Stadt im Reichsverband zu halten. Denn für das Reich bestand stets die Gefahr, dass ein benachbarter Fürst versuchen könnte, eine innenpolitisch uneinige Stadt in seinen Territorialstaat einzuverleiben.[5] In der Literatur werden vorwiegend vier Gründe für die Krise der Reichsstädte am Ende des 18. Jahrhunderts angeführt. Eine fortschreitende Oligarchie erlaubte es wenigen Herrschenden, sich jeder Kontrolle zu entziehen. Umschlossen von Flächenstaaten wurden die Reichsstädte durch Zölle und Monopole unter Druck gesetzt, worauf ein wirtschaftlicher Niedergang einsetzte. Aus dieser wirtschaftlichen Schwäche resultierte eine Finanzkrise, welche die allgemeine Krise noch verschärfte.[6] Hinzu kam die Unfähigkeit des Kaisers, die Krise der Reichsstädte insgesamt zu beenden.[7]

1 *Moser*, Von der Reichs-Stättischen Regiments-Verfassung, S. 420–468.
2 *Hildebrandt*, Rat contra Bürgerschaft, S. 225.
3 *Eberlein*, Die Esslinger Bürgerprozesse.
4 *Press*, Reichsstadt und Revolution, S. 3.
5 *Lau*, Die Reichsstädte und der Reichshofrat, S. 129.
6 *Press*, Reichsstadt und Revolution, S. 5 ff.
7 *Hildebrandt*, Rat contra Bürgerschaft, S. 221 ff.

Auch in der Reichs- und Reichstagsstadt Regensburg wurde ein intensiver innerstädtischer Konflikt in den letzten Jahren der Reichsunmittelbarkeit ausgetragen. Hierbei nahm Regensburg zunächst keine Sonderrolle unter den unfriedlichen Reichsstädten am Ende des 18. Jahrhunderts ein. Der Streit lief zu Beginn nach den gleichen Gesetzmäßigkeiten ab wie im Rest des Reiches. Die Bürger von Regensburg begehrten gegen Personen des Stadtrates auf und suchten die juristische Entscheidung in Wien. Darüber hinaus war die Reichsstadt inmitten des bayerischen Flächenstaates wirtschaftlicher Konkurrenz ausgesetzt, was schließlich mit zu einer Haushaltskrise beitrug. Als Besonderheit kam es im Laufe der Auseinandersetzung von einem Streit über Finanzen zu einem Streit über die Auslegung der Stadtverfassung. In den Rechtsansichten der Parteien spiegeln sich Ansätze der juristischen Auslegungsweisen, nämlich Wortlaut, Zusammenhang, Entstehungsgeschichte und Zweck[8]. Als weitere Besonderheit ist die Unversöhnlichkeit der streitenden Parteien zu nennen, die sich mit persönlichen Beleidigungen und Diffamierungen, selbst in offiziellen Schriftstücken, nicht zurückhielten.

Die Aufgabenstellung der vorliegenden Arbeit ist zunächst eine angestrebte, authentische Darstellung der Auseinandersetzung in Regensburg auf Grundlage von zeitgenössischen Quellen. Sind solche nicht verfügbar, wird auf Sekundärliteratur zurückgegriffen. Um sich dem Ursprung der Ereignisse zu nähern, ist zuerst auf das Verhältnis des Kaisers zu der Stadt Regensburg und dem Herzogtum Bayern-München einzugehen. Es wird sich zeigen, dass der Kaiser, nachdem Regensburg sich für kurze Zeit dem Herzogtum anschloss, die von nun an als reichsuntreu geltende Stadt stets eingriffsbereit und argwöhnisch beobachtete. Anschließend wird auf den Ursprung des Streites im weiteren Sinn eingegangen, wobei die Gründe für die reichsstädtische Haushaltskrise erläutert und zeitgenössische Maßnahmen zu Lösung derselben bewertet werden. Der Streit eskalierte letztlich wegen der Erhebung einer direkten Steuer, die von den Bürgern als ungebührlich hoch empfunden wurde. Als es zu keiner Einigung kam, verklagten Teile der Bürgerschaft den sechsköpfigen Geheimen Rat, das eigentliche Machtzentrum der Reichsstadt, vor dem Reichshofrat in Wien. Mit Unterstützung des Reichshofrates gingen die Bürger gegenüber dem Rat gestärkt aus dem Konflikt hervor. Der Preis hierfür war, dass die Reichsstadt Regensburg nun von Wien aus regiert wurde und der Reichshofrat fortan die Innenpolitik maßgeblich bestimmte. Dies dauerte aber nur bis zum Ende der Reichsunmittelbarkeit im Jahr 1802, als das Schicksal von Regensburg eine andere Wendung nahm. Am

8 *Larenz*, Methodenlehre der Rechtswissenschaft, S. 312 ff.

1. Dezember 1802 wurde das Fürstentum Regensburg begründet, nachdem der Erzbischof von Mainz Carl Theodor von Dahlberg[9] aufgrund des Friedensvertrages von Lunéville vom 9. Februar 1801[10] Mainz an Frankreich abtreten musste und Regensburg als Kompensation erhielt.[11]

Die vorliegende Arbeit stellt eine historische Untersuchung voran, hat aber eine rechtshistorische Zielsetzung. Im weiteren Verlauf der Arbeit erfolgt eine rechtliche Überprüfung des Verfahrens vor dem Reichshofrat am Maßstab des Reichsrechtes. Diese rechtliche Prüfung kann nicht ohne die vorherige historische Darstellung gelingen. Regelmäßig wird in den Parteischriftsätzen auf zurückliegende geschichtliche Ereignisse verwiesen, welche sich ohne Kenntnis der Historie Regensburgs nicht einordnen lassen. Weiter ist bei der rechtlichen Prüfung zu beachten, dass die Prozesspraxis am Reichshofrat des 18. Jahrhunderts weniger gesetzlichen Grundlagen folgte, sondern von der Rechtsprechung geformt war. Ebenso war der Reichshofrat bei seiner Entscheidungsfindung in einem gewissen Rahmen unabhängig von der materiellen Rechtslage und orientierte sich mehr an Zweckmäßigkeit als an Gesetzen. Eine nähere Entscheidungsbegründung, die Trennung von Zulässigkeit und Begründetheit der Klage, geschah schriftlich ausgeführt nicht. Der Reichshofrat war nicht verpflichtet, seine Überlegungen den Parteien mitzuteilen. Wenn überhaupt Entscheidungsgründe schriftlich abgefasst wurden, dienten diese nur dem Gericht intern, wurden aber nicht den Parteien vorgelegt.[12] Diesen Weg beschritt der Reichshofrat ebenfalls bei dem untersuchten Regensburger Prozess. Aus den Akten sind keine niedergeschriebenen Entscheidungsgründe ersichtlich. Gleichwohl spielten Zulässigkeit und Begründetheit für die Reichshofräte eine Rolle. Daher werden in dieser Arbeit die gerichtlichen und außergerichtlichen Schriftsätze der Parteien ausgewertet und die Entscheidungen des Reichshofrates inhaltlich dargestellt. Anschließend wird die Klageschrift der Bürger gutachterlich auf deren Zulässigkeit und Begründetheit untersucht. Dann wird das gutachterliche Ergebnis mit den Entscheidungen des Reichshofrates in einer Kontrolle verglichen. So können die Entscheidungsgründe des Reichshofrates rekonstruiert werden. Bei diesem geschilderten Vorgehen ist insgesamt zu beachten, dass der Prozess nicht

9 *Hömig*, Carl Theodor von Dalberg.

10 *Hofmann*, Quellen zum Verfassungsorganismus des Heiligen Römischen Reiches Deutscher Nation 1495–1815, S. 323–328.

11 *Nemitz*, Die direkten Steuern der Stadt Regensburg, S. 540 ff.; *Schönfeld*, Studien zur Wirtschaftsgeschichte der Reichsstadt Regensburg im achtzehnten Jahrhundert, S. 122 ff.

12 *Sellert*, Prozeßgrundsätze und Stilus Curiae am Reichshofrat, S. 358 ff.

zu Ende geführt wurde, denn der Reichshofrat wurde in seiner Arbeit von der Geschichte überholt. Eines der letzten Aktenstücke in den Regensburger Prozessakten des Haus-, Hof- und Staatsarchivs Wien ist ein Schreiben des französischen General Moreau aus dem Generalquartier Augsburg, datiert auf den 30. Messidor VIII., in den Gregorianischen Kalender umgerechnet der 18. Juli 1800.[13] In diesem fordert der siegreiche General die Reichsstadt Regensburg zur Kontributionszahlung auf. Weil nun die militärische Lage den Einfluss des Kaisers auf Regensburg beschränkte, traf der Reichshofrat im Februar 1801 seine letzte Entscheidung im Regensburger Verfahren.

Nachdem die Regensburger Auseinandersetzung historisch dargestellt und rechtlich gewürdigt wurde, stellt sich schließlich die Frage, wer als politischer Gewinner aus der Auseinandersetzung hervorging. Nachdem der Reichshofrat zum einen Gericht, zum anderen Regierungsbehörde des Kaisers war, hatten dessen juristische Entscheidungen stets eine politische Komponente.[14] Es wird sich zeigen, dass keine der streitenden Parteien politisch obsiegte. Der eigentliche Gewinner war der Reichshofrat, der nun die Regierungsmacht in der Reichsstadt übernahm. So wurde das Schicksal der Reichsstadt Regensburg noch enger an das des Alten Reiches gekettet, was im Ergebnis deren Mediatisierung zur Folge hatte.

II. Quellenlage

Ein Schwerpunkt der Quellenbearbeitung lag auf dem Archiv des Historischen Vereins für Oberpfalz und Regensburg und dem Stadtarchiv Regensburg. Hier befinden sich Quellen wie Klageschriften, Ratsprotokolle, Abschriften von Schreiben, die an den Reichshofrat geschickt wurden, und weitere Aktenstücke, die von den Regensburger Streitigkeiten und der Haushaltskrise handeln. Das Archivmaterial ist sehr gut erhalten.

Der andere Schwerpunkt der Quellenbearbeitung lag auf dem Haus-, Hof- und Staatsarchiv Wien, in dem sich die Prozessakten zum gerichtlichen Verfahren vor dem Reichshofrat befinden. Die Quellenforschung ist weiterhin mit der Erschließung der Reichshofratsakten beschäftigt.[15] So sind allein in der Judizialregistratur schätzungsweise 80 000 Einheiten, die es zu erfassen gilt.[16]

13 HHStAW, Reichshofrat, Obere Registratur 1036, Schreiben des General Moreau vom 30. Messidor VIII.

14 *Danz*, Grundsätze des Reichsgerichts Prozesses, S. 64; *Moraw*, Reichshofrat, S. 634.

15 *Sellert*, Projekt einer Erschließung der Akten des Reichshofrats, S. 199 ff.

16 *Schenk*, Ein Erschließungsprojekt für die Akten des kaiserlichen Reichshofrats, S. 288.

Nicolas Wolf legte bis 1806, von der Auflösung des Reiches unterbrochen, ein Repertorium der abgeschlossenen Prozesse sortiert nach Klägernamen bis zum Buchstaben „G“ an[17], welches mittlerweile elektronisch erfasst wurde.[18] Nachdem die Bundesrepublik Deutschland im Jahr 2006 die Finanzierung für einen Zeitraum von achtzehn Jahren zusagte[19], wird die Erschließung unter der Leitung von Wolfgang Sellert fortgesetzt. Zum Zeitpunkt dieser Publikation lagerten die Akten zu der untersuchten Regensburger Auseinandersetzung noch unerschlossen in fünf Kartons.[20] Der Karton 1034 ist wegen Schimmelbefall auf unabsehbare Zeit in der Restaurationswerkstatt und für die Forschung derzeit nicht verfügbar. Für dessen Inhalt wird daher auf die Arbeit von *Nemitz*[21] zurückgegriffen, der den Karton im Jahr 2000 noch einsehen konnte. Ergänzend wird die Arbeit des Regensburger Historikers *Gumpelzhaimer*[22] aus dem Jahr 1795 herangezogen, der, nun teilweise im Karton 1034 befindliche, Aktenstücke durch Abschriften für die Nachwelt erhalten hat. Der Karton 1035 ist bisher noch zugänglich, die Akten weisen aber einen leichten Schimmelbefall auf und zeigen deutliche Verfallserscheinungen. Der Zustand der Kartons 1036, 423 und 146 R3 ist gut. Die Akten sind in deutscher Kurrent- beziehungsweise Kanzleischrift verfasst. Die Verschnürungen der Akten sind noch aus dem 18. Jahrhundert. Die außergerichtliche Korrespondenz der Beteiligten mit dem Reichshofrat wird ebenfalls in den Kartons verwahrt. Die Auswahl der untersuchten Archivalien richtete sich nach der Wahrscheinlichkeit, mit der ein Informationsgewinn für das Durchdringen der Regensburger Streitigkeiten am Ende des Alten Reiches zu erwarten war.

Weiter fand sich eine Materialgrundlage im Bayerischen Hauptstaatsarchiv München, welches die Urkunden der Reichsstadt Regensburg verwahrt.[23] Das Fürst Thurn und Taxis Zentralarchiv Regensburg enthält das Tagebuch und

---

17 *Sellert*, Prozeßgrundsätze und Stilus Curiae am Reichshofrat, S. 53.

18 *Polster*, Die elektronische Erfassung des Wolfschen Repertoriums zu den Prozeßakten des Reichshofrats im Wiener Haus-, Hof- und Staatsarchiv, S. 635–649.

19 *Schenk*, Ein Erschließungsprojekt für die Akten des kaiserlichen Reichshofrats, S. 289.

20 HHStAW, Reichshofrat, Obere Registratur 1034, 1035 und 1036; HHStAW, Reichshofrat, Relationen 146 R3; HHStAW, Reichskanzlei, Kleinere Reichsstände 423.

21 *Nemitz*, Die direkten Steuern der Stadt Regensburg.

22 *Gumpelzhaimer*, Geschichte der Streitigkeiten.

23 Neben dem Archivbestand der Reichsstadt Regensburg wurden ab 1810 zahlreiche Bibliotheksbestände und Kunstschätze Regensburgs nach München verbracht, siehe hierzu: *Chrobak*, Der Verlust der Regensburger Kunstschätze in der Säkularisation, S. 97–106.

weitere Schriften des Steueramtsdirektors Sigmund Bösner. Die Niedersächsische Staats- und Universitätsbibliothek Göttingen verwahrt Varia hinsichtlich der Reichsstadt Regensburg aus den Jahren 1795 bis 1800.

III. Forschungsstand

Die innerstädtische Auseinandersetzung in den letzten Jahren der Reichsunmittelbarkeit Regensburgs wurde bisher nur in Teilaspekten untersucht. Bei der Darstellung der Streitigkeiten konnte auf die hervorragende archivalische Arbeit von *Nemitz* zurückgegriffen und aufgebaut werden. In seinem Werk „Die direkten Steuern der Stadt Regensburg"[24] schildert *Nemitz* die Streitigkeiten im Hinblick auf das direkte Steuerwesen. *Utschig* untersucht in „Die Finanzwirtschaft des Regensburger Ungeldamts im 18. Jahrhundert"[25] die Auswirkungen der Krise bezogen auf das Ungeldamt. *Gumpelzhaimer* geht zeitgenössisch in seinem Werk aus dem Jahr 1795 „Geschichte der Streitigkeiten zwischen Magistrat und Bürgerschaft der Reichsstadt Regenspurg"[26] auf die Ereignisse ein. Für die vorliegende Arbeit wurde bereits von der Forschung untersuchtes Aktenmaterial, soweit noch verfügbar, neu gesichtet. Bisher von der Forschung unbeachtetes Aktenmaterial wurde einbezogen und das gesamte Material einer eigenen Bewertung unterzogen.

Neuland wird bei der rechtlichen und politischen Untersuchung des Regensburger Prozesses vor dem Reichshofrat in Wien betreten. Besonders die rechtliche Prüfung kann eine Lücke in der rechtsgeschichtlichen Forschung schließen. Das grundlegende Werk von *Sellert*[27] vermittelt einen ersten Zugang zur Prozesspraxis des Reichshofrates, um eine solche Prüfung vornehmen zu können.

---

24 *Nemitz*, Die direkten Steuern der Stadt Regensburg.

25 *Utschig*, Die Finanzwirtschaft des Regensburger Ungeldamts im 18. Jahrhundert.

26 *Gumpelzhaimer*, Geschichte der Streitigkeiten.

27 *Sellert*, Prozeßgrundsätze und Stilus Curiae am Reichshofrat.

B. Reichsstadt unter kaiserlichem Einfluss

Der Grundstein der Regensburger Auseinandersetzung vor dem Reichshofrat ist die Verfassung als Reichsstadt. Durch diese war Regensburg unmittelbar dem kaiserlichen Einfluss und der kaiserlichen Gerichtsbarkeit unterworfen. Daher ist der innerstädtische Konflikt stets vor dem Hintergrund der Stadtentwicklung und Verfassungsentwicklung zu betrachten.

I. Weg zur Reichsstadt

Durch zunehmende Freiheitsbestrebungen der Regensburger Bürger im Zusammenspiel mit kaiserlicher Unterstützung entwickelte sich Regensburg im Laufe von drei Jahrhunderten von einer bayerischen Herzogstadt zu einer Reichsstadt.[28] Die Anfänge der Entwicklung liegen in dem staufisch-welfischen Thronstreit zwischen Philipp von Schwaben und Otto IV. von Braunschweig. In diesem Streit unterstützten die Regensburger Bürger den Herrschaftsanspruch der Staufer, während der bayerische Herzog auf Seite der Welfen stand.[29] Nachdem Philipp von Schwaben sich behauptete, wurde er am 6. Januar 1205 in Aachen zum König gekrönt. Aus Dankbarkeit gewährte er am 9. März 1207 der Bürgergemeinde zu Regensburg wegen ihrer langbewährten Treue das so genannte Philippinum[30]. Darin wurden den Bürgern persönliche Freiheiten gewährt und deren Eigentum rechtlich geschützt. So haftete etwa das Bürgervermögen nicht mehr für die Schulden von Bischof und Herzog.[31] Das im September 1230 von Kaiser Friedrich erlassene Privileg, genannt Fridericianum[32], erweiterte die Rechte der Regensburger, indem etwa der ausschließliche Gerichtsstand für Klagen gegen Bürger in Regensburg festgelegt wurde. Diese beiden Privilegien schmälerten die Stadtherrschaft von Herzog und

28 *Schmid, Peter,* Die Bürgerschaft auf dem Weg zur Reichsfreiheit, S. 177.

29 *Schmid, Peter,* Die bayerischen Herzöge und Regensburg, S. 69; *Töpfer,* Stellung und Aktivitäten der Bürgerschaft von Bischofsstädten während des staufisch-welfischen Thronstreites, S. 34 f.

30 *Bastian/Widemann,* Regensburger Urkundenbuch, Nr. 48, S. 17 f.

31 *Schmid, Peter,* Die Anfänge der Regensburger Bürgerschaft und ihr Weg zur Stadtherrschaft, S. 503.

32 *Bastian/Widemann,* Regensburger Urkundenbuch, Nr. 57, S. 24 ff.

Bischof und stärkten die Position der Bürgerschaft.[33] Als der Papst Kaiser Friedrich II. im Jahr 1245 exkommunizierte, gab der Konflikt zwischen Kaiser und Papst den Geschicken Regensburgs eine entscheidende Wendung in Richtung Reichsstadt. Nachdem der Bischof von Regensburg den Papst unterstützte und sich gegen den Kaiser wandte[34], erließ Kaiser Friedrich II. am 10. November 1245 ein Privileg, genannt das zweite Fridericianum[35]. In diesem gestand er den Regensburgern zu, sich in freier Wahl einen Bürgermeister und einen Rat zu geben und sich selbst zu verwalten. Den bischöflichen Stadtherren wurde die kaiserliche Unterstützung entzogen und die Bürger wuchsen zu einer eigenständigen politischen Kraft heran.[36] Daher wurde Regensburg nicht etwa wie Salzburg, Passau, Freising oder Eichstätt eine Bischofsstadt, sondern stand von nun an nur noch im Spannungsfeld zwischen Kaiser und den bayerischen Herzögen.[37] Regensburg schied schließlich ab der Mitte des 13. Jahrhunderts aus dem Verband des Herzogtums aus und war als Reichsfreie Stadt direkt dem Kaiser unterstellt.[38] Die Freien Reichsstädte waren gegenüber dem Reich frei von Abgaben und Lasten.[39] Allerdings erkannten die Wittelsbacher das zweite Fridericianum nicht an und gaben den Herrschaftsanspruch in Regensburg nicht auf.[40] Das Ringen um die Herrschaft in Regensburg sollte andauern.

Ab dem Beginn des 15. Jahrhunderts setzte ein wirtschaftlicher Niedergang in Regensburg ein, welches zunehmend in Konkurrenz zu aufstrebenden Reichsstädten wie Nürnberg und Augsburg stand.[41] In Regensburg gab es

33 *Mayer*, Das Ringen Bayerns und des Kaiserhofes um die Reichsstadt Regensburg 1486/92–1508, S. 14 f.

34 *Schmid, Peter,* Die Anfänge der Regensburger Bürgerschaft und ihr Weg zur Stadtherrschaft, S. 531.

35 *Ried*, Codex, Nr. 423, S. 408.

36 *Schmid, Peter,* Die Anfänge der Regensburger Bürgerschaft und ihr Weg zur Stadtherrschaft, S. 512.

37 *Mayer*, Das Ringen Bayerns und des Kaiserhofes um die Reichsstadt Regensburg 1486/92–1508, S. 16; *Schmid, Herbert,* Eine „Freistadt" wird zur „gemeinen Reichsstadt", S. 11 f.

38 *Schmid, Peter,* Die Anfänge der Regensburger Bürgerschaft und ihr Weg zur Stadtherrschaft, S. 537; *Walderdorff*, Regensburg in seiner Vergangenheit und Gegenwart, S. 102.

39 *Möncke*, Zur Problematik des Terminus „Freie Stadt" im 15. und 16. Jhr., S. 89 f.

40 *Färber,* Regensburgs langer Weg nach Bayern, S. 12 f.; *Mayer*, Das Ringen Bayerns und des Kaiserhofes um die Reichsstadt Regensburg 1486/92–1508, S. 16.

41 *Fischer, Klaus*, Regensburger Hochfinanz, S. 37 ff.; *Gömmel*, Die Wirtschaftsentwicklung vom 13. Jahrhundert bis zum Zweiten Weltkrieg, S. 482; *Ziegler*, Regensburg am Ende des Mittelalters, S. 61 ff.

zwar Handel aber kein produzierendes Gewerbe, wobei die Kombination von Handel und Produktion die Stärke Nürnbergs und Augsburgs war.[42] Darüber hinaus waren Ingolstadt, Straubing und Landshut von den Wittelsbachern mit dem Stapelrecht ausgestattet worden. Dieses verpflichtete Kaufleute, vor dem Export ihre Waren zunächst in der jeweiligen Stadt einzulagern und zum Kauf anzubieten. So wurde Regensburg, welches vom bayerischen Territorium umschlossen war, vom Donauhandel zurückgedrängt.[43] Als die Reichsstadt Regensburg im Jahr 1485 zunehmend in finanzielle Bedrängnis geriet, ergab sich für Herzog Albrecht IV. ein Ansatzpunkt, um die Stadt dem Herzogtum Bayern-München einzuverleiben.[44] Für diese Bestrebung arbeitete auch die zunehmende Unzufriedenheit eines Teils der Regensburger Bürger, die den Kaiser für den drohenden Bankrott verantwortlich machten. Kaiser Friedrich III. verschärfte die angespannte Kassenlage, indem er, trotz des formalen Status einer Freien Reichsstadt, von Regensburg erhebliche Zahlungen verlangte.[45] So skandierten pro-bayerische Regensburger Bürger die Losung: „Besser ein Herzog als ein Kaiser! Der Herzog macht reich, das Reich macht arm!“[46] Als der Herzog in Aussicht stellte, die Finanzen Regensburgs durch einen Anschluss an den bayerischen Wirtschaftsraum zu sanieren, verzichtete Regensburg auf den Reichsstadtstatus.[47] In der Folge unterwarf Regensburg sich, trotz kaiserlichen Protestes[48], mit Übergabevertrag vom 26. Juni 1486[49] dem Herzogtum Bayern-München.[50] Als Reaktion darauf äußerte der Habsburger Kaiser Friedrich III., er werde eher das Stammland Österreich aufgeben, als Regensburg aus dem Reich zu entlassen.[51] Von nun an verfolgte Kaiser Friedrich III., zusammen mit seinem Sohn und auserkorenen Thronfolger König Maximilian, das Ziel, Regensburg wieder in den Reichsverband

42 *Schremmer*, Die Wirtschaft Bayerns, S. 155 f.

43 *Schmid, Herbert*, Eine „Freistadt“ wird zur „gemeinen Reichsstadt“, S. 15 f.; *Zugschwert*, Die wirtschaftlichen Beziehungen der freien Reichsstadt Regensburg zum Herzogtum Bayern seit dem 14. Jahrhundert, S. 16.

44 StadtAR, Cameralia, Nr. 66.

45 *Beck*, Kaiser und Reichsstadt am Beginn der Frühen Neuzeit, S. 18; *Schmid, Peter*, Die bayerischen Herzöge und Regensburg, S. 73.

46 *Schwab*, Regensburg im Aufruhr, S. 20.

47 *Schmid, Peter*, Die bayerischen Herzöge und Regensburg, S. 72 ff.

48 BayHStA, Reichsstadt Urkunden Regensburg, 1486 VI 20.

49 BayHStA, Reichsstadt Regensburg Literalien, Nr. 317.

50 *Schmid, Herbert*, Eine „Freistadt“ wird zur „gemeinen Reichsstadt“, S. 17 ff.

51 *Schmid, Peter*, Die bayerischen Herzöge und Regensburg, S. 76 f.; *Striedinger*, Kampf um Regensburg 1486–1492, S. 143.

einzugliedern. Dabei agierten beide auf politischer und militärischer Ebene.[52] Am 1. Oktober 1491 wurde die Reichsacht[53] über Regensburg ausgesprochen.[54] Um die Stadt unter den Gehorsam von Kaiser und Reich zu bringen, wurde der Ritterbund der Löwler mit der Ausführung der Acht beauftragt.[55] Diese waren ein Zusammenschluss von Rittern aus dem Bayerischen Wald.[56] Herzog Albrecht IV. besiegte den Ritterbund zwar in wenigen Wochen[57], errang indes einen Pyrrhussieg. Denn nun verhängte der Kaiser am 23. Januar 1492 über Albrecht IV. die Reichsacht.[58] Mitte Mai 1492 scheiterten alle Vermittlungsversuche. Bei Kaufering stand ein kaisertreues Heer von 22 000 Mann den Truppen von Albrecht IV. gegenüber, der ungefähr 17 000 Mann ins Feld führen konnte.[59] Erst im Angesicht seiner militärischen Unterlegenheit lenkte Albrecht IV. ein und war zu Verhandlungen bereit.[60] Am Ende konnte Kaiser Friedrich III. alle Forderungen durchsetzen. Regensburg wurde politisch und rechtlich in den Status von 1485 zurückversetzt und somit die Reichsunmittelbarkeit wiederhergestellt.[61] Jedoch wollte der Kaiser eine Wiederholung der Ereignisse aus dem Jahr 1486 verhindern. Von nun an galt Regensburg als gegenüber dem Reich untreu[62], daher wurden Kommissare geschickt, die vor Ort die politischen und wirtschaftlichen Verhältnisse neu ordnen sollten. Es wurde deutlich, dass der Kaiser Regensburg nicht mehr den Status einer Freien Reichsstadt zuerkannte, den es vor seiner bayerischen

52 *Mayer*, Das Ringen Bayerns und des Kaiserhofes um die Reichsstadt Regensburg 1486/92–1508, S. 39 ff.

53 BayHStA, Reichsstadt Urkunden Regensburg, 1491 X 1.

54 *Fuchs*, Der Kampf um Regensburg, S. 25 f.; *Schmid, Peter,* Die bayerischen Herzöge und Regensburg, S. 77.

55 *Krenner*, Baierische Landtags-Handlungen in den Jahren 1429 bis 1513, S. 450–453.

56 *Piendel*, Die Ritterbünde der Böckler und Löwler im bayerischen Wald, S. 72–80.

57 *Striedinger*, Der Kampf um Regensburg 1486–1492, S. 172–174.

58 BayHStA, Reichsstadt Regensburg Literalien, Nr. 311; siehe aber: *Striedinger*, Der Kampf um Regensburg 1486–1492, S. 175, der die Ansicht vertritt, es sei keine Acht über Albrecht IV. verhängt worden, nachdem dessen Name nur in der „Narratio“ und nicht im Hauptartikel der Achterklärung genannt werde.

59 *Doeberl*, Entwicklungsgeschichte Bayerns, S. 331; *Schmid, Herbert*, Eine „Freistadt“ wird zur „gemeinen Reichsstadt“, S. 21.

60 *Hefner*, Geschichte der Regierung Albrechts IV., S. 45 f.

61 BayHStA, Reichsstadt Regensburg Urkunden, 1492 V 25; *Krenner*, Baierische Landtags-Handlungen in den Jahren 1429 bis 1513, S. 585–598.

62 HHStAW, Alte Prager Akten, Nr. 140.

Unterwerfung 1486 innegehabt hatte.[63] Er forderte von Regensburg Tribut und zog die Stadtherrschaft an sich, indem er auf die Ämterbesetzung Einfluss nahm.[64]

Mit der kaiserlichen Regimentsordnung in den jeweiligen Fassungen aus den Jahren 1495[65], 1500[66] und 1514[67] wurde Regensburg eine reichsstädtische Verfassung gegeben, die den verfassungsrechtlichen Status grundlegend im Sinne des Kaisers neu gestaltete. Die Fassung von 1514 blieb formal bis zur Mediatisierung 1802 in Kraft.[68] In der Regimentsordnung wurde das Amt des Reichshauptmannes geschaffen. Dessen Aufgabe war es, an allen Beschlüssen und Sitzungen des Inneren und Äußeren Rates mitzuwirken, um so die reichsunzuverlässige Stadt für den Kaiser zu überwachen.[69] Die Leitung der Stadt wurde in die Hände von Kammern gegeben und deren unterschiedliche Zuständigkeiten und deren Wahlmodus festgelegt.[70] Der Innere Rat war innerhalb des Stadtgebietes sowohl Legislative wie Judikative, die Exekutive stand unter der Weisungsbefugnis des Inneren Rates. Ab 1525 führte immer ein gewählter Kämmerer den Ratsvorsitz für einen Zeitraum von drei Monaten als eine Art von Bürgermeister. Der Äußere Rat hatte ein Mitspracherecht in verschiedenen Gebieten, unter anderem bei der Steuergesetzgebung. Der Ausschuss der Vierziger wurde in der Regimentsordnung als Vertretungsorgan der Bürgergemeinde geschaffen, das ein Mitspracherecht bei Entscheidungen hatte. Diese Mitspracherechte ergaben sich, wenn etwa die Stadt dauerhaft Verträge abschloss, insbesondere wenn sie städtisches Grundeigentum verkaufen wollte. Der Ausschuss bestand aus jeweils fünf Vertretern der acht Stadtbezirke von Regensburg. Alljährlich am ersten Werktag nach Weihnachten wählten der Innere und der Äußere Rat neun Wahlmänner, die sich aus jeweils drei Mitgliedern des Inneren Rates, des Äußeren Rates und der Vierziger zusammensetzten. Diese neun Wahlmänner bestimmten den Inneren Rat und die vier Kämmerer,

63 *Beck,* Kaiser und Reichsstadt am Beginn der Frühen Neuzeit, S. 18 f.

64 *Beck,* Kaiser und Reichsstadt am Beginn der Frühen Neuzeit, S. 28 ff.

65 HHStAW, Reichskanzlei, Kleinere Reichsstände 416, Regimentsordnung von 1495.

66 BayHStA, Reichsstadt Regensburg Literalien, Nr. 376 und Nr. 377.

67 BayHStA, Reichsstadt Regensburg Literalien, Nr. 380 und Nr. 381.

68 *Nemitz,* Verfassung und Verwaltung der Reichsstadt (1500–1802), S. 248 f.

69 *Beck,* Kaiser und Reichsstadt am Beginn der Frühen Neuzeit, S. 22; *Schmid, Herbert,* Eine „Freistadt" wird zur „gemeinen Reichsstadt", S. 30 ff.

70 Dies und das Folgende nach: BayHStA, Reichsstadt Regensburg Literalien, Nr. 380 und Nr. 381; *Hausenstein,* Die Wiedervereinigung Regensburgs mit Bayern im Jahre 1810, S. 19 ff; *Nemitz,* Verfassung und Verwaltung der Reichsstadt (1500–1802), S. 248 ff.

die sich den Vorsitz über den Inneren Rat für ein Jahr aufteilten.[71] Laut Regimentsordnung durfte ein Kämmerer erst nach Ablauf von zwei Jahren erneut gewählt werden und nicht während seiner Amtszeit als Vorsitzender im Steuer- oder Ungeldamt tätig sein. Der neu gewählte Innere Rat wählte wiederum zusammen mit Vertretern des alten Äußeren Rates und ausgewählten Bürgern (Zuwähler) den neuen Äußeren Rat.[72] Der Innere Rat hatte für die Einhaltung der Regimentsordnung zu sorgen und die Pflicht, diese alljährlich dem Äußeren Rat und den Vierzigern vorzutragen.[73] Die Verfassungsentwicklung war zwar formal durch die Regimentsordnung von 1514 abgeschlossen, aber durch den Wegfall der Reichshauptmannschaft im Jahr 1555 begünstigt, vermischten sich die Bestimmungen der Regimentsordnung mit Gewohnheitsrecht.[74] Nun war die Verfassungswirklichkeit eine andere als formal in der Regimentsordnung niedergeschrieben. So bildete sich ab 1558 ein sechsköpfiger Geheimer Rat aus dem Inneren Rat heraus, der zweimal wöchentlich unabhängig vom Inneren Rat tagte. Dessen Mitglieder wechselten sich mit dem Vorsitz über den Inneren Rat als Kämmerer ab. Ab dem 17. Jahrhundert war der Geheime Rat die eigentliche Regierung der Reichsstadt Regensburg[75]. Die Geheimen Ratsherren waren abwechselnd entweder die Vorsitzenden des Steueramtes, des Ungeldamtes, des Bauamtes, des Almosenamtes oder des Vormundamtes. Ebenso unterlag die städtische Haushaltsplanung dem Geheimen Rat.[76] Dieser Geheime Rat wurde zweihundert Jahre von der Bürgerschaft akzeptiert.[77] Letztlich war aber die Abweichung vom Wortlaut der Regimentsordnung der Grundstein des innerstädtischen Konfliktes, in dessen Verlauf die Regensburger Bürger bei der kaiserlichen Gerichtsbarkeit Rechtsschutz suchten.

---

71 *Hausenstein,* Die Wiedervereinigung Regensburgs mit Bayern im Jahre 1810, S. 22; *Nemitz*, Verfassung und Verwaltung der Reichsstadt (1500–1802), S. 249 f.

72 BayHStA, Reichsstadt Regensburg Literalien, Nr. 380 und Nr. 381.

73 *Gumpelzhaimer*, Geschichte der Streitigkeiten, S. 7.

74 *Gumpelzhaimer*, Geschichte der Streitigkeiten, S. 7.

75 In den Quellen werden der Geheime Rat zusammen mit dem Inneren Rat teilweise als Magistrat bezeichnet, abgeleitet von dem lateinischen Nomen „magistratus", welches „Obrigkeit" bedeutet.

76 *Nemitz*, Verfassung und Verwaltung der Reichsstadt (1500–1802), S. 258 ff.

77 *Hausenstein,* Die Wiedervereinigung Regensburgs mit Bayern im Jahre 1810, S. 23; *Gumpelzhaimer*, Geschichte der Streitigkeiten, S. 8.

II. Kaiserlicher Einfluss in Regensburg ab dem 17. Jahrhundert

Der Westfälische Friede von 1648[78] beschränkte formal den kaiserlichen Einfluss auf die Reichsstände.[79] Der Kaiser bedurfte nach Art. V, 2 des Vertrages von Osnabrück zwischen dem Reich und Schweden vom 24. Oktober 1648 zur Erklärung eines Reichskrieges oder zu einem Abschluss von Verträgen mit Staaten außerhalb des Reiches der Zustimmung des Reichstages.[80] Aber schon auf den Tagungen des Friedenskongresses in Münster und Osnabrück kam es zum Streit über die Sitzordnung, der den zugedachten Rang der Reichsstädte unter den Reichsständen veranschaulicht. So verlangte der Primärgesandte von Köln bei einer Tagung am 14. April 1646, auf der Fürstenbank Platz zu nehmen, was ihm verweigert wurde. Daraufhin verließ der Primärgesandte die Sitzung. Der Sekundärgesandte von Köln trug das städtische Votum sitzend vor, obwohl es üblich war, dass die Gesandten der Reichsstädte dabei zu stehen hatten. Denn ein Sitzrecht bei der Verlesung hatten nur die höheren Reichsstände.[81] Der kurkölnische Gesandte bezeichnete daraufhin den Gesandten von Köln für sein ungebührliches Verhalten als „Bauernflegel".[82] Die Verweigerung des städtischen Sitzrechtes war Ausdruck des unteren Ranges, auf den die Reichsstädte verwiesen werden sollten. Währenddessen versuchten die Gesandten der Reichsstädte, durch ein Sitzen den Anspruch auf Gleichrang symbolisch durchzusetzen. Trotz des Westfälischen Friedens behandelte der Kaiser die Reichsstädte weiterhin als unmittelbare Untertanen. Denn er betrachtete Reichsstädte nicht als vollwertige Reichsstände wie etwa Fürsten und Kurfürsten, sondern als sein Kammergut.[83] Diese Auffassung wurde von der

78 Ferdinand III., Ludwig XIV., in: *Fischer, Philipp Jacob,* Übersetzung des Vertrages von Münster zwischen dem Reich und Frankreich vom 24. Oktober 1648; Ferdinand III., Kristina von Schweden, in: *Fischer, Philipp Jacob,* Übersetzung des Vertrages von Osnabrück zwischen dem Reich und Schweden vom 24. Oktober 1648.

79 *Feine,* Zur Verfassungsentwicklung des Heiligen Römischen Reichs seit dem Westfälischen Frieden, S. 77 f.; *Laufs,* Die Reichsstädte auf dem Regensburger Reichstag 1653/1654, S. 28.

80 Ferdinand III., Kristina von Schweden, in: *Fischer, Philipp Jacob,* Übersetzung des Vertrages von Osnabrück zwischen dem Reich und Schweden vom 24. Oktober 1648, S. 53.

81 *Buchstab,* Reichsstädte, Städtekurie und Westfälischer Friedenskongreß, S. 128 f.

82 *Meiern,* Acta Pacis Westphalicae Publica, S. 890.

83 *Becker,* Die Städtekurie am Immerwährenden Reichstag zu Regensburg als Rechtsform, S. 145 ff.; *Buchstab,* Reichsstädte, Städtekurie und Westfälischer Friedenskongreß, S. 110; *Conrad,* Die verfassungsrechtliche Bedeutung der Reichsstädte im Deutschen Reich, S. 496; *Eberlein,* Die Esslinger Bürgerprozesse, S. 115.

zeitgenössischen Staatsrechtsliteratur unterstützt, nach der den Reichsstädten zwar die Landeshoheit zukam, dem Kaiser aber ein umfassendes Kontrollrecht zustand.[84]

Regensburg als Reichs- und Reichstagsstadt wurde die besondere Aufmerksamkeit des Kaisers zuteil. Zum einen war die Stadt geografisch eine nahe zum Kaiserhof in Wien gelegene Reichsstadt, was einen kaiserlichen Zugriff auf die innerstädtischen Verhältnisse erleichterte. Zum anderen sicherte die Herrschaft über Regensburg den politischen Einfluss in Süddeutschland. Weiter war Regensburg ab dem Jahr 1663 Austragungsort des Immerwährenden Reichstages[85], womit ständig Gesandte des Kaisers vor Ort waren, die ihn über die städtischen Angelegenheiten informierten. Juristisch setzte der Kaiser als oberster Richter[86] das Reichsrecht in Regensburg durch, wobei er sich des Reichshofrates bedienen konnte. Der Reichshofrat war ein Gericht, aber gleichzeitig eine Behörde, die Verwaltungsaufgaben im Sinne des Kaisers übernahm.[87] Folglich war der Kaiser bei der Regensburger Auseinandersetzung zwischen Bürgern und Stadtrat ein Machtfaktor, mit dem zu rechnen war.

---

84 *Malblank*, Abhandlungen aus dem Reichsstädtischen Staatsrechte, S. 181 ff.; *Pütter*, Kurzer Begriff des Teutschen Staatsrechts, S. 14 f.; *Roth*, Staatsrecht deutscher Reichslande, S. 130 f.

85 *Conrad,* Die verfassungsrechtliche Bedeutung der Reichsstädte im Deutschen Reich, S. 496.

86 *Danz*, Grundsätze des Reichsgerichts Prozesses, S. 2 f.

87 *Danz,* Grundsätze des Reichsgerichts Prozesses, S. 64.

C. Innerstädtische Auseinandersetzung

I. Ursachen der Auseinandersetzung

Die Ursache der innerstädtischen Auseinandersetzung, die schließlich vor dem Reichshofrat ausgetragen wurde, ist zunächst die finanzielle Krise der Reichsstadt, die aus eigener Kraft nicht bewältigt werden konnte.

1. Verschuldung der Reichsstadt Regensburg

Ab der Mitte des 18. Jahrhunderts stieg die Verschuldung der Reichsstadt Regensburg beständig an. Es drohte, wie schon gegen Ende des 15. Jahrhunderts[88], der Bankrott. So bezifferte die Reichsstadt Regensburg in einem Schreiben an den Reichshofrat für das Jahr 1793 den Schuldenstand auf 1 537 595 Gulden.[89] Ein Blick auf bayerische kommunale Haushaltsgrundsätze der heutigen Zeit veranschaulicht die angespannte Haushaltslage des damaligen Regensburg. Nach Art. 61 Abs. 1 S. 2 BayGO ist die dauerhafte Leistungsfähigkeit einer Gemeinde sicherzustellen. Zweifel an einer dauerhaften Leistungsfähigkeit bestehen, wenn über einen längeren Zeitraum ein Haushaltsausgleich nicht erreicht wird.[90] Dies ist der Fall, wenn der Gesamtbetrag der Erträge den Gesamtbetrag der Aufwendungen nicht erreicht, § 24 Abs. 1 S. 2 KommHV-Doppik. Um einen längeren Zeitraum abzubilden, sind exemplarisch die Ausgaben und Einnahmen (ohne neu aufgenommenes Kapital) der Reichsstadt Regensburg für die Haushaltsjahre 1750, 1767 und 1772 herauszunehmen. Die Einnahmen im Jahr 1750 beliefen sich auf 142 816 Gulden, die Ausgaben auf 178 950 Gulden, somit bestand ein Haushaltsdefizit von 36 134 Gulden. Die Einnahmen im Jahr 1767 beliefen sich auf 145 334 Gulden, die Ausgaben auf 197 491 Gulden, womit ein Haushaltsdefizit von 52 157 Gulden bestand. Im Jahr 1772 wurden Einnahmen von 144 270 Gulden erzielt, denen Ausgaben von 228 970 Gulden gegenüberstanden, was ein

---

88 Siehe: B. I. Weg zur Reichsstadt.

89 HHStAW, Reichskanzlei, Kleinere Reichsstände 423, Schreiben des Inneren Rates an den Reichshofrat vom 25.06.1793.

90 Mühlbauer/Stangelmayer/Zwick, in: *Schulz*, Kommunalverfassungsrecht Bayern, Art. 61 GO-Kommentar 2008.

Haushaltsdefizit von 84 700 Gulden ergab.[91] Im gesamten Untersuchungszeitraum von 1750 bis 1772 wurde jedes Jahr, ohne neu aufgenommenes Kapital, ein Defizit erwirtschaftet.[92] Die jährlich steigenden Defizite wurden durch Kreditaufnahme ausgeglichen, was die Schuldenzinslast kontinuierlich steigen ließ. Die Zinsen entwickelten sich zum größten Ausgabenposten und betrugen im Jahr 1772 noch 46 396 Gulden. Bereits im Jahr 1793 war die jährliche Zinslast auf 62 383 Gulden angewachsen.[93] Nachdem auf der Einnahmenseite jedoch kein erheblicher Anstieg erzielt werden konnte, war in Zukunft ein Haushaltsausgleich nicht mehr möglich. Somit bestanden nicht nur Zweifel an der finanziellen Leistungsfähigkeit der Reichsstadt Regensburg. Spätestens am Ende des 18. Jahrhunderts war diese nach heutigem Maßstab des bayerischen Kommunalrechtes nicht mehr vorhanden.

Die Verschuldung der Reichsstadt Regensburg war kein Einzelfall unter den Reichsstädten, vielmehr befand sich die Mehrzahl der Reichsstädte am Ende des 18. Jahrhunderts in einer finanziellen Krise.[94] Nürnberg etwa hatte zum Zeitpunkt der Mediatisierung eine Verschuldung von über neun Millionen Gulden.[95] Nach *Moser* war eine Reichsstadt ohne Schulden ein „seltenes Exempel".[96] Die zeitgenössische Staatsrechtsliteratur erklärte die Schuldenlast der Reichsstädte zum einen durch die hohen Reichsmatrikularbeiträge und zum anderen durch die Misswirtschaft und Finanzpolitik der Magistrate.[97] Beide Erklärungsansätze lassen sich auf Regensburg übertragen. So beklagte sich der Geheime Rat im Jahr 1793 in einem Schreiben an den Reichshofrat über die Belastung durch die

---

91 StadtAR, Cameralia, Nr. 189–207; *Schönfeld*, Studien zur Wirtschaftsgeschichte der Reichsstadt Regensburg im achtzehnten Jahrhundert, S. 118.

92 StadtAR, Cameralia, Nr. 189–207; *Schönfeld*, Studien zur Wirtschaftsgeschichte der Reichsstadt Regensburg im achtzehnten Jahrhundert, S. 118, Fn. 48.

93 HHStAW, Reichshofrat, Obere Registratur 1034, Schuldenprogressionstabelle von 1796 (z. Z. der Veröffentlichung in Restauration), zitiert nach: *Nemitz*, Die direkten Steuern der Stadt Regensburg, S. 422–424; *Schönfeld*, Studien zur Wirtschaftsgeschichte der Reichsstadt Regensburg im achtzehnten Jahrhundert, S. 118.

94 *Hildebrandt*, Zur Frage der reichsstädtischen Finanzen und Haushaltspolitik seit dem Westfälischen Frieden, S. 97 ff.; *Press*, Reichsstadt und Revolution, S. 14.

95 *Schwemmer*, Die Schulden der Reichsstadt Nürnberg und ihre Übernahme durch den bayerischen Staat, S. 14; siehe aber: *Endres*, Nürnberg im 18. Jahrhundert, S. 135 f., der einen Schuldenstand von 12 Millionen Gulden angibt. Die unterschiedlichen Angaben ergeben sich aus der jeweiligen Betrachtungsweise der Bilanzen.

96 *Moser*, Von der Reichs-Stättischen Regiments-Verfassung, S. 293.

97 *Moser*, Von der Reichs-Stättischen Regiments-Verfassung, S. 294.

Matrikularbeiträge.[98] Aber der Geheime Rat und die Verwaltungspraxis in der Reichsstadt Regensburg trugen ihren Teil zu der Schuldenlast bei.

Denn für die Kreditaufnahme und Kredittilgung war in Regensburg das Steueramt zuständig. In einem Obligationsbuch wurden der Name des Gläubigers, die Kreditsumme und der Zinssatz vermerkt. Gläubiger der Reichsstadt Regensburg waren institutionelle Anleger und Private, wobei der jährliche Zinssatz zwischen drei Prozent und vier Prozent variierte. So verlieh etwa am 12. November 1776 die Kramerinnung einen Betrag von vierhundert Gulden zu vier Prozent Zinsen. Während am 17. Februar 1777 Johann Sigmund Bösner[99], ein Verwandter des Geheimen Ratsherren Georg Sigmund Bösner, eine Summe von tausend Gulden zu fünf Prozent Zinsen als Darlehen gab.[100] Die Aufsicht über das Steueramt führte hierbei der Geheime Rat, der formal jede Kreditaufnahme zu genehmigen hatte.[101] Allerdings tagte der Geheime Rat nur zweimal die Woche. Um sich ein kurzfristiges Kreditangebot nicht entgehen zu lassen, nahmen die Steueramtsbediensteten daher Angebote eigenmächtig an, bevor der potenzielle Kreditgeber absprang. Diese Verwaltungspraxis wurde vom Geheimen Rat geduldet, um die Zahlungsfähigkeit der Reichsstadt vermeintlich zu sichern.[102] Somit fand eine politische Kontrolle über die gegenwärtige Höhe der Kreditaufnahme nicht statt.

Insgesamt entzog sich die reichsstädtische Haushaltsführung einer effektiven Kontrolle. Nach der Regimentsordnung von 1514 war die Kasse des Steueramtes die zentrale reichsstädtische Kasse, alle Behörden hatten ihre Einnahmen an diese zu überweisen. Aus der Steueramtskasse waren dann alle Ausgaben zu bestreiten.[103] Dennoch wurde die Kasse des Ungeldamtes als Nebenkasse geführt, aus der erhebliche Ausgaben getätigt wurden. So bezahlte beispielhaft

98 AHVOR, Manuskripte Regensburg, Nr. 120, Schreiben der Stadt Regensburg an den Reichshofrat vom 10.12.1793; *Nemitz*, Die direkten Steuern der Stadt Regensburg, S. 425.

99 *Paricius*, Allerneueste und bewährte Historische Nachricht, S. 129.

100 StadtAR, Cameralia, Nr. 280, S. 117 und S. 149.

101 AHVOR, Manuskripte Regensburg, Nr. 67, S. 16, Beschluss des Geheimen Rates vom 17.09.1662; *Nemitz*, Die direkten Steuern der Stadt Regensburg, S. 420.

102 BayHStA, Reichsstadt Regensburg Literalien, Nr. 605; *Nemitz*, Die direkten Steuern der Stadt Regensburg, S. 420.

103 BayHStA, Reichsstadt Regensburg Literalien, Nr. 380 und Nr. 381; *Meierhofer*, Die finanzwirtschaftlichen Zustände des reichsstädtischen und kurfürstlichen Regensburgs in den Zeitabschnitten 1780/1802 und 1803/1810, Band 1, S. 13; *Nemitz*, Die direkten Steuern der Stadt Regensburg, S. 426.

das Ungeldamt die Bauamtstagelöhner.[104] Zunächst kamen die Einnahmen aus den Umsatzsteuern für die Güter des täglichen Bedarfes in die Ungeldamtskasse. Nachdem die Ausgaben mit den Einnahmen des Ungeldamtes verrechnet waren, wurde der überbleibende Betrag an die Steueramtskasse weitergeleitet. Jedoch wurden die Ausgaben des Ungeldamtes in der Steueramtskasse als Ausgaben des Steueramtes verbucht. Im Ungeldamt selbst wurde kein Ausgabenbuch geführt, sondern ein Verrechnungsbuch.[105] Allerdings wurden die Ausgaben des Ungeldamtes, wie diese im Verrechnungsbuch eingetragen waren, bei dieser Umbuchung auf die Steueramtskasse aufgespalten. Dies hatte den Zweck, dass diese in die passenden Posten der Steuerrechnung eingetragen werden konnten. Es gab keine standardisierten Ausgabenposten bei der Buchführung. Daher stimmten die Ausgabensummen im Verrechnungsbuch nicht mit den Ausgabensummen in der Steuerrechnung überein, was eine Ausgabenkontrolle zusätzlich erschwerte.[106] Ob durch diese rein formal buchungstechnische Betrachtung der Ungeldamtskasse als Einnahmekasse die Bestimmungen der Regimentsordnung eingehalten wurden, kann bezweifelt werden. Aber durch die faktisch vorhandenen doppelten Ausgabenkassen war ein Überblick über die Gesamthöhe der getätigten Ausgaben zum Zeitpunkt der Entscheidung über eine einzelne Ausgabe nicht möglich. Folglich war es nicht überschaubar, ob eine einzelne Ausgabe noch im finanziellen Spielraum der Stadt lag oder nicht. Diese fehlende Überschaubarkeit der Ausgaben wurde noch durch den Umstand begünstigt, dass in der Reichsstadt Regensburg kein Haushaltsplan bestand. Es gab keine Zusammenstellung der Ausgaben, die für einen zukünftigen festgelegten Zeitraum geplant waren. So wurden Ausgaben durch laufende Einnahmen gedeckt, wenn diese nicht ausreichten, eben durch kurzfristige Kreditaufnahmen.[107]

Auch im Nachhinein fand keine effektive Kontrolle der Einnahmen und Ausgaben statt. Nach der Regimentsordnung sollte die Rechnung des Ungeldamtes von dem reichsstädtischen Rechenamt geprüft werden.[108] Da aber das Ungeldamt kein Ausgabenbuch führte und buchungstechnisch die Ausgaben in der Steueramtsrechnung erschienen, war die Ungeldamtsrechnung der Kontrolle des Rechenamts

104 StadtAR, Cameralia, Nr. 189–207; *Utschig*, Die Finanzwirtschaft des Regensburger Ungeldamts im 18. Jahrhundert, S. 101.

105 StadtAR, Cameralia, Nr. 189–207; *Utschig*, Die Finanzwirtschaft des Regensburger Ungeldamts im 18. Jahrhundert, S. 101 f.

106 *Utschig*, Die Finanzwirtschaft des Regensburger Ungeldamts im 18. Jahrhundert, S. 102.

107 *Nemitz*, Die direkten Steuern der Stadt Regensburg, S. 427.

108 BayHStA, Reichsstadt Regensburg Literalien, Nr. 380 und Nr. 381.

teilweise entzogen. Denn nur der Geheime Rat durfte die Steueramtsrechnung einsehen.[109] Zwar wurden die Steueramtsrechnungen der abgelaufenen Rechnungsjahre dem Geheimen Rat zur Abzeichnung vorgelegt, bei der Erstellung der Rechnung bestand aber meist ein Verzug von mehreren Jahren. Einen zeitnahen Überblick über den städtischen Haushalt des abgelaufenen Rechnungsjahres war so jedenfalls nicht möglich.[110] Überdies pflegten die Geheimen Ratsherren, die abwechselnd den einzelnen Ämtern, etwa dem Ungeldamt, dem Steueramt oder dem Vormundamt vorstanden, keine kollegiale Zusammenarbeit untereinander. Sie gewährten sich gegenseitig keinen Einblick in die aktuellen Abrechnungen der Ämter.[111] Somit ist zu schlussfolgern, dass keine Einzelperson einen Gesamtüberblick über die aktuelle reichsstädtische Haushaltsführung haben konnte und daher niemand eine Gesamtverantwortung für deren Nachhaltigkeit übernahm.

Es besteht eine Parallele zwischen den finanziellen Schwierigkeiten der Reichsstadt Regensburg im 15. Jahrhundert zu der Krise der Reichsstadt Regensburg im 18. Jahrhundert. Die Stadt war wie schon damals vom bayerischen Flächenstaat umschlossen. Der Herzog nutzte den großen Wirtschaftsraum Bayerns aus, um das territorial begrenzte Regensburg zu schwächen. So wurden Zölle und Monopole errichtet und landesfürstliche Städte wie Ingolstadt, Straubing und Landshut bewusst bevorzugt, um Regensburg unter wirtschaftlichen Druck zu setzen.[112] Weiter mussten Landesfürsten keine Rücksicht auf ein Sozialgefüge nehmen, von dem der Magistrat einer Reichsstadt abhängig war, sondern konnten erstarrte zünftische Traditionen durch eine moderne Wirtschaftspolitik ersetzen.[113] Im Jahr 1764 gab es bayerische Hauptzollämter in Stadtamhof, Straubing, Abbach und Kelheim. Zusätzlich bestanden Beimautstätten in Irl, Burgweinting, Prüfening, Kumpfmühl, Gonnersdorf, Mariaort, Zeitlarn und Winzer. An sämtlichen Ausfahrtsstraßen Regensburgs wurde also Zoll erhoben.[114]

109 *Gumpelzhaimer*, Regensburger Streitigkeiten, S. 8; *Nemitz*, Die direkten Steuern der Stadt Regensburg, S. 446; in der Reichsstadt Augsburg lag dagegen die gesamte Rechnungskontrolle bei dem Geheimen Rat, siehe: *Bátori*, Die Reichsstadt Augsburg im 18. Jahrhundert, S. 52.

110 *Nemitz*, Die direkten Steuern der Stadt Regensburg, S. 427.

111 *Nemitz*, Die direkten Steuern der Stadt Regensburg, S. 427.

112 *Zugschwert*, Die wirtschaftlichen Beziehungen der freien Reichsstadt Regensburg zum Herzogtum Bayern seit dem 14. Jahrhundert, S. 16.

113 *Press*, Reichsstadt und Revolution, S. 14.

114 *Gömmel*, Die Wirtschaftsentwicklung vom 13. Jahrhundert bis zum Zweiten Weltkrieg, S. 489; *Schönfeld*, Studien zur Wirtschaftsgeschichte der Reichsstadt Regensburg im achtzehnten Jahrhundert, S. 34.

Eigentlich waren Beimautstätten als Erleichterung für den Handelsverkehr gedacht, denn diese durften nur hilfsweise den Zoll erheben, falls die Ware nicht bereits das Hauptzollamt passiert hatte. So sollte Kaufleuten ein möglicher Umweg zum Hauptzollamt erspart werden. Tatsächlich mussten Kaufleute aber den Zoll regelmäßig sowohl im Hauptzollamt wie an der Beimautstätte entrichten, falls beide Einrichtungen auf dem Handelsweg lagen.[115] Wegen korrupter Zollbeamter herrschte stets Willkür und Rechtsunsicherheit hinsichtlich des Zolls.[116] Diese Zölle und Monopole konnten nur durch Reichsrecht angegriffen werden. So musste die Reichsstadt Regensburg ausufernde Prozesse über die Rechtmäßigkeit von Zöllen gegen das Herzogtum Bayern vor dem Reichskammergericht in Wetzlar führen.[117]

2. Gescheiterte Sanierung

Ein Versuch, der steigenden Verschuldung der Reichsstadt entgegenzuwirken, konnte von Sigmund Georg Ulrich Bösner unternommen werden, als dieser im Jahr 1774 zum Vormundamtsdirektor gewählt wurde.[118] Mit dieser Position erhielt er einen Sitz in der eigentlichen Regierung der Reichsstadt, dem Geheimen Rat, und somit die Handlungsmöglichkeit für eine Sanierung des Haushaltes. Sigmund Bösner wurde am 11. Juni 1726 in Regensburg geboren[119] und machte seine Karriere im Öffentlichen Dienst. Nachdem er an der Universität Tübingen die Rechtswissenschaften studiert hatte[120], arbeitete er ab 1756 für die Reichsstadt Regensburg als Syndikus[121]. Im Jahr 1763 wurde er im dritten Anlauf in den Inneren Rat gewählt[122] und 1774 stieg er in den Geheimen Rat auf[123]. Bereits

---

115 *Schönfeld*, Studien zur Wirtschaftsgeschichte der Reichsstadt Regensburg im achtzehnten Jahrhundert, S. 34.

116 *Gömmel*, Die Wirtschaftsentwicklung vom 13. Jahrhundert bis zum Zweiten Weltkrieg, S. 489; *Schönfeld*, Studien zur Wirtschaftsgeschichte der Reichsstadt Regensburg im achtzehnten Jahrhundert, S. 36.

117 *Zugschwert*, Die wirtschaftlichen Beziehungen der freien Reichsstadt Regensburg zum Herzogtum Bayern seit dem 14. Jahrhundert, S. 62.

118 StadtAR, Cameralia, Nr. 72; *Hausenstein*, Die Wiedervereinigung Regensburgs mit Bayern im Jahre 1810, S. 96 ff; *Nemitz*, Die direkten Steuern der Stadt Regensburg, S. 429 ff.; *Utschig*, Die Finanzwirtschaft des Regensburger Ungeldamts im 18. Jahrhundert, S. 115.

119 FZAR, Ratisbonensia Nr. 252, S. 99; StadtAR, I AH, Nr. 13, S. 60.

120 FZAR, Ratisbonensia Nr. 252, S. 108.

121 StadtAR, I AH, Nr. 13, S. 60.

122 *Nemitz*, Die direkten Steuern der Stadt Regensburg, S. 432.

123 AHVOR, Manuskripte Regensburg, Nr. 113, S. 2.

im Jahr 1784 erlangte Sigmund Bösner den angesehenen Posten des Steueramtsdirektors.[124] Rückblickend bezeichnete Sigmund Bösner in seinem Werk „Ärargeschichte»[125], das er in den Jahren von 1785 bis 1790 verfasste, die Geheimen Ratsherren der Jahre von 1750 bis zu seinem Amtsantritt 1774 als eitel und unfähig. Gegenüber der reichsstädtischen Haushaltskrise seien sie gleichgültig gewesen.[126] Wegen dieser Verfehlungen seiner Vorgänger im Amte bedürfe es nun eines einzelnen Mannes. Dieser müsse ohne Aussicht auf Belohnung, ohne auf hindernde Vorschriften zu achten, ohne persönlichen Nachteil zu fürchten, die städtischen Angelegenheiten ordnen.[127] Hiermit meinte Sigmund Bösner freilich sich selbst. Zwar wurde tatsächlich in den Haushaltsjahren von 1750 bis 1772 die finanzielle Lage der Reichsstadt immer angespannter.[128] Beizupflichten ist jedoch der Ansicht, dass Bösner die Arbeit seiner Vorgänger deswegen so vernichtend bewertete, um politisch seine eigene Machtfülle zu rechtfertigen[129]. Denn Sigmund Bösner hatte es im Jahr 1777 erreicht, dass der Jurist Johann Bartholomäus Gumpelzhaimer, sein Schwager und der Taufpate seines Sohnes[130], in den Geheimen Rat aufstieg. Ebenso erhielt der Bösner loyal ergebene Jurist Georg Septimus Dietrichs einen Platz im Geheimen Rat.[131] So kontrollierte Bösner in dem sechsköpfigen Gremium die Hälfte der Stimmen. Nachdem sich keine Gegenfraktion der anderen Geheimen Ratsherren bildete, konnte er so die Führungsrolle in der Reichsstadt einnehmen.[132]

Im Jahr 1777 leitete er die geplante Sanierung mit der so genannten Generaluntersuchung ein. Er forderte Einblick in alle Unterlagen und Rechnungen der Ämter, wobei er persönlich die Untersuchungen führen wollte.[133] Den anderen Geheimen Ratsherren hatte Sigmund Bösner dabei eine zweitrangige Position

---

124 *Nemitz*, Die direkten Steuern der Stadt Regensburg, S. 78.

125 StadtAR, Cameralia, Nr. 72.

126 BayHStA, Reichsstadt Regensburg Literalien, Nr. 613, S. 5 f.; StadtAR, Cameralia, Nr. 72, S. 106–110; *Nemitz*, Die direkten Steuern der Stadt Regensburg, S. 433 f.

127 StadtAR, Cameralia, Nr. 72, S. 111; *Nemitz*, Die direkten Steuern der Stadt Regensburg, S. 434.

128 Siehe: C. I. 1. Verschuldung der Reichsstadt Regensburg.

129 *Nemitz*, Die direkten Steuern der Stadt Regensburg, S. 434.

130 FZAR, Ratisbonensia Nr. 252, S. 93; *Fürnrohr*, Das Patriziat der Freien Reichsstadt Regensburg zur Zeit des Immerwährenden Reichstags, S. 240.

131 *Nemitz*, Die direkten Steuern der Stadt Regensburg, S. 436.

132 *Nemitz*, Die direkten Steuern der Stadt Regensburg, S. 437.

133 AHVOR, Manuskripte Regensburg, Nr. 113, S. 6; StadtAR, Cameralia, Nr. 73, S. 47; *Nemitz*, Die direkten Steuern der Stadt Regensburg, S. 438.

zugedacht, in der sie nur zu beraten und zu billigen haben.[134] Auf Grundlage seiner Untersuchungen kam es zunächst zur Kürzung der städtischen Ausgaben und zur Verringerung der Anzahl der städtischen Angestellten. So wurden beispielhaft drei der insgesamt dreizehn bei der Reichsstadt angestellten evangelischen Geistlichen entlassen, was eine Ersparnis von fünfhundert Gulden jährlich bedeutete.[135] Auch wurden Torwächter entlassen, was zu einer jährlichen Ersparnis von dreihundert bis vierhundert Gulden führte.[136] Außerdem sollten die städtischen Einnahmen erhöht werden. So verpflichtete etwa der Magistrat die verbliebenen zehn angestellten evangelischen Geistlichen durch Beschluss von 1778, das Regensburger Bürgerrecht anzunehmen, um für diese den personellen Anwendungsbereich des Regensburger Steuerrechtes zu eröffnen.[137] Weit höhere Einnahmen versprach die ab 1785 erhobene Drittelsteuer, durch die eine zusätzliche Steuer in Höhe eines Drittels der ordentlichen Steuern vom Steuerschuldner erhoben wurde. Die Drittelsteuer verhieß jährliche Mehreinnahmen von ungefähr 15 000 Gulden.[138] Darüber hinaus wurde ab dem Jahr 1779 auf Beschluss des Geheimen Rates reichsstädtisches Liegenschaftsvermögen verkauft, um den Erlös als außerordentliche Einnahme verbuchen zu können. Weiter sollten auf der Ausgabenseite die Unterhaltungskosten gespart und städtische Liegenschaften in bürgerliche Hand gebracht werden, um diese für den sachlichen Anwendungsbereich des Steuerrechtes zu erschließen.[139] In den Jahren von 1779 bis 1791 veräußerte die Reichsstadt Regensburg über hundert Immobilien und Grundstücke zu einem Gesamterlös von 23 932 Gulden.[140] Wird die zu entrichtende Vermögenssteuer für die nunmehr in bürgerlicher Hand befindlichen Liegenschaften berechnet, beliefen sich bei einer Vermögenssteuer von

---

134 AHVOR, Manuskripte Regensburg, Nr. 113, S. 5.

135 *Gumpelzhaimer*, Regensburger Streitigkeiten, S. 18.

136 AHVOR, Manuskripte Regensburg, Nr. 120, Schreiben der Stadt Regensburg an den Reichshofrat vom 10.12.1793.

137 StadtAR, I AH, Nr. 12; *Gumpelzhaimer*, Regensburger Streitigkeiten, S. 18.

138 *Nemitz*, Die direkten Steuern der Stadt Regensburg, S. 282 und S. 443.

139 AHVOR, Manuskripte Regensburg, Nr. 120, Schreiben der Stadt Regensburg an den Reichshofrat vom 10.12.1793; StadtAR, Cameralia, Nr. 73; *Nemitz*, Die direkten Steuern der Stadt Regensburg, S. 443.

140 StadtAR, Cameralia, Nr. 73, S. 79–82; *Nemitz*, Die direkten Steuern der Stadt Regensburg, S. 444; siehe aber: *Meierhofer*, Die finanzwirtschaftlichen Zustände des reichsstädtischen und kurfürstlichen Regensburgs in den Zeitabschnitten 1780/1802 und 1803/1810, Band 2, S. 6, der einen Verkaufserlös von 23 626 Gulden errechnet.

eineinhalb Prozent, ohne Berücksichtigung der Drittelsteuer[141], die Mehreinnahmen für das Jahr 1791 auf aufgerundet 359 Gulden pro Jahr. Mithin war das erhöhte Steueraufkommen durch die Privatisierung des städtischen Eigentums marginal. Sigmund Bösner unternahm ab dem Jahr 1777 eine Reform der reichsstädtischen Kassenführung, die wegen ihrer Unübersichtlichkeit einen Teil zu der finanziellen Krise beigetragen hatte[142]. Bei dieser Reform konzentrierte sich Sigmund Bösner in erster Linie auf das Ungeldamt.[143] Zunächst wurde die Einnahmerechnung übersichtlicher gestaltet, die selbstständige Ausgabentätigkeit des Ungeldamtes vermochte er aber nicht zu beseitigen.[144] Ein Grund für dieses Scheitern war, dass selbst sein Parteigänger Johann Bartholomäus Gumpelzhaimer sich für die Selbstständigkeit der Ungeldamtskasse aussprach, um dem Ungeldamt nicht „Ehre und Würde" zu nehmen.[145] Es blieb daher bei einer, nach der Regimentsordnung formal rechtswidrigen, dezentralen Kassenführung der Reichsstadt. Auch untersuchte Sigmund Bösner die unternehmerischen Tätigkeiten des Ungeldamtes auf Rentabilität. So betrieb beispielhaft das Amt ein städtisches Braunbierbrauhaus, von dem die Mitglieder des Geheimen Rates von jeher Freibier erhielten.[146] Er musste feststellen, dass das Brauhaus jährlich einen Verlust von tausend Gulden einbrachte, bezeichnete das Brauhaus daher als „parasitäre Wirtschaft" zulasten des öffentlichen Haushaltes[147] und privatisierte den Betrieb durch Verpachtung.[148]

Bei der Bewertung der Handlungen des Sigmund Bösner ab dem Jahr 1777 ist zu beachten, dass schon vor seinem Amtsantritt, nach heutigen kommunalen Haushaltsgrundsätzen, eine finanzielle Leistungsfähigkeit der Reichsstadt Regensburg nicht mehr vorhanden war[149]. Daher verbietet sich der Schluss, nur weil im Ergebnis keine Haushaltssanierung gelang, seien seine Sanierungsbemühungen

---

141 *Nemitz*, Die direkten Steuern der Stadt Regensburg, S. 444.

142 Siehe: C. I. 1. Verschuldung der Reichsstadt Regensburg.

143 *Utschig*, Die Finanzwirtschaft des Regensburger Ungeldamts im 18. Jahrhundert, S. 151 ff.

144 *Utschig*, Die Finanzwirtschaft des Regensburger Ungeldamts im 18. Jahrhundert, S. 152 f.

145 *Utschig*, Die Finanzwirtschaft des Regensburger Ungeldamts im 18. Jahrhundert, S. 156.

146 *Utschig*, Die Finanzwirtschaft des Regensburger Ungeldamts im 18. Jahrhundert, S. 109.

147 StadtAR, Cameralia, Nr. 64, S. 20.

148 *Gumpelzhaimer*, Geschichte der Streitigkeiten, S. 19; *Nemitz*, Die direkten Steuern der Stadt Regensburg, S. 447.

149 Siehe: C. I. 1. Verschuldung der Reichsstadt Regensburg.

wirtschaftlich sinnlos gewesen oder gar fehlgeschlagen. Vielmehr gelang es ihm nicht, eine Krise zu bewältigen, an deren Ursache er keinen Anteil hatte. Dass Sigmund Bösner im Ergebnis sein Ziel nicht erreicht hatte, erkannte er selbst. Denn im Jahr 1792 erklärte er vor dem Inneren und Äußeren Rat, dass eine Haushaltssanierung der Reichsstadt von innen unmöglich und nur durch Hilfe des Kaisers von außen zu bewältigen sei.[150] Im Jahr 1793 räumte er die gescheiterte Sanierung gegenüber dem Reichshofrat ein.[151] Ein Blick auf die Höhe der Zinslast im Jahr 1793 von 62 383 Gulden[152] bestätigt diese Einschätzung, wenn diese dem Ertrag aus den Immobilien- und Grundstücksverkäufen in Höhe von 23 932 Gulden[153] gegenübergestellt wird. Die Lage war so prekär, dass der Veräußerungsertrag von über hundert reichsstädtischen Immobilien und Grundstücken gerade achtunddreißig Prozent des Schuldendienstes für ein Haushaltsjahr abdeckte. In der Folge wurde während der Amtszeit Sigmund Bösners aus der finanziellen Krise der Reichsstadt eine politische Krise. Gescheitert bei der Sanierung, sah sich Sigmund Bösner dem Vorwurf des Machtmissbrauchs und der Misswirtschaft ausgesetzt. Die politische Ordnung in der Reichsstadt wurde infrage gestellt.

II. Eskalation der Auseinandersetzung

Die Auseinandersetzung eskalierte im Konflikt über die Drittelsteuererhebung. Als die streitenden Parteien anfingen, sich persönlich zu beleidigen, ergriff der Streit die gesamte Reichsstadt und musste letztlich vom Reichshofrat in Wien entschieden werden.

1. Erhebung der Drittelsteuer

Sigmund Bösner kam im Jahr 1784 zu der Überzeugung, der Reichsstadthaushalt sei nur durch die Einführung einer direkten Drittelsteuer zu sanieren. Diese

---

150 AHVOR, Manuskripte Regensburg, Nr. 113, S. 48; *Nemitz*, Die direkten Steuern der Stadt Regensburg, S. 449.

151 AHVOR, Manuskripte Regensburg, Nr. 120, Schreiben der Stadt Regensburg an den Reichshofrat vom 10.12.1793; HHStAW, Reichskanzlei, Kleinere Reichsstände 423, Schreiben des Inneren Rates an den Reichshofrat vom 25.06.1793.

152 HHStAW, Reichshofrat, Obere Registratur 1034, Schuldenprogressionstabelle von 1796 (z. Z. der Veröffentlichung in Restauration), zitiert nach: *Nemitz*, Die direkten Steuern der Stadt Regensburg, S. 422–424; *Schönfeld*, Studien zur Wirtschaftsgeschichte der Reichsstadt Regensburg im achtzehnten Jahrhundert, S. 118.

153 StadtAR, Cameralia, Nr. 73, S. 79–82; *Nemitz*, Die direkten Steuern der Stadt Regensburg, S. 444.

müsse eine zusätzliche Steuer in Höhe eines Drittels der ordentlichen Steuern sein.[154] Jedoch hatte der Äußere Rat, kraft der Regimentsordnung, ein jährlich wiederkehrendes Steuerbewilligungsrecht[155], daher war ein eigenmächtiges Handeln Bösners nicht möglich. Allerdings bestand die Gelegenheit zur Erhebung der Drittelsteuer, als im Februar 1784 sich die Eisplatten auf der Donau auftürmten. Durch diesen Eisstoß wurde der mittlere Brückenturm der steinernen Brücke zerstört.[156] Die Schadenshöhe wurde auf 100 000 Taler geschätzt[157], umgerechnet etwa 150 000 Gulden[158]. Mit Erlaubnis des Kaisers bat daraufhin die Reichsstadt Regensburg mit Schreiben vom 8. Juni 1784 die Reichsversammlung um Reichshilfe, worauf eine Kollekte von 13 950 Gulden aufkam.[159] Dies war nicht ausreichend, um die Schäden zu beheben. Bösner bemerkte jedoch, dass Unglück auch nutzbar gemacht werden könne.[160] Mit Zustimmung des Äußeren Rates, unter Verweis auf die entstandenen Schäden, setzte er für das Steuerjahr 1785 eine außerordentliche Steuer in Höhe von einem Drittel der Summe aus jährlicher Vermögenssteuer und Personalsteuer durch.[161] Tatsächlich beabsichtigte Bösner von Anfang an, die Drittelsteuer dauerhaft zu erheben und mit dem Aufkommen von 15 000 Gulden jährlich den Haushalt zu sanieren.[162]

In den Jahren bis einschließlich 1788 bewilligte der Äußere Rat die Drittelsteuer stets[163], obwohl die Bürgerschaft häufig die Frage stellte, ob denn keine

---

154 StadtAR, Cameralia, Nr. 73, S. 233 und S. 266, Einträge zum 16.02.1784 und 04.12.1784; *Nemitz*, Die direkten Steuern der Stadt Regensburg, S. 451.

155 Siehe: B. I. Weg zur Reichsstadt.

156 StadtAR, Cameralia, Nr. 73, S. 233, Eintrag vom 16.02.1784; *Gumpelzhaimer*, Geschichte der Streitigkeiten, S. 10–12; *Nemitz*, Die direkten Steuern der Stadt Regensburg, S. 282.

157 *Gumpelzhaimer*, Geschichte der Streitigkeiten, S. 10.

158 *Engel*, Tabellen alter Münzen, Maße und Gewichte, S. 17; *Verdenhalven*, Alte Maße, Münzen und Gewichte aus dem deutschen Sprachgebiet, S. 25 und S. 49 f.

159 *Gumpelzhaimer*, Geschichte der Streitigkeiten, S. 12.

160 StadtAR, Cameralia, Nr. 73, S. 233, Eintrag vom 16.02.1784; *Nemitz*, Die direkten Steuern der Stadt Regensburg, S. 451.

161 StadtAR, Cameralia, Nr. 73, S. 266, Eintrag vom 14.12.1784; *Nemitz*, Die direkten Steuern der Stadt Regensburg, S. 451.

162 AHVOR, Manuskripte Regensburg, Nr. 113, S. 22; *Nemitz*, Die direkten Steuern der Stadt Regensburg, S. 452; siehe aber: *Hausenstein*, Die Wiedervereinigung Regensburgs mit Bayern im Jahre 1810, S. 97, bei dem die Einnahmen aus der Drittelsteuer auf 20 000 Gulden geschätzt werden.

163 StadtAR, Cameralia, Nr. 73, S. 266, S. 281, S. 288, S. 296 und S. 305, Vermerke Bösners zum 14.12.1784, 15.12.1785, 24.11.1786, 20.12.1787 und 08.12.1788.

Möglichkeit bestehe, die ungeliebte Steuer abzuschaffen.[164] Erst bei der Abstimmung im Jahr 1789 über die Erhebung für das Steuerjahr 1790 bestritt der Äußere Ratsherr Johann Christoph Ritter öffentlich, dass die Drittelsteuer wegen des Eisstoßes notwendig sei. Diese werde vielmehr zum Ausgleich für die städtische Misswirtschaft erhoben.[165] Dennoch konnte Bösner noch die Mehrheit des Äußeren Rates für die Bewilligung gewinnen.[166] Auch im Jahr 1790 stimmte der Äußere Rat für die Erhebung, nachdem sich dieser eine Bedenkzeit von sechs Wochen erbeten hatte, um schriftliche Einwände vorbringen zu können. Indes lehnte der Magistrat dieses Gesuch ab und verlangte eine sofortige Abstimmung.[167] Auch im Jahr 1791 bewilligte der Äußere Rat die Drittelsteuer, versammelte sich aber nach der Sitzung mit den Vierzigern, um eigene Lösungswege für die reichsstädtische Schuldenkrise zu erarbeiten.[168]

Als Ergebnis dieser Beratungen erklärte der Äußere Rat im Jahr 1792, er werde die Drittelsteuer für das kommende Haushaltsjahr nicht genehmigen.[169] Nun aber zwangen außerhalb der Reichsstadt liegende Gründe den Äußeren Rat und den Geheimen Rat zu einem Burgfrieden. Nachdem Frankreich am 20. April 1792 der Habsburgermonarchie den Krieg erklärte hatte, musste die Reichsstadt Regensburg einen Matrikularbeitrag finanzieren. Daher wurde die Drittelsteuer, ohne die Erhebungsart zu ändern, in eine Kriegsanlage umgewidmet.[170] Nun konnte Bösner aber mit deren Ertrag nicht die Haushaltssanierung vorantreiben. Jedoch war der Äußere Rat nun zur Steuerbewilligung gezwungen, um sich nicht dem Vorwurf der Reichsuntreue auszusetzen.[171] So bewilligte der Äußere Rat erneut die Drittelsteuer für das Steuerjahr 1793. Er folgte aber nicht dem Vorschlag aus dem Inneren Rat, die Drittelsteuer während des Reichskrieges ohne jährliche Zustimmung zu erheben.[172] Vielmehr forderte der Äußere Rat eine

---

164 *Gumpelzhaimer*, Geschichte der Streitigkeiten, S. 13.

165 AHVOR, Manuskripte Regensburg, Nr. 113, S. 11; Gemeinschaftliche Vorstellung des Äußeren Rates und der Vierziger, abgedruckt in: *Gumpelzhaimer*, Geschichte der Streitigkeiten, S. 71.

166 AHVOR, Manuskripte Regensburg, Nr. 113, S. 12.

167 *Gumpelzhaimer*, Geschichte der Streitigkeiten, S. 14.

168 *Gumpelzhaimer*, Geschichte der Streitigkeiten, S. 14 f.; *Hausenstein*, Die Wiedervereinigung Regensburgs mit Bayern im Jahre 1810, S. 98 f.

169 AHVOR, Manuskripte Regensburg, Nr. 113, S. 22; *Nemitz*, Die direkten Steuern der Stadt Regensburg, S. 454.

170 *Gumpelzhaimer*, Geschichte der Streitigkeiten, S. 14 ff.

171 *Nemitz*, Die direkten Steuern der Stadt Regensburg, S. 454.

172 *Gumpelzhaimer*, Geschichte der Streitigkeiten, S. 15; *Nemitz*, Die direkten Steuern der Stadt Regensburg, S. 454.

genaue Aufstellung der zu zahlenden Kriegsbeiträge, um überprüfen zu können, ob die Drittelsteuer in dieser Höhe als Kriegsanlage nötig sei.[173]

Ein weiteres Ergebnis der Beratungen des Äußeren Rates und der Vierziger war, dass am 11. Dezember 1792[174] eine Abordnung des Äußeren Rates mit einem Gesuch an den Inneren Rat herantrat. Der Innere Rat solle eine beglaubigte Abschrift der Regimentsordnung von 1514 an den Äußeren Rat übergeben, um die Machtverteilung in der Reichsstadt nach dem Wortlaut der Regimentsordnung nachvollziehen zu können.[175] Zwar hatte der Äußere Rat eine Abschrift der Regimentsordnung[176], die Forderung nach einer durch den Inneren Rat beglaubigten Abschrift stellte aber die Machtfülle des Geheimen Rates offen infrage. Denn dieser war nach dem Wortlaut der Regimentsordnung nicht vorgesehen.

Sigmund Bösner erkannte dies und nannte die Forderung eine empörende „Widergesetzlichkeit gegen die Obrigkeit“[177], den Äußeren Rat einen „infamen Club“, auf derselben Stufe wie Königsmörder.[178] Ansonsten ging er auf die Forderung nicht ein.

Daher trat am 17. Dezember 1792 erneut eine Abordnung des Äußeren Rates, diesmal unterstützt von den Vierzigern, vor den Inneren Rat und wiederholte die Forderung nach einer beglaubigten Abschrift der Regimentsordnung.[179] Falls diese Forderung abgelehnt werde, seien die Gründe hierfür schriftlich mitzuteilen.[180] Stets seien die Besorgnisse der Bürgerschaft gehorsam und untertänig

---

173 HHStAW, Reichshofrat, Obere Registratur 1034, Erklärung des Äußeren Rates und der Vierziger vom 12.12.1793 (z. Z. der Veröffentlichung in Restauration), zitiert nach: *Nemitz*, Die direkten Steuern der Stadt Regensburg, S. 475, abgedruckt in: *Gumpelzhaimer*, Geschichte der Streitigkeiten, S. 73.

174 *Gumpelzhaimer*, Geschichte der Streitigkeiten, S. 14, gibt als Datum den 11.12.1791 an. Jedoch ergibt sich aus: *Gumpelzhaimer*, Geschichte der Streitigkeiten, S. 68 und AHVOR, Manuskripte Regensburg, Nr. 120, Schreiben der Stadt Regensburg an den Reichshofrat vom 10.12.1793, dass das Ereignis im Jahr 1792 stattfand; siehe auch: *Nemitz*, Die direkten Steuern der Stadt Regensburg, S. 454, Fn. 293 und *Hausenstein*, Die Wiedervereinigung Regensburgs mit Bayern im Jahre 1810, S. 97 f.

175 *Gumpelzhaimer*, Geschichte der Streitigkeiten, S. 15.

176 *Gumpelzhaimer*, Geschichte der Streitigkeiten, S. 7.

177 *Gumpelzhaimer*, Geschichte der Streitigkeiten, S. 16.

178 Gemeinschaftliche Vorstellung des Äußeren Rates und der Vierziger, abgedruckt in: *Gumpelzhaimer*, Geschichte der Streitigkeiten, S. 70.

179 AHVOR, Manuskripte Regensburg, Nr. 70; HHStAW, Reichshofrat, Obere Registratur 1036, Klageschrift des Äußeren Rates und der Vierziger von 1795.

180 Gemeinschaftliche Vorstellung des Äußeren Rates und der Vierziger, abgedruckt in: Gumpelzhaimer, Geschichte der Streitigkeiten, S. 72.

dem Inneren Rat vorgetragen worden, hätten aber kein Gehör gefunden.[181] Daher verbleibe nur die kaiserliche Regimentsordnung als Maßstab, um auf legalem Wege eine Reform des städtischen Finanzwesens herbeiführen zu können.[182] Ehrliche Männer seien, wegen der Forderung nach der Regimentsordnung, öffentlich Beschimpfungen einer einzelnen Magistratsperson ausgesetzt gewesen. Aber deren Gewissen sei rein, weil sie nur wie Patrioten gehandelt hätten.[183]

Der Geheime Rat erklärte darauf am 24. Dezember 1792, vielleicht dem Gesuch entsprechen zu wollen, wenn die Bitte nach der Regimentsordnung ordnungsgemäß, also durch den Äußeren Rat, und nicht nur durch eine Abordnung desselben vorgetragen werde.[184]

Als sich nun der Innere Rat und der Äußere Rat am 27. Dezember 1792 zur alljährlichen Wahl der Kammern am ersten Werktag nach Weihnachten trafen, ging Sigmund Bösner zum Gegenangriff über und suchte die Machtprobe.[185] Er erklärte seinen Rücktritt als Geheimer Ratsherr und führte aus, dass es wohl schwer werde, einen geeigneten Nachfolger für ihn zu finden. Daher habe er beschlossen, seine Ämter bis auf Weiteres kommissarisch zu führen, ohne sich einer Wahl zu stellen.[186] Wie bei dem Ausscheiden aus einem gewählten Amt üblich, hielt Bösner dann eine Abschiedsrede.[187] In dieser warf er dem Äußeren Rat eine fehlende patriotische Haltung vor, als dieser zögerte, die Drittelsteuer stets zu bewilligen.[188] Der Widerstand gegen seine Führung sei kein rein innerstädtischer Konflikt. Der Äußere Rat sei vielmehr durch die Lehren des Jakobinerclubs angesteckt worden, der die Verbindung zwischen Gott und den Menschen, alle Begriffe von Sittlichkeit und Ehrerbietung verleugne.[189] Durch ein Leben in

181 Gemeinschaftliche Vorstellung des Äußeren Rates und der Vierziger, abgedruckt in: *Gumpelzhaimer*, Geschichte der Streitigkeiten, S. 64.

182 Gemeinschaftliche Vorstellung des Äußeren Rates und der Vierziger, abgedruckt in: *Gumpelzhaimer*, Geschichte der Streitigkeiten, S. 67.

183 Gemeinschaftliche Vorstellung des Äußeren Rates und der Vierziger, abgedruckt in: *Gumpelzhaimer*, Geschichte der Streitigkeiten, S. 70 f.

184 AHVOR, Manuskripte Regensburg, Nr. 70; HHStAW, Reichshofrat, Obere Registratur 1036, Klageschrift des Äußeren Rates und der Vierziger von 1795.

185 Gemeinschaftliche Vorstellung des Äußeren Rates und der Vierziger, abgedruckt in: *Gumpelzhaimer*, Geschichte der Streitigkeiten, S. 70.

186 *Gumpelzhaimer*, Geschichte der Streitigkeiten, S. 16 f.; *Nemitz*, Die direkten Steuern der Stadt Regensburg, S. 457.

187 AHVOR, Manuskripte Regensburg, Nr. 113.

188 AHVOR, Manuskripte Regensburg, Nr. 113, S. 10 f.

189 AHVOR, Manuskripte Regensburg, Nr. 113, S. 13.

Sparsamkeit und Bescheidenheit sei die Steuerlast leicht zu tragen.[190] Aber die männliche Jugend habe nur noch einen Hang zum Müßiggang und Wohlleben, die Töchter seien mehr Zofen als Hausmütter.[191] Die Forderung nach Herausgabe einer beglaubigten Abschrift beende ein dreihundertjähriges Zusammenhalten des Inneren und Äußeren Rates schmählich.[192] Daher sei diese Forderung der Anlass seines Rücktrittes.[193] Im Stadtarchiv könne die Regimentsordnung zu jeder Zeit eingesehen werden.[194] Man müsse sich bewusst machen, weshalb der Kaiser in den Jahren 1495, 1500 und 1514 der als reichsuntreu angesehenen Reichsstadt Regensburg die Regimentsordnung in den jeweiligen Änderungen als Verfassung gegeben habe.[195] So stellte er den Äußeren Rat auf eine Stufe mit den pro-bayerischen Regensburger Bürgern[196], die 1486 den Anschluss der Stadt an das Herzogtum Bayern-München gefordert hatten[197]. Überdies sei der Antrag auf Herausgabe der Regimentsordnung schon unzulässig, weil der Äußere Rat ohne Zustimmung des Inneren Rates diesen Antrag nicht stellen könne.[198] Weiterhin sei der Antrag unbegründet, indem sich die städtische Haushaltslage nicht bessere, wenn der Äußere Rat den Inhalt der Regimentsordnung, auf einer Bierbank sitzend, diskutiere.[199] Nach Beendigung der Rede und der Ratssitzung, die im Eklat endete[200], ließ sich Sigmund Bösner erfolgreich von dem Geheimen Rat um die kommissarische Fortsetzung seiner Ämter bitten.[201]

Die vermeintliche Abschiedsrede Bösners blieb nicht ohne Reaktion. Der Äußere Rat erklärte am 18. Februar 1793, wieder unterstützt von den Vierzigern als Mitunterzeichnern, in einem Schreiben an den Inneren Rat, dass Sigmund Bösner ihre Ehre beschmutzt habe. Reichsuntreu seien sie nicht, sondern sie lehnten die Drittelsteuer wegen des fehlenden Nutzens für die Reichsstadt ab.

190 AHVOR, Manuskripte Regensburg, Nr. 113, S. 16.
191 AHVOR, Manuskripte Regensburg, Nr. 113, S. 14.
192 AHVOR, Manuskripte Regensburg, Nr. 113, S. 46.
193 AHVOR, Manuskripte Regensburg, Nr. 113, S. 50.
194 AHVOR, Manuskripte Regensburg, Nr. 113, S. 28 f.
195 AHVOR, Manuskripte Regensburg, Nr. 113, S. 31 ff.
196 *Nemitz*, Die direkten Steuern der Stadt Regensburg, S. 460.
197 Siehe: B. I. Weg zur Reichsstadt.
198 AHVOR, Manuskripte Regensburg, Nr. 113, S. 35 f.
199 AHVOR, Manuskripte Regensburg, Nr. 113, S. 30.
200 HHStAW, Reichshofrat, Obere Registratur 1034, Erklärung des Äußeren Rates und der Vierziger vom 12.12.1793 (z. Z. der Veröffentlichung in Restauration), zitiert nach: *Nemitz*, Die direkten Steuern der Stadt Regensburg, S. 462 und S. 475, abgedruckt in: *Gumpelzhaimer*, Geschichte der Streitigkeiten, S. 76.
201 *Gumpelzhaimer*, Geschichte der Streitigkeiten, S. 16 f.

Im Übrigen bestünden sie nun erst recht auf die Herausgabe einer beglaubigten Abschrift der Regimentsordnung.[202]

Bösner zitierte daraufhin am 19. Februar 1793 den Äußeren Rat und die Vierziger in die Ratsstube. Hier verlas er an diesem Tag und an den darauf folgenden Tagen nach und nach die Regimentsordnung, unterbrochen von einer Kommentierung, die er auf sechsundvierzig Seiten vorbereitet hatte.[203] Bösner sprach von einer gewohnheitsrechtlichen Rechtsfortbildung der Regimentsordnung, nach der dem Äußeren Rat und den Vierzigern nur eine Nebenrolle in dem Stadtregiment zukommen solle. Nach seiner Ansicht sei die Machtfülle des Geheimen Rates, gleichbedeutend mit seiner Machtfülle, in die Regimentsordnung hineinzulesen.[204] Aus dem Konflikt über die Drittelsteuer war nun ein Streit über die zulässigen Grenzen der juristischen Auslegung geworden.

Mit dieser Rechtsauffassung konfrontiert, schrieben der Äußere Rat und die Vierziger am 12. Dezember 1793 an den Inneren Rat, dass sie die Aufteilung des Inneren Rates in Fraktionen zu Kenntnis nähmen.[205] Nur die Willkür einer einzelnen Magistratsperson sei die Ursache der Streitigkeiten. Dieser auf Gesetzlosigkeit beruhende Anarchismus Einzelner müsse ein Ende haben und der Kaiser selbst werde das Gesetz in Regensburg wiederherstellen müssen. Nur der Innere Rat allein sei die rechtmäßige Obrigkeit. Die Bildung des Geheimen Rates sei ein gesetzeswidriger Eingriff in die Regimentsordnung von 1514. Weiter übersteige die Drittelsteuer vermutlich in ihrem Aufkommen die Höhe der Kriegsbeiträge. Daher solle der Innere Rat, um eine Nachprüfung zu ermöglichen, endlich die Höhe der Kriegsbeiträge angeben.

Als Antwort verfasste der Geheime Rat im Juni 1794 eine Erklärung, in welcher der Äußere Rat erneut wegen fehlender reichstreuer und patriotischer Gesinnung angegriffen wurde. Die Erhebung der Drittelsteuer sei für den Reichskrieg

---

202 AHVOR, Manuskripte Regensburg, Nr. 103; Gemeinschaftliche Vorstellung des Äußeren Rates und der Vierziger, abgedruckt in: *Gumpelzhaimer*, Geschichte der Streitigkeiten, S. 63 ff.

203 AHVOR, Manuskripte Regensburg, Nr. 103; *Gumpelzhaimer*, Geschichte der Streitigkeiten, S. 17.

204 AHVOR, Manuskripte Regensburg, Nr. 103; *Gumpelzhaimer*, Geschichte der Streitigkeiten, S. 17 f.

205 Dies und das Folgende nach: HHStAW, Reichshofrat, Obere Registratur 1034, Erklärung des Äußeren Rates und der Vierziger vom 12.12.1793 (z. Z. der Veröffentlichung in Restauration), zitiert nach: *Nemitz*, Die direkten Steuern der Stadt Regensburg, S. 475, abgedruckt in: *Gumpelzhaimer*, Geschichte der Streitigkeiten, S. 73 ff.

unerlässlich, eine Verweigerung sei eine Fraternisierung mit dem Reichsfeind. Den Vorwurf der eigenen Rechtswidrigkeit überging der Geheime Rat.[206]

2. Kaiserliches Moratorium

Verschärft wurde der innerstädtische Konflikt, nachdem im Haushaltsjahr 1792 die Schuldenlast einen Punkt erreicht hatte, an dem die Reichsstadt Regensburg finanziell nicht mehr leistungsfähig war.[207] Sigmund Bösner hatte bereits in seiner vermeintlichen Abschiedsrede am 27. Dezember 1792 erklärt, dass eine Sanierung der Reichsstadt aus eigener Kraft nicht zu bewältigen sei.[208]

Daher verfasste der Innere Rat der Reichsstadt Regensburg am 25. Juni 1793 ein Schreiben an den Reichshofrat in Wien, in welchem die finanzielle Krise der Stadt geschildert wurde.[209] Die Krise sei zum einen durch die hohen Matrikularbeiträge zum Reichskrieg seit 1792 entstanden, aber insbesondere durch den Konflikt mit dem Äußeren Rat. Dessen wiederholte Forderung nach einer beglaubigten Abschrift der Regimentsordnung und dessen Widerstand gegen die Obrigkeit hätten die Kreditwürdigkeit der Reichsstadt zerstört. Es könnten daher keine neuen Kredite mehr beschafft werden. Der Kaiser möge der Reichsstadt gestatten, Zinszahlungen und Kreditrückzahlungen für die Dauer von fünf Jahren einzustellen. Die Reichsstadt sei von allen Zahlungen an das Reich zu befreien. Überdies solle durch die kaiserliche Autorität die Erhebung der Drittelsteuer zu einer Dauereinrichtung werden. Ohne alle diese Maßnahmen drohe der Reichsstadt der Zusammenbruch. Der Innere Rat verfasste dieses Schreiben, ohne den Äußeren Rat und die Vierziger zu informieren.[210]

Der Reichshofrat beantwortete dieses Ersuchen nicht unverzüglich, daher ordnete der Geheime Rat gegenüber dem Steueramt an, keine Aufkündigung von Darlehen mehr anzunehmen und kein Kapital auszubezahlen.[211] Er spekulierte hierbei auf eine nachträgliche Genehmigung des Reichshofrates. Diese Eigenmächtigkeit rief bei den Gläubigern, die zumeist Regensburger Bürger waren, Empörung hervor.[212]

---

206 HHStAW, Reichshofrat, Obere Registratur 1036, Schreiben des Heinrich Johann Thomas Bösner an den Reichshofrat vom 12.01.1797, Beilage von 1794.

207 Siehe: C. I. 1. Verschuldung der Reichsstadt Regensburg.

208 AHVOR, Manuskripte Regensburg, Nr. 113, S. 48.

209 Dies und das Folgende nach: HHStAW, Reichskanzlei, Kleinere Reichsstände 423, Schreiben des Inneren Rates an den Reichshofrat vom 25.06.1793.

210 *Gumpelzhaimer*, Geschichte der Streitigkeiten, S. 18.

211 *Gumpelzhaimer*, Geschichte der Streitigkeiten, S. 18.

212 *Gumpelzhaimer*, Geschichte der Streitigkeiten, S. 23.

Der Geheime Rat erneuerte daher sein Gesuch mit einem Schreiben vom 10. Dezember 1793. Wieder wurden der Äußere Rat, die Kriegskosten und zudem der Eisstoß von 1784 für die reichsstädtische Haushaltskrise verantwortlich gemacht.[213]

Darauf stellte der Reichshofrat in einem Gutachten fest, dass die ineffektive Verwaltung der Reichsstadt ihren Teil zu der Krise beigetragen habe. Aber es werde der Eisstoß als Grund der übermäßigen Verschuldung anerkannt. Regensburg sei als Reichsstadt zu erhalten und ein befristetes Moratorium biete die Aussicht auf Gesundung des Haushaltes.[214]

Am 14. April 1794 wies der Reichshofrat den Äußeren Rat an, bis auf weitere kaiserliche Entscheidung die Drittelsteuer zu bewilligen. Die Vierziger wurden vom Reichshofrat aufgefordert, keinen Widerstand mehr gegen die Drittelsteuererhebung zu leisten.[215] Daher bestellte der Innere Rat, gestärkt durch die Autorität des Kaisers, den Äußeren Rat und die Vierziger ein und beide Gremien mussten die Befolgung des kaiserlichen Befehles versprechen.[216]

Am 17. Juni 1794 gewährte Kaiser Franz II. der Reichsstadt Regensburg das Privileg, den Schuldendienst für fünf Jahre einzustellen und in dieser Zeit keine Darlehen zurückzahlen zu müssen. Hiervon waren rückwirkend die Darlehen erfasst, die der Geheime Rat schon eigenmächtig eingefroren hatte.[217] Im Gegenzug machte der Reichshofrat mit dem Conclusum vom 17. Juni 1794[218] der Reichsstadt Regensburg strenge Auflagen. Insbesondere wurde eine Verminderung der Ausgaben angemahnt, bei gleichzeitiger Neustrukturierung der Verwaltung. Der Reichshofrat ordnete an, dass die Drittelsteuer von nun an eine Dauereinrichtung sei. Der Innere Rat habe ein Verzeichnis aufzustellen, was die Inneren Ratsherren, neben ihrem Gehalt von jeweils vierhundert Gulden jährlich, an Nebeneinkünften beziehen. Dann müsse sich der Innere Rat gutachterlich dazu äußern, in welchem Maße die Gehälter und die Anzahl der Inneren

213 AHVOR, Manuskripte Regensburg, Nr. 120, Schreiben der Stadt Regensburg an den Reichshofrat vom 10.12.1793; *Gumpelzhaimer*, Geschichte der Streitigkeiten, S. 23.

214 HHStAW, Reichshofrat, Relationen 146 R3, Gutachten des Reichshofrates von 1794; *Nemitz*, Die direkten Steuern der Stadt Regensburg, S. 471 f.

215 HHStAW, Reichshofrat, Relationen 146 R3, Reichshofratsconclusum vom 14.04.1794.

216 *Gumpelzhaimer*, Geschichte der Streitigkeiten, S. 24.

217 BayHStA, Reichsstadt Urkunden Regensburg, 1794 VI 17.

218 Dies und das Folgende nach: HHStAW, Reichshofrat, Obere Registratur 1036, Reichshofratsconclusum vom 17.06.1794.

Ratsherren herabgesetzt werden können. Der Innere Rat habe von dem Äußeren Rat Vorschläge einzuholen, wie die reichsstädtische Wirtschaft verbessert werden könne, und über deren Vorschläge dem Reichshofrat Bericht zu erstatten. Die regimentsordnungswidrige doppelte Kassenführung in der Reichsstadt[219] müsse eingestellt werden, die Ungeldamtskasse als Nebenkasse sei abzuschaffen. Der seit Jahren bestehende Brauch, dass nur der Geheime Rat die Steueramtsrechnung einsehen darf[220], gelte nun nicht mehr. Von nun an sei die Steueramtsrechnung, nach klarer Vorschrift der Regimentsordnung, dem Äußeren Rat und den Vierzigern zur Kenntnis zu bringen. Die Einführung von bürgerlichen Gegenschreibern solle der Innere Rat ernsthaft in Erwägung ziehen, um den Unterschleif in den Ämtern zu unterbinden. Um die Fortschritte in Regensburg überwachen zu können, sei von nun an jährlich die Steueramtsrechnung samt Belegen an den Reichshofrat nach Wien zu übersenden.

Im Ergebnis erkannte der Reichshofrat einen Hauptgrund für die reichsstädtische Schuldenkrise: Es mangelte an einer effektiven Kontrolle der Haushaltsführung.[221] Daher waren die Abschaffung der Ungeldamtskasse als Nebenkasse und eine transparente Kontrolle der Steueramtsrechnung Schritte in die richtige Richtung. Hingegen sah sich nun der Äußere Rat um sein Steuerbewilligungsrecht gebracht, nachdem die Drittelsteuer auf kaiserlichen Befehl dauerhaft erhoben werden sollte. Die Regensburger Bürger waren unzufrieden, dass durch die Einstellung des Schuldendienstes die Sanierung auf Kosten der Gläubiger betrieben wurde.[222] Der Innere Rat stand nun unter der Kontrolle des Reichshofrates und musste stets nach Wien berichten. Überdies musste er sich gutachterlich Gedanken über eine Verringerung sowohl des Gehaltes als auch der Anzahl seiner Mitglieder machen. Diese Herabsetzung zeigte, welchen Rang[223] der Kaiser der Reichsstadt Regensburg im Reichsgefüge zugedacht hatte. Finanziell hingegen entspannte das Moratorium die Lage in Regensburg. Ab 1794 wurden bis 1802 in jedem Haushaltsjahr mehr Kredite zurückgezahlt als aufgenommen. So konnte bis zur Mediatisierung im Jahr 1802 eine Summe von 138 278 Gulden getilgt werden, was neun Prozent der Gesamtverschuldung von 1 537 595 Gulden im Jahr 1793 entsprach.[224] In einem weiteren Gutachten des Reichshofrates

219 Siehe: C. I. 1. Verschuldung der Reichsstadt Regensburg.

220 Siehe: C. I. 1. Verschuldung der Reichsstadt Regensburg.

221 Siehe: C. I. 1. Verschuldung der Reichsstadt Regensburg.

222 *Gumpelzhaimer*, Geschichte der Streitigkeiten, S. 23.

223 Siehe: B. II. Kaiserlicher Einfluss in Regensburg ab dem 17. Jahrhundert.

224 HHStAW, Reichshofrat, Obere Registratur 1034, Schuldenprogressionstabelle von 1796 (z. Z. der Veröffentlichung in Restauration), zitiert nach: *Nemitz*, Die direkten

aus dem Jahr 1799 wurde der Reichsstadt Regensburg eine gute Möglichkeit zur Erholung des Haushaltes bestätigt.[225] Daher wurde das Moratorium für weitere fünf Jahre gewährt.[226]

3. Klageerhebungen

Nachdem der Äußere Rat angewiesen war, die Drittelsteuer zu bewilligen, folgte er am 29. April 1794 dem Befehl des Reichshofrates.[227] Jedoch hatten sich im Vorfeld am 23. April 1794 der Äußere Rat und die Vierziger im Gasthof „Zum Goldenen Kreuz" am Haidplatz versammelt.[228] Dort wurde ein gemeinsamer Ausschuss, genannt das Syndikat, eingerichtet. Dieses bestand aus fünf Äußeren Ratsherren und fünf Vierzigern.[229] Das Syndikat holte bei dem Staatsrechtler Friedrich Julius Malblank[230] eine juristische Erstberatung ein. Denn Malblank hatte 1786, in einem Reichshofratsprozess über die Rechtmäßigkeit einer Steuer, den von Kaufmännern besetzten Großen Rat der Stadt Nürnberg gegen den patrizischen Inneren Rat vertreten.[231] Ab April 1794 wurde schließlich in Wien der Reichshofratsagent[232] Philipp Maria von Götz[233] als Rechtsanwalt des Syndikats verpflichtet.[234]

Steuern der Stadt Regensburg, S. 422–424 und S. 473; *Schönfeld*, Studien zur Wirtschaftsgeschichte der Reichsstadt Regensburg im achtzehnten Jahrhundert, S. 118.

225 HHStAW, Reichshofrat, Obere Registratur 1035, Bericht zur Regensburger Finanzsituation vom 15.03.1799.

226 BayHStA, Reichsstadt Urkunden Regensburg, 1799 VI 21.

227 HHStAW, Reichshofrat, Obere Registratur 1034 (z. Z. der Veröffentlichung in Restauration), zitiert nach: *Nemitz*, Die direkten Steuern der Stadt Regensburg, S. 479.

228 *Nemitz*, Die direkten Steuern der Stadt Regensburg, S. 479.

229 *Gumpelzhaimer*, Geschichte der Streitigkeiten, S. 25; *Nemitz*, Die direkten Steuern der Stadt Regensburg, S. 479.

230 *Eisenhart*, Malblanc, Julius Friedrich von, in: Allgemeine Deutsche Biographie, Band 20, S. 129–131.

231 *Endres*, Nürnberg im 18. Jahrhundert, S. 140 f.; *Lau*, Unruhige Städte, S. 22; *Nemitz*, Die direkten Steuern der Stadt Regensburg, S. 480.

232 Zur Position des Reichshofratsagenten siehe: *Hanzely*, Anleitung zur neuesten Reichshofrathspraxis, Band 1, S. 78 ff.; *Malblank*, Anleitung zur Kenntnis der deutschen Reichs- und Provinzial- Gerichts- und Kanzleyverfassung und Praxis, Band 3, S. 125 ff.

233 *Mühlfeld*, Götz, Philipp Maria, in: Ergänzungsband zu dem Österreichischen Adels-Lexikon des achtzehnten und neunzehnten Jahrhunderts, S. 300.

234 HHStAW, Reichshofrat, Obere Registratur 1036, Prozessvollmacht des Syndikats vom 23.04.1794; HHStAW, Reichshofrat, Obere Registratur 1036, Prozesskosten des Äußeren Rates und der Vierziger, 15.11.1797.

Am 15. Juli 1794 berief der Innere Rat, durch das Conclusum vom 17. Juni 1794[235] gezwungen, den Äußeren Rat zu sich, um seine Verbesserungsvorschläge für die reichsstädtische Wirtschaft zu hören.[236] Der Äußere Rat erbat eine Bedenkzeit von vierzehn Tagen und besprach sich am 29. Juli 1794, kam aber zu keiner Einigkeit. Zehn Mitglieder des Äußeren Rates wollten dem Inneren Rat als Verbesserung schlicht vorschlagen, den Geheimen Rat abzuschaffen.[237] Daher ließ der Äußere Rat den Inneren Rat wissen, ohne eine beglaubigte Abschrift der Regimentsordnung könne er keine Vorschläge machen.[238]

In Reaktion übergab der Innere Rat am 14. August 1794 eine Abschrift der Regimentsordnung[239] an den Äußeren Rat und versah diese in einem Vorwort mit einer Belehrung.[240] In der Belehrung wurde ausgeführt, dass sich der Äußere Rat in seiner Sitzung am 29. Juli 1794 mit Angelegenheiten beschäftigt habe, die außerhalb seiner Kompetenz stünden. Zur Verdeutlichung wurden die zehn Äußeren Ratsherren namentlich aufgeführt, die für eine Abschaffung des Geheimen Rates votiert hatten. Falls sich die Vorschläge auf diese rechtsgrundlose Forderung beschränkten, werde man dem Reichshofrat mitteilen, keine Vorschläge erhalten zu haben. Aber dennoch würden die Namen der betreffenden zehn Äußeren Ratsherren an den Reichshofrat weitergeleitet werden. Der Innere Rat habe sich nun entschlossen, die Regimentsordnung auszuhändigen, um weitere Verirrungen des Äußeren Rates zu beseitigen. Im Übrigen habe der Geheime Rat eine Rechenschaft für sein Handeln nicht zu fürchten und werde neben seiner Auslegung der Regimentsordnung nur eine kaiserliche Interpretation derselben anerkennen. Der Äußere Rat behielt die Regimentsordnung und schickte die Belehrung an den Inneren Rat am 3. September 1794 zurück.[241]

Am 25. August 1794 reichte das Syndikat durch seinen Rechtsanwalt Philipp Maria von Götz vor dem Reichshofrat Klage gegen den Inneren Rat/Geheimen

---

235 HHStAW, Reichshofrat, Obere Registratur 1036, Reichshofratsconclusum vom 17.06.1794.

236 *Gumpelzhaimer*, Geschichte der Streitigkeiten, S. 27.

237 *Gumpelzhaimer*, Geschichte der Streitigkeiten, S. 28.

238 AHVOR, Manuskripte Regensburg, Nr. 70; HHStAW, Reichshofrat, Obere Registratur 1036, Klageschrift des Äußeren Rates und der Vierziger von 1795.

239 AHVOR, Manuskripte Regensburg, Nr. 70; HHStAW, Reichshofrat, Obere Registratur 1036, Klageschrift des Äußeren Rates und der Vierziger von 1795; *Gumpelzhaimer*, Geschichte der Streitigkeiten, S. 28.

240 Dies und das Folgende nach: Belehrung des Äußeren Rates durch den Inneren Rat, abgedruckt in: *Gumpelzhaimer*, Geschichte der Streitigkeiten, S. 95 ff.

241 *Gumpelzhaimer*, Geschichte der Streitigkeiten, S. 28.

Rat ein, die gegenwärtige Lage des Stadtwesens und die Abstellung von Administrationsmissständen betreffend.[242] Der Reichshofrat verwarf die Klage am 13. September 1794 als unzulässig, nachdem das Syndikat, bestehend aus fünf Äußeren Ratsherren und fünf Vierzigern, nicht prozessführungsbefugt sei.[243] Indes könnten etwaige Beschwerden erhoben werden, wenn der gesamte Äußere Rat und die gesamten Vierziger die Klageerhebung ordnungsgemäß beschlössen und ihr eigenes Recht durch einen Rechtsanwalt einforderten. Der Äußere Rat und die Vierziger müssten die hierfür notwendige Versammlung jedoch dem Inneren Rat anzeigen. Im Gegenzug dürfe der Innere Rat die Versammlung dann nicht behindern. Darauf versammelten sich der Äußere Rat und die Vierziger mehrmalig zu Beratung und beauftragten Philipp Maria von Götz am 29. Oktober 1794 als ihren Rechtsanwalt.[244]

Am 31. Oktober 1794 schrieb der Innere Rat an den Reichshofrat, der Äußere Rat habe keine Vorschläge zur wirtschaftlichen Verbesserung gemacht.[245] Der Äußere Rat sei von Querulanten durchsetzt, die, von Hass und Rache getrieben, die Stadtherrschaft an sich reißen wollten. Daher habe das Syndikat den Inneren Rat verklagt. Mithin solle der Reichshofrat den Äußeren Rat auflösen, alle Beschlüsse von diesem aufheben und der Äußere Rat dürfe erst mir Erlaubnis des Inneren Rates wieder zusammentreten. Soweit es aus den Archiven ersichtlich ist, legte der Reichshofrat dieses Schreiben nur zu den Akten.

Nun standen im Dezember 1794 die alljährlichen Ratswahlen an und Sigmund Bösner war noch immer kommissarisch im Amt.[246] Da er davon ausgehen musste, in einem ordentlichen Wahlverfahren nicht als Ratsherr bestätigt zu werden, setzte der Geheime Rat die Wahl aus. Es blieben somit alle Ratsherren in

---

242 HHStAW, Reichshofrat, Obere Registratur 1036, Prozessvollmacht des Syndikats vom 23.04.1794; HHStAW, Reichshofrat, Relationen 146 R3; *Gumpelzhaimer*, Geschichte der Streitigkeiten, S. 28 f.

243 Dies und das Folgende nach: Kaiserliches Rescript vom 13.09.1794, abgedruckt in: *Gumpelzhaimer*, Geschichte der Streitigkeiten, S. 100 ff.

244 HHStAW, Reichshofrat, Obere Registratur 1036, Schreiben des Äußeren Rates und der Vierziger an den Reichshofrat vom 19.12.1794; HHStAW, Reichshofrat, Obere Registratur 1036, Prozessvollmachten des Äußeren Rates und der Vierziger vom 29.10.1794 und 31.10.1794.

245 Dies und das Folgende nach: HHStAW, Reichshofrat, Obere Registratur 1034 (z. Z. der Veröffentlichung in Restauration), Schreiben des Inneren Rates an den Reichshofrat vom 31.10.1794, zitiert nach: *Nemitz*, Die direkten Steuern der Stadt Regensburg, S. 484; HHStAW, Reichshofrat, Relationen 146 R3.

246 Siehe: C. I. 1. Verschuldung der Reichsstadt Regensburg.

den Ämtern.[247] Der Geheime Rat verständigte am 4. Dezember 1794 den Reichshofrat von der Wahlaussetzung und führte als Begründung an, in Regensburg sei ein anonymes Flugblatt aufgetaucht.[248] In diesem Flugblatt werde Bösner persönlich vorgeworfen, beim Verkauf der reichsstädtischen Immobilien und Grundstücke[249] ohne die nötige Zustimmung der Vierziger gehandelt zu haben. Dadurch sei bei Verkäufen unter Wert ein Verlust von 10 000 Gulden verursacht worden.[250] Nach Ansicht des Geheimen Rates hatte der Äußere Rat dieses Flugblatt zu verantworten.[251]

Am 19. Dezember 1794 ging das Schreiben des Äußeren Rates und der Vierziger beim Reichshofrat in Wien ein, in dem sie sich über die Aussetzung der Wahl beschwerten.[252] Darüber hinaus sei der Geheime Rat nicht auf ihre Vorschläge zur Verbesserung der Wirtschaft eingegangen. Die Unfähigkeit der Geheimen Ratsherren liege an deren Altersschwäche. Nur zwei Geheime Ratsherren seien gesund, die Andern allesamt mit mehr oder minder starken Gebrechen behaftet. Am 27. Juli 1795 beschwerte sich der Äußere Rat erneut bei dem Reichshofrat, nachdem sich der Innere Rat nun weigerte, irgendeine Eingabe oder Schriftstück des Äußeren Rates überhaupt noch anzunehmen.[253]

Daher begannen am 15. August 1795 Johann Michael Schleisinger und Gottlieb Matthias Linder, beide Angehörige der Vierziger, mit einer Spendensammlung für die Prozesskosten des reichsgerichtlichen Verfahrens.[254] Der Geheime Rat drohte daraufhin mit Dekret vom 18. August 1795 jedem Bürger Strafe an, der sich an

---

247 *Nemitz*, Die direkten Steuern der Stadt Regensburg, S. 485.

248 HHStAW, Reichshofrat, Obere Registratur 1034, Schreiben des Inneren Rates an den Reichshofrat vom 04.12.1794 (z. Z. der Veröffentlichung in Restauration), zitiert nach: *Nemitz*, Die direkten Steuern der Stadt Regensburg, S. 484.

249 Siehe: C. I. 2. Gescheiterte Sanierung.

250 HHStAW, Reichshofrat, Obere Registratur 1034, Etwas über Regensburgs dermalige Lage. Ein Bruchstück zu den Annalen dieser Stadt, Regensburg 1794 (z. Z. der Veröffentlichung in Restauration), zitiert nach: *Nemitz*, Die direkten Steuern der Stadt Regensburg, S. 485 f.

251 HHStAW, Reichshofrat, Obere Registratur 1034, Schreiben des Inneren Rates an den Reichshofrat vom 04.12.1794 (z. Z. der Veröffentlichung in Restauration), zitiert nach: *Nemitz*, Die direkten Steuern der Stadt Regensburg, S. 486.

252 Dies und das Folgende nach: HHStAW, Reichshofrat, Obere Registratur 1036, Schreiben des Äußeren Rates vom 19.12.1794.

253 HHStAW, Reichshofrat, Obere Registratur 1036, Schreiben des Äußeren Rates an den Reichshofrat vom 27.07.1795; *Nemitz*, Die direkten Steuern der Stadt Regensburg, S. 486.

254 *Nemitz*, Die direkten Steuern der Stadt Regensburg, S. 486.

dieser Sammlung beteilige.[255] Am 12. August 1796 genehmigte jedoch der Reichshofrat die Kollekte auf alleruntertänigstes Gesuch des Äußeren Rates und der Vierziger und nahm die Strafandrohung zurück.[256] Letztlich konnten die Bürger so die Prozesskosten von 3199 Gulden aufbringen.[257] Am 30. Oktober 1795 erhob der Rechtsanwalt Philipp Maria von Götz im Namen des Äußeren Rates und der Vierziger vor dem Reichshofrat eine Klage gegen den Inneren Rat/Geheimen Rat.[258]

Nicht nur der Äußere Rat und die Vierziger beschritten den Rechtsweg. Auch vier Ratsherren des Inneren Rates, Johann Ludwig Grimm, Johann Georg Plato-Wild, Georg Albrecht Harrer und Friedrich Wernhard Grimm, entschlossen sich, den Geheimen Rat am Reichshofrat zu verklagen.[259] Der Innere Ratsherr Friedrich Wernhard Grimm hatte bereits in der Sitzung am 28. Dezember 1791[260] Partei für den Äußeren Rat ergriffen, als Sigmund Bösner diesen einen infamen Club nannte. Bösner hatte daraufhin Grimm den Mund verboten. Sie sahen sich als Ratsmitglieder übergangen, nachdem Bösner die gesamte Korrespondenz der Reichsstadt in Namen des Inneren Rates führte, ohne den Inneren Rat auch nur vorab über den Inhalt zu informieren.[261] Daher bezeichneten sie Sigmund Bösner als „Diktator von Regensburg".[262] Sie beauftragten den Reichshofratsagenten Bernhard Samuel von Matolay[263] als Rechtsanwalt in Wien[264],

---

255 *Wiesand*, Sammlung, Dekret LVII, S. 136 ff.

256 HHStAW, Reichshofrat, Obere Registratur 1035, Dem Äußeren Rate der Reichsstadt Regensburg gewidmet, anonyme Druckschrift von 1796.

257 HHStAW, Reichshofrat, Obere Registratur 1036, Prozesskosten des Äußeren Rates und der Vierziger, 15.11.1797.

258 HHStAW, Reichshofrat, Obere Registratur 1036, Klageschrift des Äußeren Rates und der Vierziger von 1795; HHStAW, Reichshofrat, Obere Registratur 1036, Prozessvollmachten des Äußeren Rates und der Vierziger vom 29.10.1794 und 31.10.1794.

259 HHStAW, Reichshofrat, Relationen 146 R3, Klageschrift der vier Inneren Ratsherren vom 28.10.1794.

260 Siehe: C. II. 1. Erhebung der Drittelsteuer.

261 HHStAW, Reichshofrat, Relationen 146 R3, Klageschrift der vier Inneren Ratsherren vom 28.10.1794.

262 HHStAW, Reichshofrat, Relationen 146 R3, Klageschrift der vier Inneren Ratsherren vom 28.10.1794; *Gumpelzhaimer*, Geschichte der Streitigkeiten, S. 8; *Nemitz*, Die direkten Steuern der Stadt Regensburg, S. 483 f.

263 Reichshofratsagent mehrerer Reichsstände beim Reichshofrat in Wien, Nachweise bei: *Goetting*, Braunschweigisches Jahrbuch, S. 157 und *Weißler*, Geschichte der Rechtsanwaltschaft, S. 278.

264 HHStAW, Reichshofrat, Obere Registratur 1036, Prozessvollmacht der vier Inneren Ratsherren vom 28.10.1794.

der am 28. Oktober 1794 Klage gegen den Geheimen Rat vor dem Reichshofrat einreichte.[265]

4. Absetzung des Sigmund Bösner

Am 21. August 1795 forderte der Reichshofrat jedes Mitglied des Inneren Rates auf, sich bezüglich der Klage der vier Inneren Ratsherren vom 28. Oktober 1794 zu äußern. Sie sollten sich für diese oder gegen diese positionieren. Sigmund Bösner wurde aufgefordert, eine gesonderte Erklärung zu den persönlich gegen ihn gerichteten Vorwürfen abzugeben.[266]

Daraufhin verfasste der Geheime Rat eine Erklärung, die dem Inneren Rat in einer Sitzung am 15. Dezember 1795 zur Unterzeichnung vorgelegt wurde.[267] Während die vier Kläger und Sigmund Bösner an der Sitzung nicht teilnahmen, verteidigten die anderen Geheimen Ratsherren in dieser Erklärung ihren Kollegen Bösner und griffen die Kläger an. Der Geheime Rat müsse in vielen Dingen ohne die Zustimmung des Inneren Rates entscheiden, weil sonst wichtige Fragen der Plauderhaftigkeit und Unkunde des Inneren Rates ausgesetzt seien. Die Kläger hätten die Ratsstube zu einer Zechstube gemacht.[268] Der Innere Rat stimmte der Erklärung zu und eine, von persönlicher Anfeindung geprägte, Klageerwiderung wurde am 7. Januar 1796 von dem Reichshofratsagenten des Inneren Rates Johann Andreas Merk[269] beim Reichshofrat abgegeben.[270]

Bösner schrieb dem Reichshofrat in seiner gesonderten Erklärung, der Kläger Johann Ludwig Grimm habe Aktenstücke der Reichsstadt an Kurbayern weitergegeben.[271] Außerdem habe er ein uneheliches Kind. Johann Georg

---

265 HHStAW, Reichshofrat, Relationen 146 R3, Klageschrift der vier Inneren Ratsherren vom 28.10.1794.

266 NSuUB, 4 J CAM 276/220, Schreiben des Reichshofrates vom 21.08.1795.

267 Dies und das Folgende nach: HHStAW, Reichshofrat, Obere Registratur 1036, Abschrift des Ratsprotokolles vom 15.12.1795; *Nemitz*, Die direkten Steuern der Stadt Regensburg, S. 495 f.

268 HHStAW, Reichshofrat, Relationen 146 R3, Schreiben des Inneren Rates an den Reichshofrat vom 07.01.1796; *Nemitz*, Die direkten Steuern der Stadt Regensburg, S. 496.

269 Reichshofratsagent mehrerer Reichsstände beim Reichshofrat in Wien, Nachweise bei: *Goetting*, Braunschweigisches Jahrbuch, S. 137 und *Hahn*, Briefe an Goethe, Regestnummer 4/1169.

270 HHStAW, Reichshofrat, Relationen 146 R3, Schreiben des Inneren Rates an den Reichshofrat vom 07.01.1796; *Nemitz*, Die direkten Steuern der Stadt Regensburg, S. 495 f.

271 Dies und das Folgende nach: HHStAW, Reichshofrat, Obere Registratur 1036, Schreiben des Sigmund Bösner an den Reichshofrat vom 14.12.1795.

Plato-Wild sei dem Glücksspiel verfallen. Georg Albrecht könne den Inhalt der Klageschrift nicht verstehen und habe wohl eher zufällig als mit Absicht seine Unterschrift unter die Klage gesetzt. Friedrich Wernhard Grimm habe in seinem Leben noch nie etwas Verdienstvolles zustande gebracht. Die Juristen am Reichshofrat nahmen diese Denunzierungen auf persönlicher Ebene mit Missfallen zur Kenntnis. Daher notierten sie in einem Aktenvermerk, Bösner müsse in die Schranken gewiesen werden, um solche kauderwelschen Vorträge zu unterbinden. Ihm sei zu verdeutlichen, dass er in Zukunft derartige Verunglimpfungen zu unterlassen habe.[272]

Nachdem Sigmund Bösner, nach Aussetzung der Wahlen im Dezember 1794, noch immer kommissarisch im Amt war[273], verfügte der Reichshofrat am 21. August 1795, die Wahlen hätten, der Regimentsordnung entsprechend, stattzufinden.[274] Folglich traten der Innere Rat und der Äußere Rat im Dezember 1795 in der Ratsstube zusammen und die ersten Wahldurchgänge zur Bestimmung der neun Wahlmänner[275] wurden durchgeführt, wobei der Äußere Rat die Gegner des Geheimen Rates aufstellte.[276] So wurden Johann Ludwig Grimm und Johann Georg Plato-Wild als Wahlmänner des Inneren Rates aufgestellt, also zwei der Inneren Ratsherren, welche gegen den Geheimen Rat klagten. Als Wahlmänner für den Äußeren Rat wurden drei Kläger aus den Reihen des Äußeren Rates aufgestellt. Daher erklärte der Geheime Rat die Bestimmung der Wahlmänner für ungültig und setzte die Wahl abermals aus. Gegenüber dem Reichshofrat erklärte der Geheime Rat, nur ein Abbruch der Wahl habe ein Komplott zum Sturz der Ordnung in Regensburg verhindern können. Der Äußere Rat ließ den Reichshofrat wissen, der Geheime Rat habe sich offen der kaiserlichen Anordnung zur Wahldurchführung widersetzt.[277]

---

272 HHStAW, Reichshofrat, Relationen 146 R3, Aktenvermerk von 1796; *Nemitz*, Die direkten Steuern der Stadt Regensburg, S. 499.

273 Siehe: C. II. 1. und C. II. 3. Erhebung der Drittelsteuer und Klageerhebungen.

274 HHStAW, Reichshofrat, Obere Registratur 1035, Reichshofratsconclusum vom 21.08.1795.

275 Siehe: B. I. Weg zur Reichsstadt.

276 Dies und das Folgende nach: HHStAW, Reichshofrat, Obere Registratur 1034, Schreiben des Geheimen Rates an den Reichshofrat vom 31.12.1795 (z. Z. der Veröffentlichung in Restauration), zitiert nach: *Nemitz*, Die direkten Steuern der Stadt Regensburg, S. 500.

277 HHStAW, Reichshofrat, Obere Registratur 1034, Schreiben des Äußeren Rates an den Reichshofrat vom 14.01.1796 (z. Z. der Veröffentlichung in Restauration), zitiert nach: *Nemitz*, Die direkten Steuern der Stadt Regensburg, S. 500.

Der Reichshofrat holte daher bei dem Prinzipalkommissar Freiherr Aegid von Fahnenberg[278], dem Vertreter des Kaisers auf dem Immerwährenden Reichstag, Informationen über Bösner und die Lage in der Reichsstadt ein. Der ließ darauf den Reichshofrat wissen, Bösner teile das Schicksal aller Despoten, nämlich unglaublich gehasst zu sein. So lange dieser herrschsüchtige Mann das Ruder führe und überdies sein Bruder die Stadtsoldaten befehlige, könne ein Vertrauen zwischen Magistrat und Bürgerschaft nicht wiederhergestellt werden.[279] Denn Bösner hatte mittlerweile seinen Bruder Johann Wilhelm Bösner als Hauptmann der Stadtgarnison eingesetzt.[280]

Jedoch fand am 19. Mai 1796 ein Aufstand der mit hundertsechsundfünfzig Soldaten besetzten Stadtgarnison gegen ihren Hauptmann Johann Wilhelm Bösner statt.[281] Teile der Mannschaften meuterten und verwundeten in einem Tumult ihren Offizier Johann Wilhelm Bösner. Der Aufstand konnte eingegrenzt werden, nachdem Teile der Regensburger Bürgerschaft ihrerseits zu den Waffen griffen und als Bürgerwehr auf die Straße gingen. Letztlich verhinderte der Prinzipalkommissar Freiherr Aegid von Fahnenberg die Eskalation, als er mit der Autorität des Kaisers ein Friedensgebot erließ.[282] Zudem trug zu einem Burgfrieden bei, dass laut Fahnenberg eine kurpfälzische Schwadron Reiter zusammen mit dreihundert Fußsoldaten in Stadtamhof aufmarschierte, um in Regensburg einzurücken.[283] Der Äußere Rat beeilte sich, dem Reichshofrat zu versichern, dass die Bürgerschaft an diesem subordinationswidrigen Verhalten der Soldaten keinen Anteil habe. Vielmehr habe eine allgemeine Unzufriedenheit mit dem Kommando des Johann Wilhelm Bösner die Soldaten zur Meuterei bewegt. Überdies lasse Sigmund Bösner die Garnison als Einrichtung verkommen, was

278 *Wurzbach*, Fahnenberg, Aegid Joseph Karl Freiherr, in: Biographisches Lexikon des Kaiserthums Oesterreich, Band 4, S. 133.

279 HHStAW, Reichshofrat, Obere Registratur 1036, Schreiben Fahnenbergs an den Reichshofrat vom 01.07.1796.

280 HHStAW, Reichshofrat, Obere Registratur 1036, Schreiben des Äußeren Rates an den Reichshofrat vom 27.06.1796; *Press*, Reichsstadt und Revolution, S. 30.

281 Dies und das Folgende nach: HHStAW, Reichshofrat, Obere Registratur 1036, Schreiben des Äußeren Rates an den Reichshofrat vom 27.06.1796; HHStAW, Reichshofrat, Obere Registratur 1036, Schreiben Merks an den Reichshofrat vom 23.06.1796.

282 *Press*, Reichsstadt und Revolution, S. 30.

283 *Press*, Reichsstadt und Revolution, S. 30; *Press* datiert den Aufstand auf den Tag der Abwahl von Bösner. Diesem Datum widerspricht aber die Datumsangabe des Aufstandes in dem Schreiben des Äußeren Rates an den Reichshofrat vom 27.06.1796, HHStAW, Reichshofrat, Obere Registratur 1036.

Unruhe unter den Soldaten gestiftet habe.[284] Der Geheime Rat hingegen beschränkte sich auf einen Tatsachenbericht der Ereignisse, den er, ohne nähere Erklärung der Motivationslage der Soldaten, an den Reichshofrat übermittelte.[285] Diese Episode zeigt, dass die Autorität der Familie Bösner insgesamt schwand. In der weiteren Auseinandersetzung mit dem Äußeren Rat und den Vierzigern trat Johann Wilhelm Bösner nicht mehr in Erscheinung.

Am 12. August 1796 ordnete der Reichshofrat an, dass die diesjährigen Ratswahlen durchzuführen und in keinem Fall auszusetzen seien. Die Wahlen seien nach der Regimentsordnung frei abzuhalten, der Geheime Rat solle sich aller Beeinflussung enthalten.[286] Überdies erhielt Sigmund Bösner in einem gesonderten Schreiben die Weisung, in Zukunft alle Beleidigungen gegenüber den Klägern zu unterlassen.[287] Sigmund Bösner musste darauf in der Ratssitzung am 20. September 1796 eine schriftliche Unterlassungserklärung abgeben, in Zukunft keine Ehrkränkungen mehr von sich zu geben.[288] Diese Demütigung bedeutete einen politischen Machtverlust für Sigmund Bösner. Ebenso wurde durch die reichsgerichtliche Weisung klar, dass der Reichshofrat nicht zwangsläufig auf der Seite des Geheimen Rates stand.

In Reaktion erschien in Regensburg eine anonyme Schrift, welche dem Äußeren Rat gewidmet war und den Sieg der gerechten Sache feierte. Nun bestehe die Hoffnung, Liebe und Vertrauen zwischen Bürgerschaft und Magistrat wiederherzustellen und dass Ordnung und Wohlstand in das verarmte Regensburg zurückkehren.[289]

Am 28. Dezember 1796 wurde die Wahlversammlung in der Ratsstube abgehalten und die neun Wahlmänner bestimmt, die anschließend über die Zusammensetzung des Inneren Rates abstimmten.[290] Für die Stimmauszählung

---

284 HHStAW, Reichshofrat, Obere Registratur 1036, Schreiben des Äußeren Rates an den Reichshofrat vom 27.06.1796.

285 HHStAW, Reichshofrat, Obere Registratur 1036, Schreiben Merks an den Reichshofrat vom 23.06.1796.

286 HHStAW, Reichshofrat, Obere Registratur 1036, Reichshofratsconclusum vom 12.08.1796.

287 HHStAW, Reichshofrat, Relationen 146 R3, Weisung von 1796; *Nemitz*, Die direkten Steuern der Stadt Regensburg, S. 499.

288 HHStAW, Reichshofrat, Obere Registratur 1036, Befolgungsbericht des Magistrates vom 10.11.1796.

289 HHStAW, Reichshofrat, Obere Registratur 1035, Dem Aueßerem Rathe der Reichsstadt Regensburg gewidmet, anonyme Druckschrift von 1796.

290 Dies und das Folgende nach: StadtAR, Ratsprotokolle, Ratsprotokoll vom 28.12.1796; *Nemitz*, Die direkten Steuern der Stadt Regensburg, S. 502 f.

waren Bösner als Steueramtsdirektor und der Ungeldamtsdirektor zuständig. Nachdem die Wahlversammlung über eine Stunde auf das Ergebnis warten musste, brach Unruhe aus. Schließlich kam Sigmund Bösner und erklärte, er betrachte das Ergebnis ohne kaiserliche Bestätigung für ungültig. Dann verließ er die Ratsstube. Die Ergebnisverkündigung übernahm daher der Stadtschreiber. Bösner hatte seinen Sitz im Inneren Rat verloren. Die neu gewählten Inneren Ratsherren leisteten sogleich den Amtseid. Damit war die Absetzung Bösners durchgeführt.

III. Geisteshaltungen in der Auseinandersetzung

1. Äußerer Rat und Vierziger

Am 20. April 1792 hatte das revolutionäre Frankreich der Habsburgermonarchie den Krieg erklärt. Die französische Monarchie wurde durch den Nationalkonvent am 22. September 1792 abgeschafft und die Republik ausgerufen. Daher wog der Vorwurf der Reichsuntreue gegen den Äußeren Rat und die Vierziger schwer, als Bösner am 28. Dezember 1792 meinte, diese seien durch die Lehren des Jakobinerclubs angesteckt worden.[291] Fraglich ist, ob dies tatsächlich deren Geisteshaltung in der Auseinandersetzung war. Als ein Hauptereignis der europäischen Geschichte musste die Französische Revolution Einfluss auf die Bewohner der Reichsstädte und auf die Untertanen der übrigen Reichsstände[292] gehabt haben.[293] Allerdings gab es im Reich zunächst jakobinisches Denken im engen Sinne, also in seiner linkspolitischen Radikalität, nicht.[294] Wird jakobinisches Denken in einem weiten Sinn verstanden, werden also alle Anhänger der Revolution, die sich zur Republik bekannten, als Jakobiner begriffen, so gab es jedoch solches Denken im Reich.[295] In der Literatur sind die Einwirkungen der Jakobiner (im engen und weiten Sinne) auf die zahlreichen Auseinandersetzungen in den Reichsstädten am Ende des 18. Jahrhunderts heftig umstritten.[296] Dieser Streit ist aber kein reiner Historikerstreit, sondern wird von sozialistischen,

291 Siehe: C. II. 1. Erhebung der Drittelsteuer.

292 *Sailer*, Untertanenprozesse vor dem Reichskammergericht, S. 96.

293 *Härter*, Reichstag und Revolution 1789–1806, S. 287–377; *Schmidt*, Südwestdeutschland im Zeichen der Französischen Revolution, S. 165–194.

294 *Press*, Reichsstadt und Revolution, S. 14; *Scheel*, Süddeutsche Jakobiner, S. 53 ff.

295 *Press*, Reichsstadt und Revolution, S. 14.

296 *Fehrenbach*, Vom Ancien Régime zum Wiener Kongress, S. 187 ff.; *Reinalter*, Der Jakobinismus in Mitteleuropa, S. 117 ff.

demokratischen und nationalen Grundhaltungen der Akteure beeinflusst.[297] Daher soll zunächst der Blick allein auf die Archivbestände gerichtet werden. *Scheel* stellt in seinem Werk „Süddeutsche Jakobiner" revolutionsfreundliche Äußerungen in den Reichsstädten zusammen.[298] *Press* ergänzt diese Aufzählung in „Reichsstadt und Revolution"[299] und stützte sich hierbei auf eine Durchsicht der Wiener Reichshofratsakten des Haus-, Hof- und Staatsarchivs. So waren im Jahr 1792 in der, zu Regensburg nahe gelegenen, Reichsstadt Nürnberg anonyme Flugschriften aufgetaucht, die mit der Revolution sympathisierten.[300] Das führende Tagblatt der Reichsstadt Nürnberg, der „Friedens- und Kriegs-Courier"[301], welches Korrespondenten in Paris hatte, berichtete seinen Lesern regelmäßig über den Revolutionsverlauf. Indes lag der Schwerpunkt der Berichterstattung eher auf Sensation als auf Politik.[302]

Über derartige Druckerzeugnisse in der Reichsstadt Regensburg können *Scheel* und *Press* nicht berichten. Eine weitere Suche in den Archiven förderte keine Propagandaschriften der Französischen Revolution in Regensburg zutage. Allerdings ist davon auszugehen, dass über die zahlreichen Gesandten am Reichstag revolutionäre Gedanken nach Regensburg gelangten.[303] So lobt *Arndt*[304] die Offenheit der damaligen Regensburger Gesellschaft gegenüber allen politischen Denkweisen.[305] Die geistige Atmosphäre in Regensburg war jedenfalls von der Aufklärung geprägt.[306] Anderseits spricht gegen die Behauptung Bösners, der Äußere Rat und die Vierziger seien von jakobinischen Lehren angesteckt, dass der Reichshofrat bei der Absetzung Bösners den Äußeren Rat unterstützte.[307] Auf den Reichshofrat,

297 *Eberlein*, Die Esslinger Bürgerprozesse, S. 198; *Press*, Reichsstadt und Revolution, S. 2.

298 *Scheel*, Süddeutsche Jakobiner, S. 58–80.

299 *Press*, Reichsstadt und Revolution, S. 9–59.

300 *Press*, Reichsstadt und Revolution, S. 16 f.

301 Die Stadtbibliothek Nürnberg verwahrt die vollständige Reihe der Zeitung von 1789 bis 1796.

302 *Ernstberger*, Nürnberg im Widerschein der Französischen Revolution 1789–1796, S. 410.

303 *Press*, Reichsstadt und Revolution, S. 21.

304 *Freytag*, Arndt, Ernst Moritz, in: Allgemeine Deutsche Biographie, Band 1, S. 541–548.

305 *Arndt*, Reisen durch einen Theil Teutschlands, Ungarns, Italiens und Frankreichs in den Jahren 1798 und 1799, S. 77 f.

306 *Neubauer*, Das geistig-kulturelle Leben der Reichsstadt Regensburg (1750–1806), S. 167 ff.

307 Siehe: C. II. 4. Absetzung des Sigmund Bösner.

der sicher keine Sympathie für die Französische Revolution hegte, musste der Äußere Rat keinen reichsuntreuen Eindruck gemacht haben.[308] Gleiches gilt für den Prinzipalkommissar Freiherr Aegid von Fahnenberg, der seine Sympathie für die Handlungen des Äußeren Rates und der Vierziger zum Ausdruck brachte. Er bescheinigte der Regensburger Bürgerschaft „Unterwürfigkeit und Treue" gegenüber der kaiserlichen Majestät und lobte deren Respekt vor der Obrigkeit.[309] Selbst sahen sich die Mitglieder des Äußeren Rates und der Vierziger als reichsstädtische Patrioten.[310] Es ist daher davon auszugehen, dass die Motivation des Äußeren Rates und der Vierziger vordergründig in dem Unwillen lag, die Steuerbelastung und die Beleidigungen Bösners weiter zu ertragen. Tiefer gehend lag die Motivation in dem Funktionswandel des Magistrates begründet. Nach der Regimentsordnung von 1514 war der Innere Rat als wechselndes Gremium angelegt.[311] Ab dem 17. Jahrhundert hatte sich der Geheime Rat als feste Regierung etabliert, deren Untertanen die Mitglieder des Äußeren Rates und der Vierziger als reichsstädtische Bürger jedoch nicht sein wollten.

Indes stellt sich die Frage, weshalb nachweisbar zumindest in fünfunddreißig Reichsstädten bis zum Ende des 18. Jahrhunderts[312] ein vergleichbares Aufbegehren der Bürgerschaft stattfand. So könnte die, scheinbar auf die Regensburger Verhältnisse begrenzte, Streitigkeit auf eine neue Geisteshaltung der Bürger zurückzuführen sein, die im gesamten Reich vorhanden war.[313] Die Parallelität der Motivationen in den Auseinandersetzungen wird von *Hildebrandt* eingehend untersucht.[314] Im Ergebnis wird der Schluss gezogen, dass sämtliche Streitigkeiten in den Reichsstädten, mögen sich diese an Einzelfragen entzündet haben, auf ein neu gefundenes Selbstverständnis der Bürger zurückzuführen waren, politische Mitsprache gegenüber den Ratsherren einzufordern.[315] Denn der Funktionswandel des Magistrates

308 *Nemitz*, Die direkten Steuern der Stadt Regensburg, S. 462, Fn. 354.

309 HHStAW, Reichshofrat, Obere Registratur 1036, Schreiben Fahnenbergs an den Reichshofrat vom 01.07.1796.

310 HHStAW, Reichshofrat, Obere Registratur 1034, Erklärung des Äußeren Rates und der Vierziger vom 12.12.1793 (z. Z. der Veröffentlichung in Restauration), zitiert nach: *Nemitz*, Die direkten Steuern der Stadt Regensburg, S. 475, abgedruckt in: *Gumpelzhaimer*, Geschichte der Streitigkeiten, S. 73; HHStAW, Reichshofrat, Obere Registratur 1035, Dem Aueßerem Rathe der Reichsstadt Regensburg gewidmet, anonyme Druckschrift von 1796.

311 Siehe: B. I. Weg zur Reichsstadt.

312 *Hildebrandt*, Rat contra Bürgerschaft, S. 225.

313 *Hildebrandt*, Rat contra Bürgerschaft, S. 225 f.

314 *Hildebrandt*, Rat contra Bürgerschaft, S. 221–241.

315 *Hildebrandt*, Rat contra Bürgerschaft, S. 237.

im 17. und 18. Jahrhundert vom Bürgerorgan zu einer ständigen Regierung hatte sich nicht nur in Regensburg, sondern im gesamten Reich vollzogen.[316]

2. Sigmund Bösner

Sigmund Bösner hinterließ seine Tagebuchaufzeichnungen und weitere Schriften, in denen er seine Charakterzüge und Positionen beschrieb. Er war ein Gegner des Schnupf- und Rauchtabaks und lehnte den Konsum von Wein, Bier und Kaffee ab.[317] Er war der Überzeugung, nur durch Fleiß und Enthaltsamkeit könne Höheres vollbracht werden. Dem Streben nach Erfolg seien die weltlichen Genüsse unterzuordnen.[318] Als Bösner im Jahr 1765 heiratete, legte er darauf wert, die Hochzeitsfeier als Beispiel der Einschränkung gefeiert zu haben. Seine Kosten hätten sich auf keine zweihundert Gulden belaufen, die Kleider nicht eingerechnet, während andere Bürger seines Standes allein tausend Gulden für das Essen ausgegeben hätten.[319] Nicht nur an sich selbst, sondern auch an andere, legte Bösner harte Maßstäbe an. Als er sich nach seinem Studium der Rechtswissenschaft in Tübingen ab 1749 als Hauslehrer betätigte, attestierte er seinem Schüler „im eigentlichen Verstande ein Idiot" zu sein.[320] Als ein Schlüsselerlebnis schilderte er seine Tätigkeit als Syndikus bei der Reorganisation des Regensburger Pfandamts. Nach seiner Meinung war nur Versagen in der reichsstädtischen Verwaltung vorzufinden. Wo er hinblickte, er sah überall die „scheuseligen Verhältnisse" des Pfandamts.[321] Nachdem Bösner ab dem Jahr 1770 im Inneren Rat saß, beschrieb er seine Ratskollegen als „arm im Geiste"[322], die derzeitigen Geheimen Ratsherren nannte er „eitel und unfähig"[323]. Als Bösner ab dem Jahr 1784 Steueramtsdirektor und Geheimer Ratsherr wurde, war er sich bewusst, dass er nach außen als herrschsüchtig galt. Er selbst sah sich hingegen als treuer

---

316 *Häberlin*, Handbuch des Teutschen Staatsrechts, S. 127 f.; *Hildebrandt*, Rat contra Bürgerschaft, S. 234; *Malblank*, Abhandlungen aus dem Reichsstädtischen Staatsrechte, S. 185.

317 FZAR, Ratisbonensia Nr. 252, S. 7 f.

318 FZAR, Ratisbonensia Nr. 252, S. 135.

319 FZAR, Ratisbonensia Nr. 252, S. 137 f.

320 FZAR, Ratisbonensia Nr. 252, S. 109 f.

321 BayHStA, Reichsstadt Regensburg Literalien, Nr. 613, S. 3 f.; *Nemitz*, Die direkten Steuern der Stadt Regensburg, S. 431.

322 BayHStA, Reichsstadt Regensburg Literalien, Nr. 613, S. 24; *Nemitz*, Die direkten Steuern der Stadt Regensburg, S. 433.

323 StadtAR, Cameralia, Nr. 72, S. 106 ff.; *Nemitz*, Die direkten Steuern der Stadt Regensburg, S. 433.

und pflichtbewusster Diener des Allgemeinwohles, der nicht für seinen persönlichen Vorteil arbeitete.[324] Es zeichnet sich das Bild eines Mannes, der, trotz seiner süddeutschen Heimat, vermeintlich den preußischen Tugenden folgte. Aber es ist eine preußische Tugend, Härte gegen sich, mehr noch als gegen andere, auszuüben.[325] Bösner war hart zu sich, ebenso zu anderen. Hingegen ist seiner Eigeneinschätzung beizupflichten, dass er ein Getriebener war, der seine Pflicht erfüllen wollte. Bezeichnend ist, dass Bösner nach seiner Überzeugung allein verstand, was dem Allgemeinwohl dienen würde. Der Reichshofrat als letzte Entscheidungsinstanz wurde von ihm aber ohne Bedingung anerkannt.

3. Reichshofrat

Der Reichshofrat war durch den Westfälischen Friedensvertrag zur Erhaltung der ständischen Gesellschaftsordnung verpflichtet[326], musste also den Status quo in den Reichsstädten erhalten.[327] Gleichzeitig konnte sich selbst der Reichshofrat dem Geist der Aufklärung nicht verschließen. Er unterstützte daher in seiner Rechtsprechung am Ende des 18. Jahrhunderts eine Beteiligung der Bürger an der Stadtherrschaft, indem die Prozessfähigkeit von Bürgervertretungen vor dem Reichshofrat grundsätzlich anerkannt wurde.[328] Insbesondere in der Reichsstadt Regensburg war der Reichshofrat an stabilen politischen Verhältnissen interessiert. Der Matrikularbeitrag wurde zur Kriegsfinanzierung gegen Frankreich benötigt, daneben sicherte Regensburg den Einfluss des Kaisers in Süddeutschland.[329] Schließlich war das reichsstädtische Kollegium auf den Reichstagen mit seiner Stimme eine Stütze der kaiserlichen Politik. Als Ort des Immerwährenden Reichstages war ein unfriedliches Regensburg ein Störfaktor mit Ausstrahlung auf das Reich. Wenn schon der Kaiser die geografisch nahe zum Kaiserhof in Wien gelegene Reichsstadt, den Austragungsort des Reichstages, nicht befrieden konnte, hätte dies einen Autoritätsverlust im gesamten Reich bedeutet. Daher war der Reichshofrat an einer Versachlichung und Lösung des Konfliktes interessiert, als er Sigmund Bösner bedeutete, persönliche Schmähungen zu unterlassen[330]. Gleichzeitig

324 FZAR, Ratisbonensia Nr. 252, S. 143; *Nemitz*, Die direkten Steuern der Stadt Regensburg, S. 437.

325 *Schoeps*, Preußen, S. 442.

326 *Press*, Reichsstadt und Revolution, S. 8.

327 *Press*, Reichsstadt und Revolution, S. 4.

328 *Press*, Der Hohenzollern-Hechingische Landesvergleich von 1798, S. 82 f.

329 *Hildebrandt*, Rat contra Bürgerschaft, S. 240.

330 Siehe: C. II. 4. Absetzung des Sigmund Bösner.

boten die inneren Auseinandersetzungen in der Reichsstadt die Möglichkeit, den Einfluss des Kaisers in derselben zu stärken.[331] Denn die Bedeutung der Reichsstädte für das Reich legte Baron von Thugut[332] am 21. Juli 1798 in einem Vortrag für Kaiser Franz II. dar. So führte er aus, dass die Reichsstädte die Territorien anderer Reichsstände durchschnitten und somit diese schwächten. Andererseits sei eine Reichsstadt allein nicht mächtig genug, gegen den Kaiser zu handeln.[333] Der Kaiser und sein Reichshofrat folgten somit der Handlungsmaxime „Divide et impera". Zu Recht empfanden die bayerischen Herzöge die Reichsstadt Regensburg stets als „Pfahl im Fleisch" ihres Staates.[334]

IV. Epilog

1. Nachspiel für Sigmund Bösner

Sigmund Bösner fühlte sich nach seiner Abwahl am 28. Dezember 1796 weiter gedemütigt. Neben ihm war der 83-jährige Innere Ratsherr Johann Emanuel Wild aus dem Amt geschieden. Dieser wurde am 4. Januar 1797 ehrenvoll mit vollen Pensionsansprüchen von dem Inneren Rat in den Ruhestand verabschiedet. Bei Sigmund Bösner unterblieb eine solche Verabschiedung.[335] Auf der anderen Seite wollte Sigmund Bösner keine Verabschiedung, er bestand auf seinen Sitz im Inneren Rat. Hingegen sah der neu gewählte Innere Rat Bösner als abgewählt an, verweigerte aber die ehrenvolle Entlassung. Diese unterschiedlichen Positionen werden in den Schreiben der Rechtsanwälte deutlich. So forderte am 30. Januar 1797 der Rechtsanwalt des bisherigen Geheimen Rates, Johann Andreas Merk, im Namen des Inneren Rates den Reichshofrat auf, die Wahl aufzuheben. Dagegen verlangte am 3. Februar 1797 der Rechtsanwalt des bisherigen Äußeren Rates, Philipp Maria von Götz, im Namen des Inneren Rates die Bestätigung des Wahlergebnisses durch den Reichshofrat.[336]

---

331 *Hildebrandt*, Rat contra Bürgerschaft, S. 241.

332 *Wurzbach*, Thugut, Franz Maria Freiherr, in: Biographisches Lexikon des Kaiserthums Oesterreich, Band 45, S. 1–6.

333 *Aretin*, Heiliges Römisches Reich 1776–1806, S. 306 f.

334 *Färber*, Regensburgs langer Weg nach Bayern, S. 13.

335 HHStAW, Reichshofrat, Relationen, 146 R3, Schreiben des Äußeren Rates an den Reichshofrat vom 03.02.1797; *Nemitz*, Die direkten Steuern der Stadt Regensburg, S. 504.

336 NSuUB, 2 H BAV I, 5070, Reichshofratsconclusum vom 28.09.1797; *Nemitz*, Die direkten Steuern der Stadt Regensburg, S. 505.

Am 13. Februar 1797 wandte sich Sigmund Bösner selbst, vertreten durch Johann Andreas Merk, an den Reichshofrat und verlangte seine Wiedereinsetzung.[337] Am 6. Juli 1797 ersuchte der Innere Rat Sigmund Bösner darum, Aktenstücke herauszugeben, die seine Arbeit als Geheimer Ratsherr betrafen. Bösner ließ den Inneren Rat wissen, er behalte die Akten, denn diese seien nicht zum Zeitvertreib auf der Bierbank bestimmt. Nur der Kaiser könne ihm Befehle erteilen. Daraufhin wandte sich der Innere Rat an den Reichshofrat und erbat Unterstützung.[338]

Am 2. Oktober 1797 beschied der Reichshofrat den Antrag des Sigmund Bösner auf Wiedereinsetzung abschlägig. Weiter ordnete er gegenüber dem Inneren Rat an, Sigmund Bösner solle eine Frist zur Herausgabe der Akten gesetzt werden. Falls er sich dann noch verweigere, müsse unmittelbarer Zwang angewendet werden. Im Übrigen werde die am 28. Dezember 1796 vollzogene Wahl[339] als rechtmäßig bestätigt.[340] Nach diesem Beschluss gab Sigmund Bösner die Akten heraus.[341] Dennoch nahm er sich einen neuen Rechtsanwalt und erklärte gegenüber dem Reichshofrat, er sei weiterhin Ratsherr und fordere zumindest eine ehrenvolle Entlassung aus dem Amt, bestätigt durch den Kaiser. Darüber hinaus wolle er seine Pension.[342] Der Reichshofrat ließ wissen, dass er den Sachverhalt des eigensinnigen, ehemaligen Ratsherren für abgeschlossen halte. Er werde keine weiteren Entscheidungen diesbezüglich mehr treffen. Gleichzeitig stellte der Reichshofrat es dem Inneren Rat frei, aber legte es ihm doch nahe, eine Pension zu bewilligen.[343] Daher beschloss der Innere Rat, Sigmund Bösner eine Pension von jährlich vierhundert Gulden zu gewähren.[344] Sigmund Bösner konnte diese Pension als eine Art von Ehrenrettung

---

337 NSuUB, 2 H BAV I, 5070, Reichshofratsconclusum vom 28.09.1797; *Nemitz*, Die direkten Steuern der Stadt Regensburg, S. 505.

338 HHStAW, Reichshofrat, Obere Registratur 1035, Schreiben des Inneren Rates an den Reichshofrat vom 16.09.1797 und 28.09.1797; *Nemitz*, Die direkten Steuern der Stadt Regensburg, S. 505.

339 Siehe: C. II. 4. Absetzung des Sigmund Bösner.

340 NSuUB, 2 H BAV I, 5070, Reichshofratsconclusum vom 02.10.1797.

341 StadtAR, Ratsprotokolle, Ratsprotokoll vom 23.10.1797; *Nemitz*, Die direkten Steuern der Stadt Regensburg, S. 505 f.

342 HHStAW, Reichshofrat, Relationen 146 R3, Schreiben des Sigmund Bösner an den Reichshofrat vom 21.01.1798.

343 HHStAW, Reichshofrat, Obere Registratur 1036, Reichshofratsconclusum vom 28.09.1798.

344 HHStAW, Reichshofrat, Relationen 146 R3, Bericht des Regensburger Magistrates vom 09.05.1799.

begreifen, holte die jährlich im Steueramt hinterlegten vierhundert Gulden aber Zeit seines Lebens nicht ab.[345]

2. Nachspiel für die Reichsstadt Regensburg

Durch die Absetzung des Sigmund Bösner endete die innerstädtische Auseinandersetzung über die Auslegung der Regimentsordnung nicht. Der Äußere Rat, die Vierziger und die vier Kläger des Inneren Rates hielten am Klagebegehren fest und strebten ein Grundsatzurteil des Reichshofrates zu den Machtverhältnissen in der Reichsstadt an.

Die tatsächliche Macht in der Reichsstadt nahm nun Wien an sich, denn wesentliche Entscheidungen traf ab jetzt der Reichshofrat allein. Hier zeigt sich, dass der Kaiser die Reichsstädte als sein Kammergut und nicht als vollwertige Reichsstände betrachtete.[346] So war am 14. April 1794 der Äußere Rat angewiesen worden, die Drittelsteuer zu genehmigen.[347] Die Anträge des Äußeren Rates, dem nach der Regimentsordnung ein jährliches Steuerbewilligungsrecht zustand[348], an den Reichshofrat in den Jahren 1795 und 1796 auf Abschaffung der Drittelsteuer wurden abschlägig beschieden. Auf den wiederholten Antrag im Jahr 1797 erhielt der Äußere Rat nicht einmal mehr einen abschlägigen Bescheid, sondern der Antrag wurde nur zu den Akten des Reichshofrates gelegt.[349] Somit wurde die Drittelsteuer bis 1806 im Wesentlichen unverändert erhoben.[350] Indes brachte nun der Äußere Rat seine Vorschläge zur Lösung der Haushaltskrise in den Inneren Rat ein[351], was unter der Ratsherrschaft des Sigmund Bösner nicht möglich war.[352] Der Äußere Rat mahnte zu sparen und schlug eine

345 *Nemitz*, Die direkten Steuern der Stadt Regensburg, S. 506.

346 Siehe: B. II. Kaiserlicher Einfluss in Regensburg ab dem 17. Jahrhundert.

347 HHStAW, Reichshofrat, Relationen 146 R3, Reichshofratsconclusum vom 14.04.1794; *Gumpelzhaimer*, Geschichte der Streitigkeiten, S. 24.

348 Siehe: B. I. Weg zur Reichsstadt.

349 HHStAW, Reichshofrat, Obere Registratur 1036, Reichshofratsconclusum vom 12.08.1796; HHStAW, Reichshofrat, Obere Registratur 1036, Schreiben des Äußeren Rates und der Vierziger an den Reichshofrat vom 02.11.1797; HHStAW, Reichshofrat, Relationen 146 R3; *Nemitz*, Die direkten Steuern der Stadt Regensburg, S. 508.

350 *Nemitz*, Die direkten Steuern der Stadt Regensburg, S. 282.

351 HHStAW, Reichshofrat, Obere Registratur 1035, Bericht der Steuerrechnungsabhörungsdeputation vom 07.03.1798; *Nemitz*, Die direkten Steuern der Stadt Regensburg, S. 509.

352 Siehe: C. II. 3. Klageerhebungen.

Zusammenlegung des Steueramtes und des Ungeldamtes vor[353], um so, wie von der Regimentsordnung gefordert, eine zentrale reichsstädtische Kasse[354] einzuführen. Der Reichshofrat nahm diesen Vorschlag auf und ordnete am 28. September 1798 gegenüber dem Inneren Rat mit Nachdruck an, eine Zusammenlegung ernsthaft zu erwägen.[355] Die geforderte Erwägung fand im Jahr 1799 statt, allerdings kam der Innere Rat zu keinem Ergebnis.[356] Nachdem der Reichshofrat schon in dem Moratorium vom 17. Juni 1794 bestimmt hatte, dass die alleinige Einsicht in die Steueramtsrechnung nicht ein Vorrecht des Geheimen Rates bleiben durfte[357], wurde diese Anordnung umgesetzt, indem ab März 1797 eine Steuerrechnungsabhörungsdeputation eingesetzt wurde. Diese bestand aus Vertretern des Äußeren und des Inneren Rates und prüfte jährlich bis 1802 die Steueramtsrechnung nach.[358] Die Arbeit konnte jedoch erst aufgenommen werden, nachdem Sigmund Bösner im Oktober 1797 die hierfür nötigen Akten herausgegeben hatte.[359] Dabei beschränkte sich die Steuerrechnungsabhörungsdeputation nicht auf eine Prüfung, sondern fällte in ihren Berichten nach Wien Urteile über Verantwortlichkeiten. In dem Bericht aus dem Jahr 1797 schrieben sie, die Verwaltung des Steueramtes sei in den letzten Jahren von Trägheit geprägt gewesen. Sigmund Bösner hätte als Steueramtsdirektor der letzten Jahre lieber seinen eigenen Herd säubern sollen, anstatt bei seinen Sanierungsbemühungen[360] die Fehler bei anderen zu suchen.[361] Um der behördlichen Trägheit abzuhelfen, war es nun nach der Absetzung Bösners möglich, Gegenschreiber im Steueramt einzusetzen, die durch Gegenzeichnungsrecht das Steueramtspersonal überwachen sollten. Die Einsetzung hatte der Reichshofrat bereits am 17. Juni 1794

---

353 HHStAW, Reichshofrat, Obere Registratur 1034, Eingabe des Äußeren Rates vom 28.04.1796 (z. Z. der Veröffentlichung in Restauration), zitiert nach: *Nemitz*, Die direkten Steuern der Stadt Regensburg, S. 510.

354 Siehe: C. I. 1. Verschuldung der Reichsstadt Regensburg.

355 HHStAW, Reichshofrat, Obere Registratur 1036, Reichshofratsconclusum vom 28.09.1798.

356 HHStAW, Reichshofrat, Obere Registratur 1035, Schreiben des Inneren Rates an den Reichshofrat vom 16.04.1799.

357 Siehe: C. II. 2. Kaiserliches Moratorium.

358 HHStAW, Reichshofrat, Obere Registratur 1035, Bericht der Steuerrechnungsabhörungsdeputation vom 07.03.1798; *Nemitz*, Die direkten Steuern der Stadt Regensburg, S. 532.

359 Siehe: C. IV. 1. Nachspiel für Sigmund Bösner.

360 Siehe: C. I. 2. Gescheiterte Sanierung.

361 HHStAW, Reichshofrat, Obere Registratur 1035, Bericht der Steuerrechnungsabhörungsdeputation von 1797.

angeregt.[362] Bösner hatte diese Anregung verschleppt[363] und hatte dem Reichshofrat knapp zwei Jahre später, am 13. Mai 1796, zurückgeschrieben, dass sich in Regensburg keine zehn bis zwanzig zur Gegenschreiberei befähigten Männer finden ließen. Er wolle die Posten nicht mit Minderbegabten besetzen.[364] Nachdem der Reichshofrat am 28. September 1798 ein weiteres Mal zur Einsetzung von Gegenschreibern im Steueramt aufforderte und eine Geldstrafe androhte, falls nicht entsprechende Beratungen stattfanden[365], kam am 24. Februar 1799 der Äußere Rat mit dem Inneren Rat zusammen, um über die Einsetzung zu diskutieren.[366] Nachdem immer noch die Weggefährten Bösners, Johann Bartholomäus Gumpelzhaimer und Georg Septimus Dietrichs[367], einen Sitz im Geheimen Rat hatten, sprachen sich diese gegen die Einführung von Gegenschreibern aus, wurden aber von den anderen Ratsherren überstimmt.[368] Der Ratsbeschluss, Gegenschreiber im Steueramt einzuführen, wurde am 27. Februar 1801 vom Reichshofrat bestätigt.[369]

Diese Bestätigung am Anfang des Jahres 1801 ist die letzte, im Archiv nachzuweisende, Beschäftigung des Reichshofrates mit der Auseinandersetzung in Regensburg[370], denn alle Vorhaben wurden von dem Kriegsverlauf überholt. Im Sommer 1800 war General Moreau mit der siegreichen französischen Armee in die Reichsstadt Regensburg einmarschiert und hatte 250 000 Livre als Kontribution gefordert[371], was umgerechnet etwa 375 000 Gulden entsprach[372]. Schließlich beschloss der Immerwährende Reichstag in Regensburg am 25. Februar 1803,

362 HHStAW, Reichshofrat, Obere Registratur 1036, Reichshofratsconclusum vom 17.06.1794.

363 *Nemitz*, Die direkten Steuern der Stadt Regensburg, S. 532 ff.

364 HHStAW, Reichshofrat, Obere Registratur 1035, Schreiben des Sigmund Bösner an den Reichshofrat vom 13.05.1796.

365 HHStAW, Reichshofrat, Obere Registratur 1036, Reichshofratsconclusum vom 28.09.1798.

366 HHStAW, Reichshofrat, Obere Registratur 1035, Schreiben der Reichsstadt Regensburg an den Reichshofrat vom 09.03.1799.

367 Siehe: C. I. 2. Gescheiterte Sanierung.

368 HHStAW, Reichshofrat, Obere Registratur 1035, Ratsprotokoll vom 24.02.1799.

369 BayHStA, Ministerium des Äußeren, Nr. 5437; *Nemitz*, Die direkten Steuern der Stadt Regensburg, S. 539.

370 *Nemitz*, Die direkten Steuern der Stadt Regensburg, S. 539.

371 *Wiesand*, Sammlung, Decretum LXXV, S. 162 ff.; NSuUB, 2 H BAV I, 5070, Dekret des Kammerers und Raths der Reichsstadt Regensburg vom 05.08.1800.

372 StadtAR, I AH, Nr. 12, S. 77; *Nemitz*, Die direkten Steuern der Stadt Regensburg, S. 286, Fn. 164.

rückwirkend auf den 1. Dezember 1802, die Stadtherrschaft an Carl von Dahlberg zu übergeben, der das Fürstentum Regensburg begründete.[373] Am Ende der Reichsunmittelbarkeit betrug die reichsstädtische Schuldenlast 1 445 500 Gulden.[374] Die Zinszahlungen betrugen vierundvierzig Prozent der städtischen Ausgaben[375], weshalb Carl von Dahlberg zunächst einen Schuldentilgungsplan erarbeitete, der die Rückzahlung der Schulden bis 1844 vorsah.[376]

Eine Bewertung der Reformen des Reichshofrates, die in den letzten Jahren der Reichsunmittelbarkeit angestoßen wurden, gestaltet sich schwer. Denn der Kriegsverlauf in Europa und die anschließende territoriale Neuordnung verhindern eine Ergebnisbetrachtung. Eine reichsstädtische Zentralkasse, deren Einführung die Buchführung einfacher und effektiver gestaltet hätte, konnte nicht mehr eingesetzt werden. Dazu konnten die Gegenschreiber sich wegen der Mediatisierung nicht in der Praxis bewähren. Dass Regensburg von Frankreich eine Kontribution von umgerechnet 375 000 Gulden auferlegt wurde, trieb die verschuldete Reichsstadt noch tiefer in die Krise, sodass Reformen erst recht nicht greifen konnten.

---

373 Siehe: A. I. Aufgabenstellung.

374 *Schönfeld*, Studien zur Wirtschaftsgeschichte der Reichsstadt Regensburg im achtzehnten Jahrhundert, S. 125; siehe aber: *Nemitz,* Die direkten Steuern der Stadt Regensburg, S. 474, der einen Schuldenstand von 1 463 751 Gulden angibt. Der Unterschied ergibt sich aus der Unklarheit, in welcher Höhe Schulden aufgenommen werden mussten, um die französische Besatzung zu finanzieren.

375 *Becker,* Die Übergabe Regensburgs an Bayern, S. 29; *Schönfeld*, Studien zur Wirtschaftsgeschichte der Reichsstadt Regensburg im achtzehnten Jahrhundert, S. 125.

376 *Färber,* Das Fürstentum Regensburg zwischen 1802 und 1810, S. 40; *Schönfeld*, Studien zur Wirtschaftsgeschichte der Reichsstadt Regensburg im achtzehnten Jahrhundert, S. 126 f.

D. Gerichtsverfahren vor dem Reichshofrat

Nachdem ein Gerichtsverfahren vor dem Reichshofrat im 18. Jahrhundert im Vergleich zu einem heutigen Gerichtsverfahren deutliche Unterschiede aufweist, muss die Herangehensweise an eine rechtliche Überprüfung diesem Rechnung tragen. Die Anwendung von prozessualem als auch von materiellem Recht stand grundsätzlich im Ermessen der Richter und orientierte sich mehr an der Zweckmäßigkeit als an den Gesetzen.[377] Eine nähere Entscheidungsbegründung, die Trennung von Zulässigkeit und Begründetheit der Klage, geschah schriftlich ausgeführt nicht. In den Akten der Regensburger Streitigkeiten sind keine niedergeschriebenen Entscheidungsgründe vorhanden. Gleichwohl waren Zulässigkeit und Begründetheit bei den Entscheidungen, die von den Reichshofräten auf Grundlage der Relationen[378] getroffen wurden, maßgeblich.[379] Daher soll zunächst geklärt werden, welches Recht überhaupt anwendbar war. Darauf werden die gerichtlichen und außergerichtlichen Schriftsätze der Parteien ausgewertet und die Entscheidungen des Reichshofrates inhaltlich dargestellt. Anschließend erfolgt eine gutachterliche Rekonstruktion der Entscheidungsgründe an Hand des alten Reichsrechtes. In einer Ergebniskontrolle wird schließlich das gutachterliche Ergebnis mit den Entscheidungen des Reichshofrates verglichen. So können die Entscheidungsgründe des Reichshofrates nachvollzogen werden.

In den letzten Jahren der Reichsunmittelbarkeit waren die Auseinandersetzungen zwischen Bürgerschaft und Stadtrat in vielen Reichsstädten prägend. Nachdem der Konflikt in Regensburg im Kern zwischen dem Äußeren Rat, den Vierzigern und dem Geheimen Rat ausgetragen wurde, soll sich die gutachterliche Untersuchung der Entscheidungsgründe auf die Klage des Äußeren Rates und der Vierziger beschränken. Die Klage der vier Inneren Ratsherren wird nur dargestellt, um die Schriftsätze der restlichen Parteien einordnen zu können. Denn es wird sich zeigen, dass die Klage der vier Inneren Ratsherren inhaltlich hinter der Klage des Äußeren Rates und der Vierziger zurückbleibt. Denn der

377 *Moser*, Von Teutschland und dessen Staats-Verfassung überhaupt, S. 202; *Selchow*, Einleitung in den Reichshofrathsproceß, Band 1, S. 86; *Sellert*, Prozeßgrundsätze und Stilus Curiae am Reichshofrat, S. 59 f.

378 HHStAW, Reichshofrat, Relationen 146 R3.

379 *Danz*, Grundsätze des Reichsgerichts Prozesses, S. 206 ff.

Äußere Rat und die Vierziger nahmen die Beschwerden der vier Inneren Ratsherren in ihre Klageschrift auf und führten diese zusätzlich an. Folglich bestand wohl eine enge Abstimmung und Zusammenarbeit zwischen den klagenden Inneren Ratsherren und dem Äußeren Rat und den Vierzigern. Bösner selbst stellte in seinem Verteidigungsschreiben[380] die klagenden Inneren Ratsherren als Strohmänner des Äußeren Rates und der Vierziger dar. Somit kann eine Beschäftigung mit der Klageschrift der vier Inneren Ratsherren bei der inhaltlichen Durchdringung des Prozesses insgesamt dienlich sein.

I. Reichshofratsprozess

1. Prozessuales Recht

Es ist Ausfluss des heutigen Rechtsstaatsprinzips, dass der Gesetzgeber für die Rechtsprechung die Prozessordnung normiert. Ein gesetzlich normiertes Verfahren war im 18. Jahrhundert vor dem Reichshofrat nur teilweise vorhanden. Zwar versuchten die Reichsstände, die Handlungsmacht des Kaisers in Teilbereichen durch Gesetze in Bahnen zu lenken, auf der anderen Seite galt aber unkodifiziertes Richter- und Gewohnheitsrecht.[381] Die im Jahr 1498 erlassene Hofratsordnung[382], welche schließlich, unter aufeinander aufbauenden und sich ergänzenden Änderungen, in der Reichshofratsordnung von 1654[383] aufging, war daher ein Zugeständnis des Kaisers an die Reichsstände.[384] Diese Reichshofratsordnung galt bis 1806, als Kaiser Franz II. mit Niederlegung der deutschen Kaiserkrone den Reichshofrat auflöste[385]. Inhaltlich blieb die Reichshofratsordnung teils im Ungefähren, teils wurden Einzelfragen behandelt. Ein in sich schlüssiges System, wie etwa die heutige Zivilprozessordnung, war die Reichshofratsordnung nicht. So war vor dem Reichshofrat die Reichskammergerichtsordnung[386] in ihren detaillierten Regelungen grundsätzlich entsprechend

380 HHStAW, Reichshofrat, Obere Registratur 1036, Schreiben des Sigmund Bösner an den Reichshofrat vom 14.02.1795.

381 *Sellert*, Prozeßgrundsätze und Stilus Curiae am Reichshofrat, S. 59 f.

382 *Fellner/Kretschmayr*, Die österreichische Zentralverwaltung, S. 23 ff.

383 *Sellert*, Die Ordnungen des Reichshofrats 1550–1766, S. 1 ff.; *Uffenbach*, Vom Kayserl. Reichs-Hoff-Rath, Beilage, S. 48 ff.

384 *Sellert*, Prozeßgrundsätze und Stilus Curiae am Reichshofrat, S. 59 ff.

385 *Zeumer*, Quellensammlung zur Geschichte der Deutschen Reichsverfassung in Mittelalter und Neuzeit, Nr. 217, S. 538.

386 *Laufs*, Die Reichskammergerichtsordnung von 1555, S. 55 ff.

anwendbar, in begründeten Fällen durfte aber von dieser abgewichen werden.[387] Nicht geregelt war, wann ein solcher Fall vorlag.[388] Speziell werden prozessuale Begriffe wie „Prozessvollmacht“[389], „Vergleich“[390] und „Ladung“[391] in der Reichshofratsordnung erwähnt, inhaltliche Erläuterungen zu diesen unterbleiben indes.[392] Somit ist die kodifizierte Reichshofratsordnung nur als Ergänzung zu der bereits bestehenden, unkodifizierten richter- und gewohnheitsrechtlichen Ordnung zu verstehen. Die mangelnde Regelungstiefe ist auf das Bestreben des Kaisers zurückzuführen, seine Justizhoheit nicht zu sehr beschränken zu lassen. Anderseits kam der Kaiser mit einer zumindest oberflächlichen Normierung den Reichsständen entgegen.[393] Die Reichshofratsordnung war daher kein auf Funktionalität und Systematik ausgelegtes Regelungswerk, sondern ein politischer Kompromiss. In der Folge waren die Richter am Reichshofrat in der Verfahrensgestaltung grundsätzlich frei in Bezug auf die Reichshofratsordnung. So schrieb die Reichshofratsordnung von 1654 selbst vor, die Reichshofräte seien nicht an unnötige Vorschriften gebunden, solange deren Entscheidungen dem öffentlichen Nutzen dienten.[394] Indes waren die Richter dem kaiserlichen Willen unterworfen. Durch kaiserliche Dekrete traf der Kaiser prozessuale Handlungsanweisungen für den Einzelfall.[395] Allerdings ist wegen der Vielzahl der geführten Prozesse am Reichshofrat nicht davon auszugehen, dass jeder das kaiserliche Interesse auf sich zog. Daher gab sich der Reichshofrat selbst interne Richtlinien für Einzelfälle.[396]

Mangels systematischer Kodifizierung und angesichts der Fülle an Einzelfallentscheidungen, kann ein Verständnis der prozessualen Probleme der Regensburger Streitigkeiten vor dem Reichshofrat nur erreicht werden, indem ausgewählte Reichshofratsprozesse auf allgemeine prozessuale Leitlinien untersucht werden. Dies unternimmt *Sellert* in seiner Arbeit.[397] Werden die von *Sellert*

---

387 *Danz*, Grundsätze des Reichsgerichts Prozesses, S. 152 f.

388 *Sellert*, Prozeßgrundsätze und Stilus Curiae am Reichshofrat, S. 80.

389 *Uffenbach*, Vom Kayserl. Reichs-Hoff-Rath, Beilage, S. 56.

390 *Uffenbach*, Vom Kayserl. Reichs-Hoff-Rath, Beilage, S. 54.

391 *Uffenbach*, Vom Kayserl. Reichs-Hoff-Rath, Beilage, S. 67 ff.

392 *Sellert*, Prozeßgrundsätze und Stilus Curiae am Reichshofrat, S. 81 f.

393 *Sellert*, Prozeßgrundsätze und Stilus Curiae am Reichshofrat, S. 82 f.

394 *Uffenbach*, Vom Kayserl. Reichs-Hoff-Rath, Beilage, S. 55.

395 *Danz*, Grundsätze des Reichsgerichts Prozesses, S. 148 f.; *Moser*, Vermischte Schriften, S. 256 ff.; *Sellert*, Prozeßgrundsätze und Stilus Curiae am Reichshofrat, S. 88.

396 *Moser*, Vermischte Schriften, S. 263 f.; *Sellert*, Prozeßgrundsätze und Stilus Curiae am Reichshofrat, S. 89.

397 *Sellert*, Prozeßgrundsätze und Stilus Curiae am Reichshofrat.

herausgearbeiteten Leitlinien auf den Regensburger Prozess angewendet, kann eine Prüfung der prozessualen Seite der Auseinandersetzung erfolgen.

2. Materielles Recht

Nach Titel 1, § 15 der Reichshofratsordnung von 1654[398] hatte der Reichshofrat bei seinen Entscheidungen an materiellem Recht zunächst als vorrangiges Gesetz die jeweilige Wahlkapitulation[399] zu beachten, dann die Reichsabschiede[400], die Bestimmungen des Ewigen Reichslandfriedens von 1495[401] und die des Augsburger Reichs- und Religionsfriedens von 1555[402], die Verträge des Westfälischen Friedens von 1648[403] und die jeweiligen Standes-, Landes-, Orts- und Gerichtsordnungen. Zusammengefasst war also der Reichshofrat grundsätzlich an alle Reichsgesetze gebunden.[404] Grundsätzlich daher, weil, im Gegensatz zum heutigen Rechtsstaatsprinzip, nach damaliger Lehre der Reichshofrat nur an Reichsrecht gebunden war, wenn es für dienlich hielt.[405] Denn es konnte nach damaliger Lehre großes Unheil entstehen, wenn der Reichshofrat große Reichsstände vor den Kopf stoße oder ohne Not die Autorität des Kaisers untergrabe.[406]

Die kaiserliche Regimentsordnung von 1514[407] war als reichsstädtische Verfassung der Stadt Regensburg vom Kaiser gegeben und somit als Reichsgesetz vom Reichshofrat, wenn dienlich, anzuwenden. Nachdem die Regimentsordnung das Verhältnis von Äußerem Rat und Innerem Rat/Geheimen Rat regelte[408], kommt diese als materieller Prüfungsmaßstab in Betracht. Dann wird zu

398 *Uffenbach*, Vom Kayserl. Reichs-Hoff-Rath, Beilage, S. 52.

399 *Moser/Häberlin*, Von der kaiserlichen Wahlcapitulation, S. 1 ff.

400 *Buschmann*, Kaiser und Reich, Teil II, S. 186.

401 *Zeumer*, Quellensammlung zur Geschichte der Deutschen Reichsverfassung in Mittelalter und Neuzeit, Nr. 173, S. 281.

402 *Buschmann*, Kaiser und Reich, Teil I, S. 215–283; *Salig*, Vollständige Historie der Augspurgischen Confeßion und derselben Apologie, S. 2 ff.

403 Ferdinand III., Ludwig XIV., in: *Fischer, Philipp Jacob*, Übersetzung des Vertrages von Münster zwischen dem Reich und Frankreich vom 24. Oktober 1648; Ferdinand III., Kristina von Schweden, in: *Fischer, Philipp Jacob*, Übersetzung des Vertrages von Osnabrück zwischen dem Reich und Schweden vom 24. Oktober 1648.

404 *Moser*, Von Teutschland und dessen Staats-Verfassung überhaupt, S. 204.

405 *Selchow*, Einleitung in den Reichshofrathsproceß, Band 1, S. 86; *Sellert*, Prozeßgrundsätze und Stilus Curiae am Reichshofrat, S. 88.

406 *Selchow*, Einleitung in den Reichshofrathsproceß, Band 1, S. 86.

407 BayHStA, Reichsstadt Regensburg Literalien, Nr. 380 und Nr. 381.

408 Siehe: B. I. Weg zur Reichsstadt.

untersuchen sein, ob die kaiserliche Wahlkapitulation von 1792[409] als entscheidungserheblich heranzuziehen ist.[410] Weiter wird zu überprüfen sein, ob der Inhalt des Westfälischen Friedens eine Entscheidungsrichtlinie darstellt, nachdem in dem Jüngsten Reichsabschied als Schlussdokument des Regensburger Reichstages von 1653/1654 der Inhalt des Westfälischen Friedensvertrages als Reichsgrundgesetz verkündet wurde.[411] Nach dem Westfälischen Friedensvertrag war der Reichshofrat zur Aufrechterhaltung einer ständischen Gesellschaftsordnung in den Reichsstädten verpflichtet.[412]

II. Klageschriften, Rechtsansichten und ausgewählte Eingaben

1. Klageschrift des Äußeren Rates und der Vierziger

Die Abschrift der Klage des Äußeren Rates und der Vierziger vom 30. Oktober 1795[413] umfasst zweiundsechzig Seiten, wobei der Stadtschultheiß Hubrecht am 13. November 1795 auf der Abschrift bescheinigte, dass diese in allen Belangen dem Original entspreche. Das Original befindet sich im Haus-, Hof- und Staatsarchiv Wien.[414] Die Klage ist im Rubrum als „Libellus gravaminum" bezeichnet. „Libellus" war neben „Supplicatio" der übliche Begriff für eine Klage vor dem Reichshofrat, wobei ab 1570 die „Supplicatio" als Klageform abgeschafft wurde.[415] Dennoch erleichtert diese Unterscheidung die Einordnung der zu untersuchenden Klageschrift. Die „Supplicatio" war eine Bitte, den Prozess überhaupt eröffnen zu können, also ein Vorverfahren. Während dagegen ein „Libellus" bereits den gesamten vorgebrachten Prozessstoff enthielt.[416] Der Äußere Rat und die Vierziger hatten also auf den zweiundsechzig Seiten, die, aus ihrer Sicht maßgeblichen, Tatsachen und Ansichten vollständig vorgetragen.

---

409 *Wirth*, Wahlkapitulation des römischen Kaisers Franz des Zweiten.

410 *Press*, Reichsstadt und Revolution, S. 30.

411 *Buschmann*, Kaiser und Reich, Teil II, S. 186.

412 *Press*, Reichsstadt und Revolution, S. 8.

413 AHVOR, Manuskripte Regensburg, Nr. 70; siehe zum Vergleich die, von Malblank verfasste, Klageschrift der Kaufmannschaft zur Augsburg gegen den Augsburger Magistrat von 1804 wegen den zerrütteten Finanzzuständen: HHStAW, Reichshofrat, Obere Registratur 60, Klageschrift der Kaufmannschaft zur Augsburg gegen den Augsburger Magistrat von 1804.

414 HHStAW, Reichshofrat, Obere Registratur 1036, Klageschrift des Äußeren Rates und der Vierziger von 1795.

415 *Sellert*, Prozeßgrundsätze und Stilus Curiae am Reichshofrat, S. 132, Fn. 277.

416 *Sellert*, Prozeßgrundsätze und Stilus Curiae am Reichshofrat, S. 132, Fn. 277.

Diese Vollständigkeit wird durch „gravaminum“ unterstrichen, das in der Terminologie des Reichshofrates bedeutete, dass die Eingabe ausführlich begründet sein sollte.[417] Der Schriftsatz war darauf ausgerichtet, ein förmliches Justizverfahren[418] vor dem Reichshofrat anhängig zu machen.

Der Äußere Rat und die Vierziger der Reichsstadt Regensburg erhoben die Klage gegen den Magistrat[419] der Reichsstadt Regensburg vor dem Höchstpreislichen Kaiserlichen Reichshofrat und gliederten diese in drei Abschnitte, die Abschnitte jeweils in Paragrafen.[420] In der folgenden sinnwahrenden Zusammenfassung der Klageschrift wird die ursprüngliche Gliederung übernommen. Im I. Abschnitt werden auf siebzehn Seiten Beschwerden gegen den Geheimen Rat erhoben und anschließend die Klageanträge formuliert. Der I. Abschnitt ist daher mit den Anträgen das Kernstück des Schriftsatzes. Im II. Abschnitt wird auf achtzehn Seiten die Klage wegen Verheimlichung und Nichtbeachtung der kaiserlichen Regimentsordnung von 1514 näher ausgeführt. Hierbei wird auf die in Abschnitt I. angeführten Beschwerden Bezug genommen, wobei diese näher erläutert und Argumente wiederholt werden. Daneben tragen die Kläger wirtschaftliche Verbesserungsvorschläge für die Reichsstadt vor. Im III. Abschnitt wird auf siebenundzwanzig Seiten eine chronologische Darstellung der seit 1790 von dem Magistrat ausgehenden Bedrückungen geschildert. Als wiederkehrendes Argumentationsmuster zieht sich durch die Klageschrift, dass die Kläger stets Bezug auf den Wortlaut der Regimentsordnung nehmen. Nachdem nach heutiger juristischer Methodenlehre der Wortsinn die Auslegungsgrenze ist[421], fällt daher die neuzeitige Herangehensweise der Kläger an die juristische Auslegung auf.

a) Abschnitt I.

§1. Der so genannte Geheime Rat habe keine Rechtsgrundlage in der Regimentsordnung. Er sei nicht, wie vom Geheimen Rat stets geäußert, der Nachfolger der weggefallenen[422] kaiserlichen Reichshauptmannschaft. Denn die Regimentsordnung sage ausdrücklich, der Kaiser solle den Nachfolger des Reichshauptmannes

---

417 *Sellert*, Prozeßgrundsätze und Stilus Curiae am Reichshofrat, S. 383, Fn. 73.

418 *Malblank*, Abhandlungen aus dem Reichsstädtischen Staatsrechte, S. 189.

419 In den Quellen werden der Geheime Rat zusammen mit dem Inneren Rat teilweise als Magistrat bezeichnet, abgeleitet von dem lateinischen Nomen „magistratus“, welches „Obrigkeit“ bedeutet.

420 Dies und das Folgende nach: AHVOR, Manuskripte Regensburg, Nr. 70.

421 *Larenz*, Methodenlehre der Rechtswissenschaft, S. 322.

422 Siehe: B. I. Weg zur Reichsstadt.

bestimmen. Dies habe er aber nicht getan, daher könne es keinen Nachfolger geben. Dennoch habe sich nach dem Wegfall der Hauptmannschaft der Geheime Rat gegründet, ohne vom Kaiser eingesetzt und bestätigt worden zu sein, und sich die Macht der Hauptmannschaft angemaßt.

§ 2. Daher seien sowohl seine Gründung als auch sämtliche seiner Handlungen illegal. In dieses Bild passe die seit hundert Jahren anhaltende Verheimlichung der Regimentsordnung, denn der Geheime Rat habe schon am 12. Januar 1661 beschlossen, dass nur Geheime Ratsherren diese einsehen dürfen.

§ 3. Die übrigen Inneren Ratsmitglieder hätten daher keine Kenntnis von ihren Pflichten und Rechten gehabt und seien bei wichtigen Entscheidungen ausgeschlossen gewesen. In der gleichen Unwissenheit befänden sich der Äußere Rat und die Vierziger, die außer ihrem jährlichen Eid und der Bewilligung von Steuererhöhungen keine Aufgabe hätten.

§ 4. Durch die Verheimlichung der Regimentsordnung sei es dem Geheimen Rat möglich gewesen, nach und nach seinen Einfluss auf alle Ämter und Kassen auszuweiten und so ein unbeschränktes und willkürliches Regime zu errichten.

§ 5. Der Geheime Rat habe ein eigenes Protokoll, ein eigenes Siegel und ein für die Öffentlichkeit nicht zugängliches Archiv. Somit seien die Ratsprotokolle und die Stadtregistratur unvollständig.

§ 6. Der Geheime Rat versammle sich in Privathäusern und halte selbst die Sitzungstermine geheim. Zu diesen Sitzungen lade er nicht etwa andere Innere Ratsmitglieder ein, sondern so genannte Berater. Diese Berater seien ebenso wie der Geheime Rat mit keinem Wort in der Regimentsordnung erwähnt. Besonders belastend sei dies für den öffentlichen Haushalt, nachdem ein Berater aus den öffentlichen Kassen ein höheres Gehalt beziehe als ein Innerer Ratsherr.

§ 7. Der Geheime Rat besetze das Kämmereramt[423] nur mit seinen Mitgliedern. Bei der jährlichen Ämterwahl übe er Druck auf die Wähler aus, sodass diese nur den Wahlvorschlag des Geheimen Rates annähmen.

§ 8. Obwohl die Regimentsordnung einen Direktor nicht im Mindesten erwähne, habe der Geheime Rat den Ämtern Direktoren vorgesetzt, wobei diese neu geschaffenen Posten nur die Geheimen Ratsherren besetzten. In der Regimentsordnung heiße es ausdrücklich: „Einer aus dem Inneren Rat, einer aus dem Äußeren Rat und einer aus den Vierzigern solle als Steuerherr oder Ungeldherr gewählt werden. (…) Es solle auch kein Kammerer in der Zeit seines Amtes ein Steuerherr oder ein Ungeldherr sein.“ Die angemaßte Direktorialgewalt sei daher insgesamt regimentsordnungswidrig.

423 Siehe: B. I. Weg zur Reichsstadt.

§ 9.[424] Seit hundertfünfundvierzig Jahren sei, entgegen der Regimentsordnung, keine Steueramtsrechnung abgehört worden, vielleicht habe nicht einmal der Geheime Ausschuss von dieser Kenntnis. Allein der Steueramtsdirektor könne die Einnahmen und Ausgaben überblicken und behandele die Steueramtsrechnung wie sein Privateigentum. Er habe sogar die schlechte Haushaltslage der Reichsstadt solange verheimlicht, bis diese nicht mehr zu verheimlichen und keine Sanierung mehr möglich gewesen sei.

§ 10. Der Geheime Rat habe eigenmächtig gehandelt, als er öffentliche Grundstücke und Gebäude verkaufte[425], indem er die Vierziger, die gemäß der Regimentsordnung ein Mitspracherecht[426] gehabt hätten, überging. Zwar sei nach der Ansicht des Geheimen Rates dieses Mitspracherecht der Vierziger nur gegeben, wenn ein Verkauf an Stadtfremde erfolge. Diese Auslegung der Regimentsordnung finde aber keine Stütze im Wortlaut und sei daher nicht richtig. Überdies sei der Verkauf nicht öffentlich ausgeschrieben worden, sondern unter der Hand erfolgt. Nicht einmal der Verkaufspreis oder der Käufer seien durch diese Verheimlichung allgemein bekannt.

§ 11. Die Vierziger hätten gleichen Anlass zur Beschwerde, was den Kauf des Hallerhofes, eines an der Stadt gelegenen Landsitzes, betreffe. Der Kaufpreis werde auf 17 000 Gulden geschätzt, eine Mitsprache hätten die Vierziger bei dem Erwerb nicht gehabt. Auf deren Fragen, wer der damalige Besitzer und aus welcher Kasse der Kauf finanziert worden sei, hätten die Vierziger nur die Auskunft erhalten, der Hof gehöre nun Herrn Consenior Bösner.

§ 12. In gleicher Weise habe der Geheime Rat, insbesondere der Steueramtsdirektor, den Vierzigern verschwiegen, dass in ihrem Namen Darlehen aufgenommen wurden. Dagegen ordne die Regimentsordnung an, die Vierziger zu unterrichten, wenn diese und ihre Kinder durch Verträge verpflichtet werden.

§ 13. Gänzlich der Regimentsordnung zuwider habe der Geheime Rat gehandelt, als er bei eingeforderter Rechnungseinsicht wissen ließ, er sei niemandem als Gott und der Kaiserlichen Majestät Rechenschaft schuldig.

§ 14. Auch den Äußeren Rat habe der Geheime Rat unter seine Kontrolle gebracht, nachdem bei Versammlungen des Äußeren Rates, wenn Steuern oder Kriegsanlagen auf der Tagesordnung stünden, immer zwei Geheime Ratsherren teilnähmen. Als sich der Äußere Rat diese Einschränkung der Redefreiheit mit dem Hinweis verwahrt habe, in der Regimentsordnung sei für diese Kontrolle

424 Diese Ordnungsnummer „§ 9" fehlt in der Abschrift des Archivs des Historischen Vereins für Oberpfalz und Regensburg und wurde ergänzt.

425 Siehe: C. I. 2. Gescheiterte Sanierung.

426 Siehe: B. I. Weg zur Reichsstadt.

keine Rechtsgrundlage vorhanden, habe Herr Consenior Bösner geantwortet, ohne seine Zustimmung könne der Äußere Rat nicht sein und bestehen.

§ 15. In der Regimentsordnung sei festgelegt, niemand solle mehr als ein besoldetes Amt innehaben. Doch hätten die Geheimen Ratsherren die wichtigsten besoldeten Ämter unter sich aufgeteilt. So sei etwa Herr Consenior Bösner ein Mitglied des Geheimen Rates, Steueramtsherr oder so genannter Direktor desselben, Salzamtdeputierter, Deputierter für die Stadtbibliothek, Münzdeputierter, Bräurat, Confistorialrat und zweiter Kriegsherr.

§ 16. Auch nehme der Geheime Rat Einfluss auf das Wahlamt und das Rechenamt. Im Wahlamt habe er zwei Mitglieder und im Rechenamt drei Mitglieder. Überdies seien alle Schlüsselfunktionen in der Stadtverwaltung in den Händen von Personen, die gleichsam einer großen Familie seien. Kämmerer, Ratsherren, Berater und Syndizi seien Väter und Söhne, Brüder, Schwäger, Schwiegerväter und Schwiegersöhne, Onkel und Neffen. Einige Ämter würden gar von Generation zu Generation weitergereicht. Ergänzend sei noch anzuführen, dass der Kämmerer sich mittlerweile „Reichsstädtischer Direktor" nenne.

§ 17. Die Verwaltungsangestellten hätten die Vorschriften, auf die sie bei Amtsantritt verpflichtet wurden, aus den Augen verloren. Dies liege daran, dass diese als Jünglinge von der Akademie kommend, nur weil sie Kämmerersöhne waren, sogleich auf einen der Regimentsordnung unbekannten Posten gesetzt worden seien. Ohne einen Nachweis ihrer Befähigung erbracht zu haben, seien diese ganzen Berater, Sekretäre und Syndizi eine Last für den öffentlichen Haushalt. Nach und nach habe der Geheime Rat den Inneren Rat mit Familienmitgliedern besetzt.

§ 18. Wegen dieser Bevorzugung von Familienmitgliedern durch den Geheimen Rat sei weit erfahreneren und geübteren Mitgliedern des Äußeren Rates und der Vierziger und manch anderer rechtschaffenen Person die Möglichkeit genommen worden, in den Inneren Rat gewählt zu werden. Eine Auswahl nicht nach Qualifikation sei für das gemeine Wesen nachteilig. Wenn aus einer Staatsfamilie eine Person in den Magistrat gewählt worden sei, werde dieser gleich der Weg zu einem Direktorposten gebahnt, auch wenn sie für diese Tätigkeit nicht tauglich sei.

§ 19. Hinzu kämen noch folgende begründete Beschwerden: Die alleruntertänigste Bitte des Geheimen Rates vom 25. Juni 1793 um Gewährung eines Moratoriums[427] habe dieser im Namen des Inneren Rates formuliert, ohne jedoch vom

427 Siehe: C. II. 2. Kaiserliches Moratorium.

Inneren Rat dazu beauftragt worden zu sein. Das Generaluntersuchungssystem[428] sei ohne Beauftragung durch den Inneren Rat von dem Geheimen Rat eingeführt worden. Alle Änderungen in der Stadtverwaltung seien zwar im Namen des Inneren Rates, aber ohne dessen Kenntnis und Zustimmung geschehen. Sowohl der Innere Rat als auch der Äußere Rat seien in ihrer Äußerungsfreiheit beschränkt worden. So sei es beispielhaft dem würdigen Inneren Ratsmitglied Herrn Grimm geschehen, als Herr Consenior Bösner in aller Öffentlichkeit Herrn Grimm das Wort entzogen habe, als dieser die Ehre des Äußeren Rates verteidigen wollte.[429] Überdies habe Herr Consenior Bösner die Regimentsordnung, ohne dazu berufen zu sein, willkürlich und entstellt ausgelegt und deren Anwendung für nicht mehr zeitgemäß erklärt.[430] Der Geheime Rat habe die Ausführung des kaiserlichen Befehls vom 17. Juni 1794[431], nämlich bürgerliche Gegenschreiber einzuführen, bewusst hintertrieben, indem er alle Vorschläge des Äußeren Rates, wie deren Einführung ausgestaltet werden könnte, unbeantwortet gelassen habe. Ebenso habe der Geheime Rat die wirtschaftlichen Verbesserungsvorschläge[432] des Äußeren Rates hintertrieben, indem er diese zwar im Inneren Rat ablesen ließ, aber dort nicht zur Abstimmung gestellt habe. Insgesamt befolge der Geheime Rat nicht die Anweisungen des Reichshofrates. Am 21. August 1795 habe der Reichshofrat verfügt, die Ämterwahlen hätten stattzufinden[433], dennoch habe der Geheime Rat die Wahlen erneut ausgesetzt.

§ 20. Die obigen Ausführungen zeigten, dass der Geheime Rat bewusst sowohl die Regimentsordnung als auch alle Anordnungen des Reichshofrates nicht befolge.

§ 21. Daher sei alleruntertänigst zu bitten, dass Kaiserliche Majestät zu folgenden Beschlüssen kommen möge:

1) Der illegale, zur größten Verderbnis des öffentlichen Wesens gegründete, Geheime Rat sei aufzuheben.

2) Die so genannten Direktorenämter seien abzuschaffen. Die von nun an für diese Ämter zu erwählenden Inneren Ratspersonen seien anzuhalten, sich nicht mehr Rechte anzumaßen, als ihnen die Regimentsordnung zuspreche.

3) Nach Aufhebung des Geheimen Rates sollten sein Siegel, seine Protokolle und sein Archiv zurück in das Rathaus der Reichsstadt Regensburg gebracht werden.

---

428 Siehe: C. I. 2. Gescheiterte Sanierung.
429 Siehe: C. II. 3. Klageerhebungen.
430 Siehe: C. II. 1. Erhebung der Drittelsteuer.
431 Siehe: C. II. 2. Kaiserliches Moratorium.
432 Siehe: C. II. 3. Klageerhebungen.
433 Siehe: C. II. 4. Absetzung des Sigmund Bösner.

4) Alle, im Rahmen des Generaluntersuchungssystems, angefertigten Dokumente seien dem gesamten Inneren Rat vorzulegen. Der Äußere Rat und die Vierziger seien zu berechtigen, alle diejenigen Dokumente einzusehen, die einen, ihnen von der Regimentsordnung zugewiesenen, Zuständigkeitsbereich beträfen.

5) Alle bisherigen Ausgaben des Steueramtes, insbesondere diejenigen wegen des Hallerhofes, seien offen zu legen. Allergnädigst solle Kaiserliche Majestät erlauben, diesem die Abrechnungen des Steueramtes in tiefster Untertänigkeit zur Kontrolle vorzulegen.

§ 22. Auch könne es der Kaiserlichen Majestät in allerweisester Einsicht nicht verborgen geblieben sein, dass fünf ehemalige Mitglieder des Geheimen Rates zweihundert Gulden jährlich mehr Pension erhielten, als die übrigen ausgeschiedenen Mitglieder des Inneren Rates. Weiter hätten die so genannten Amtsdirektoren es sich zur Gewohnheit gemacht, öffentliche Gelder für ihre Gärten, Privathäuser oder sonstige Bedürfnisse auszugeben.

§ 23. Der Äußere Rat und die Vierziger wüssten, dass es einige geheimhaltungsbedürftige Angelegenheiten geben mag, die nicht vor dem gesamten Rat besprochen werden können. Daher solle, wie in der Reichsstadt Frankfurt üblich, in diesen Fällen ein Abgeordneter ein Mandat erhalten, um sich der Angelegenheit anzunehmen. Ist diese erledigt, solle das Mandat erlöschen.

Es folgen die Unterschriften der Mitglieder des Äußeren Rates und der Vierziger, abgefasst am 2. November 1795.

b) Abschnitt II.

Der II. Abschnitt dient zur Untermauerung der vorgebrachten Beschwerden aus dem I. Abschnitt, wobei auf dessen jeweilige Paragrafen Bezug genommen wird. Indes werden, neben einer näheren Erläuterung, regelmäßig die in Abschnitt I. vorgebrachten Argumente inhaltlich wiederholt. Ebenso nutzten der Äußere Rat und die Vierziger die Gelegenheit, in Abschnitt II. ihre wirtschaftlichen Verbesserungsvorschläge vorzutragen, die nach ihrer Ansicht bisher kein Gehör fanden. Dies lässt den Schluss zu, dass Abschnitt I. mit den Sachanträgen die eigentliche Klageschrift darstellt, Abschnitt II. im Grunde ein gesonderter Schriftsatz ist, der mit der Klageschrift verbunden wurde.

In den Unterpunkten 1) bis 15) wird an Hand des Wortlautes der Regimentsordnung dargelegt, weshalb die Ämterbesetzung in Regensburg regimentsordnungswidrig sei. Hauptargument hierbei ist, dass sowohl der Innere und Äußere Rat, als auch die Vierziger keine tatsächliche Wahlfreiheit hätten, sondern diese nur formal bestehe. So müssten nur die Wahlvorschläge des Geheimen Rates abgesegnet werden, wenn denn überhaupt Ämter durch Wahlen besetzt würden. Durch diese willkürliche Übergehung der Regimentsordnung ergäben sich die in Abschnitt I. ausgeführten Administrationsgebrechen. Letztlich sei Herr Consenior Bösner, der wegen seiner Kraftlosigkeit den Ämtern nicht gewachsen sei, nicht durch Wahl im Amt, sondern nur kommissarisch.

In den Unterpunkten 16) bis 23) wird ausgeführt, dass eine Beteiligung aller Mitglieder des Inneren Rates, des Äußeren Rates und der Vierziger an der Stadtverwaltung notwendig sei, um eine Haushaltssanierung bewältigen zu können. Diese Sanierung müsse durch eine Ausgabenkürzung erreicht werden. Eine Einnahmeerhöhung sei nicht möglich, denn schon jetzt seien durch die Steuerlast die Witwen und Waisen sowie weniger begüterte Familien in tiefem Elend.

Der Unterpunkt 24) beschäftigt sich mit den Prozesskosten. Der Äußere Rat und die Vierziger könnten die Prozesskosten als Privatmänner nicht übernehmen, daher sei eine Kollekte eingerichtet worden.[434] Dies sei im guten Glauben geschehen, denn schließlich habe der Kaiser der Bürgerschaft der Reichsstadt Köln am 21. Dezember 1779 eine Kollekte erlaubt, um ihren Magistrat zu verklagen. Dass nun der Geheime Rat die Beteiligung an der Kollekte unter Strafe stelle[435], sei der Gipfel der jahrelang ertragenen Kränkungen und Ungerechtigkeiten. Als Begründung führe der Geheime Rat an, diese Kollekte diene der Finanzierung einer geheimen Brüderschaft zum Umsturz der Obrigkeit. Der Äußere Rat und die Vierziger seien es aber ihrer Ehre als rechtschaffene Bürger schuldig, die Verstöße des Geheimen Rates gegen die Regimentsordnung anzuzeigen. Tatsächlich habe der Geheime Rat durch sein regimentsordnungswidriges Handeln die Obrigkeit bereits gestürzt. Der Geheime Rat sei die eigentliche geheime Brüderschaft. Wer hierzu schweige, mache sich zum Mittäter.

c) Abschnitt III.

Schließlich wird in Abschnitt III. der Ablauf der Ereignisse ab 1790 bis zur Klageerhebung Ende 1795[436] aus der Sicht der Kläger geschildert.

---

434 Siehe: C. II. 3. Klageerhebungen.

435 Siehe: C. II. 3. Klageerhebungen.

436 Siehe: C. II. 1., 2. und 3. Erhebung der Drittelsteuer, Kaiserliches Moratorium und Klageerhebungen.

2. Klageschrift der vier Inneren Ratsherren

Der Inhalt der Klageschrift der vier Inneren Ratsherren vom 28. Oktober 1794[437] kann nur auf Grundlage der Relationen des Reichshofrates wiedergegeben werden. Eine Suche nach dem Originalschriftsatz in den Archiven blieb erfolglos.[438] In seiner Relation fasste der Reichshofrat die eingereichte Klage zusammen, um den Prozessstoff aufzuarbeiten. Eine wörtliche Wiedergabe der Sachanträge unterblieb hingegen. Das Hauptanliegen der vier Inneren Ratsherren war, dass der Geheime Rat ohne die erforderliche Mitwirkung des Äußeren Rates und der Vierziger die Regierungsgeschäfte geführt habe.[439] Auch der Innere Rat in seiner Gesamtheit sei nicht einbezogen geworden. Seit dem Amtsantritt Sigmund Bösners im Jahr 1774[440] habe dieser auf eine dominierende Stellung in der Reichsstadt hingearbeitet. Unterstützt von den anderen Mitgliedern des Geheimen Rates habe Bösner durch sein Generaluntersuchungssystem auf alle Ämter zugegriffen. Der Geheime Rat und insbesondere Consenior Bösner sollten die Anmaßung unterlassen, die Reichsstadt Regensburg in allen Angelegenheiten ausschließlich zu vertreten. Der Reichshofrat möge dem Geheimen Rat seine Grenzen aufzeigen. Obwohl nur eine Ableitung der klägerischen Sachanträge aus dieser Relation möglich ist, forderten die vier Inneren Ratsherren jedenfalls nicht die Abschaffung des Geheimen Rates. Sie blieben also in ihrem Klagebegehren hinter den Sachanträgen des Äußeren Rates und der Vierziger zurück.[441]

3. Rechtsansichten und Tatsachenvortrag Bösners

a) *Kommentierung der Regimentsordnung*

Bösner ließ seine Kommentierung der Regimentsordnung[442] nicht dem Reichshofrat zukommen, sondern trug seine Gesetzesauslegung vorerst nur dem Äußeren Rat und den Vierzigern ab dem 12. Dezember 1793 nach und nach in

---

437 HHStAW, Reichshofrat, Relationen 146 R3, Klageschrift der vier Inneren Ratsherren vom 28.10.1794.

438 Nach: *Nemitz*, Die direkten Steuern der Stadt Regensburg, S. 433, Fn. 523, befindet sich der Schriftsatz in HHStAW, Reichshofrat, Obere Registratur 1036. Auch hier blieb eine Suche erfolglos.

439 Dies und das Folgende nach: HHStAW, Reichshofrat, Relationen 146 R3, Klageschrift der vier Inneren Ratsherren vom 28.10.1794.

440 Siehe: C. I. 2. Gescheiterte Sanierung.

441 Siehe: D. II. 1. a) Abschnitt I.

442 AHVOR, Manuskripte Regensburg, Nr. 103.

der Ratsstube vor.[443] Die sechsundvierzig Seiten umfassende Kommentierung verdeutlicht ein Selbstverständnis, das sich in den Verteidigungsschriften[444] an den Reichshofrat wieder findet. Bösner legte die Regimentsordnung nach dem Willen des historischen Gesetzgebers[445] aus und sah diese durch Gewohnheitsrecht fortentwickelt.

Nach der Auffassung Bösners sei die Regimentsordnung nur vor dem historischen Hintergrund zu verstehen, dass diese wegen der Regensburger Rebellion gegen das Reich ab dem Jahr 1484[446] verfasst worden sei.[447] Daraus folgerte Bösner, die Regimentsordnung sei nicht auf Vermittlung zwischen Bürgerschaft und Innerem Rat ausgelegt, sondern solle die Bürger von weiteren Aufständen gegen Kaiser und Inneren Rat abhalten. Die Regimentsordnung sei kein Abkommen zwischen den Bürgern der Reichsstadt, sondern ein Gesetz des Kaisers. Falls der Äußere Rat und die Vierziger mehr Rechte einforderten, als ihnen nach der Regimentsordnung zugestanden seien, müssten sie daher den Kaiser um eine Erweiterung ihrer Rechte ersuchen. Bösner selbst könne ihnen keine Zugeständnisse machen. Als die Reichshauptmannschaft als Vertretung des Kaisers wegfiel[448], seien der Kämmerer und der gesamte Magistrat von Amts wegen auf die Stelle der Reichshauptmannschaft nachgerückt. Aus denjenigen Ratsherren, die sich vierteljährlich im Kämmereramt abwechselten, habe sich der so genannte Ausschuss des Inneren Rates herausgebildet, der nun Geheimer Rat genannt werde. Nachdem die Regensburger Bürger die Macht des Geheimen Rates seit zweihundert Jahren akzeptiert hätten, sei dessen Bestehen nun Gewohnheitsrecht. Dies sei die Grundlage der bestehenden Machtverhältnisse in Regensburg. Indem folglich der Wortlaut der Regimentsordnung durch gewohnheitsrechtliche Weiterentwicklung nicht mehr gelte, werde diese nicht mehr jährlich abgelesen. Die Regimentsordnung bilde nur einen Rahmen, der durch Auslegung auszufüllen sei. Daher werde nun unter anderem die Wachtgedingsordnung[449] jährlich verlesen, aus der sich die Freiheiten der Bürgerschaft und deren Schuldigkeit gegen die Obrigkeit ergäben.

443 Siehe: C. II. 1. Erhebung der Drittelsteuer.

444 HHStAW, Reichshofrat, Obere Registratur 1036; HHStAW, Reichshofrat, Relationen 146 R3.

445 *Larenz,* Methodenlehre der Rechtswissenschaft, S. 328 ff.

446 Siehe: B. I. Weg zur Reichsstadt.

447 Dies und das Folgende nach: AHVOR, Manuskripte Regensburg, Nr. 103.

448 Siehe: B. I. Weg zur Reichsstadt.

449 Für eine Abschrift der Ordnung siehe: HHStAW, Reichshofrat, Obere Registratur 1036, Wachtgedingsordnung von 1774.

Nachdem das Recht der Reichshauptmannschaft als Vertreter des Kaisers mittlerweile bei dem Geheimen Rat sei, könne der Äußere Rat sich nicht ohne Zustimmung des Geheimen Rates versammeln, eigenwillig debattieren oder Beschlüsse treffen. Es bestehe zwischen dem Geheimen Rat und dem Äußeren Rat gerade kein Gleichrang wie unter Bürgern, sondern ein Subordinationsverhältnis, in dem der Geheime Rat die Stadtherrschaft ausübe. Jedoch werde dem Äußeren Rat zugestanden, die Steuererhöhungen bewilligen zu dürfen. Daneben könne der Innere Rat den Äußeren Rat um Vorschläge ersuchen, ein eigenständiges Befassungsrecht kraft Organstellung habe der Äußere Rat jedoch nicht.

Im Übrigen seien die Vierziger ein vom Äußeren Rat unabhängiger Ausschuss mit eigenen Rechten. Daher sollten die Vierziger die Vereinnahmung durch den Äußeren Rat nicht weiter hinnehmen und mehr Eigenständigkeit entwickeln. Die Vierziger seien, obwohl es ihnen rechtlich nicht zugestanden habe, in Fragen der Drittelsteuer stets herangezogen worden. Indes seien die Vierziger damals bei der Rebellion gegen den Kaiser ab 1484[450] als Hauptakteure aufgetreten, womit sich deren eingeschränkte Rechte nach der Regimentsordnung erklärten. Es seien daher schon von jeher Grundstücke, wie etwa Wälder außerhalb der Stadtgrenze, von der öffentlichen Hand gekauft oder verkauft worden, ohne dass jemals überhaupt daran zu denken gewesen sei, die Erlaubnis der Vierziger einzuholen. Was die anderen Verkäufe, unter anderem im Inneren der Stadt, anginge, bestünden oftmals Verschwiegenheitsklauseln in den Kaufverträgen, sodass die Vierziger nicht über Kaufpreis und Käufer informiert werden könnten. Dass die Vierziger vor jeder Darlehensaufnahme nicht in Kenntnis gesetzt würden, sei das pragmatische Ergebnis einer Abwägung. Wäre die Schuldenhöhe öffentlich geworden, hätte dies den Haushalt durch steigende Zinssätze noch mehr belastet. Überdies seien schon immer Verträge und Verbindlichkeiten im Namen von Kämmerer und Rat eingegangen worden, ohne dass jemand deren Rechtsgültigkeit bezweifelt habe, nur weil die Vierziger nicht vorab informiert worden seien.

Die Beschwerden über die vermeintlich fehlende Wahlfreiheit bei der Ämterbesetzung ließen den Schluss zu, dass Unkenntnis über den Unterschied von Würdenträgern (Dignitarii) und Beamten (Officiales) bestehe. Die Würdenträger erhielten ihr Amt durch Wahl, die Beamten ihr Amt allein durch Ernennung durch den Magistrat. Daher könne der Magistrat die Direktoren einsetzen. Zwar hieße es in der Regimentsordnung „Einer aus dem Inneren Rat, einer aus dem Äußeren Rat und einer aus den Vierzigern solle als Steuerherr oder Ungeldherr gewählt werden. (…) Es solle auch kein Kammerer in der Zeit seines

450 Siehe: B. I. Weg zur Reichsstadt.

Amtes ein Steuerherr oder ein Ungeldherr sein." Indes fänden sich nicht genug verständige Männer in den Gremien, um diese Vorschrift in die Praxis umzusetzen. So gebe es Ratsherren, die nicht einmal Lesen und Schreiben könnten. Daher könne diese Vorschrift schon lange nicht mehr befolgt werden und deren Nichtumsetzung sei schließlich Gewohnheitsrecht geworden.

Die Steueramtsrechnung werde deshalb nicht vom Äußeren und Inneren Rat abgehört, nachdem kurz nach Einführung der Regimentsordnung die Reformation stattgefunden habe. Hierdurch hätten sich Münzwerte verändert und Einnahmen und Ausgaben insgesamt verkompliziert. Daher habe die Reichshauptmannschaft der Einfachheit halber nicht mehr die Steueramtsrechnung abhören lassen, sondern diese selbst geprüft. Hinzu seien die Wirrungen des Dreißigjährigen Krieges gekommen, sodass nach Wegfall der Reichshauptmannschaft der Geheime Rat, als deren Nachfolger, die interne Prüfung aus Pragmatismus beibehalten habe. Nach insgesamt dreihundertjähriger Übung sei dieses Vorgehen nun Gewohnheitsrecht. Überdies beinhalte die Steueramtsrechnung Tatsachen, die einer Geheimhaltung bedürfen. Daher sei eine öffentliche Abhörung abträglich.

b) Schreiben Bösners an den Reichshofrat vom 14. Februar 1795

Mit seinem Schreiben vom 14. Februar 1795[451], welches neunundzwanzig Seiten umfasst, befolgte Bösner den Befehl des Reichshofrates vom 21. August 1795[452], sich persönlich zu der Klage der vier Inneren Ratsherren[453] zu erklären.

Nach seiner Meinung hätten sich diese vier Kläger mit der Sache des Äußeren Rates gemein gemacht.[454] Indes seien alle Vorwürfe und Beschuldigungen unbegründet. Dennoch sei er bereit, vor dem Reichshofrat umfassend Rechenschaft abzulegen. Als er im Jahr 1774 in den Geheimen Rat gewählt worden sei[455], habe er eine desolate Haushaltslage vorgefunden. Er habe versucht, mit seinem Generaluntersuchungssystem[456] eine wirtschaftliche Kehrtwende herbeizuführen, um die Reichsstadt zu sanieren. Zugestanden sei, dass nicht alle Maßnahmen in Abstimmung mit dem gesamten Inneren Rat und dem Äußeren Rat getroffen werden konnten. Dies habe vor allem daran gelegen, dass unter den Ratsherren ein

451 HHStAW, Reichshofrat, Obere Registratur 1036, Schreiben des Sigmund Bösner an den Reichshofrat vom 14.02.1795.

452 NSuUB, 4 J CAM 276/220, Schreiben des Reichshofrates vom 21.08.1795.

453 Siehe: D. II. 2. Klageschrift der vier Inneren Ratsherren.

454 Dies und das Folgende nach: HHStAW, Reichshofrat, Obere Registratur 1036, Schreiben des Sigmund Bösner an den Reichshofrat vom 14.02.1795.

455 Siehe: C. I. 2. Gescheiterte Sanierung.

456 Siehe: C. I. 2. Gescheiterte Sanierung.

Mangel an wirtschaftlichem Sachverstand verbreitet sei. Dennoch habe er öfters Ratssitzungen anberaumt, um seine Handlungen den Ratsmitgliedern zu erläutern. Je mehr aber die Reformen griffen und die Sanierung notwendigerweise die Rechtspositionen einzelner beschränkte, desto stärker sei die Abneigung gegen das Generaluntersuchungssystem insgesamt gewachsen. Diese Abneigung sei alsbald in Widerstand umgeschlagen. So seien Aktenstücke entwendet worden, um die Generaluntersuchung zu hintertreiben. Doch sei es ihm gelungen, durch Standfestigkeit und Methode diese Widerstände vorerst zu überwinden. Jedoch sei durch das Geschehen am 11. Dezember 1792[457], bei dem sich der Äußere Rat mehr Rechte angemaßt habe als diesem nach der Regimentsordnung zugestanden werden, ein solcher Aufruhr entstanden, dass die Kreditwürdigkeit der Reichsstadt gelitten habe. Daher hätten der Äußere Rat und die Vierziger durch ihr kreditschädigendes Verhalten die gescheiterte Haushaltssanierung zu verantworten. Es sei folglich nicht sein Verschulden, dass ein Schuldenmoratorium[458] erbeten werden musste.

Nachdem der Reichshofrat mit seinem Bescheid vom 13. September 1794[459] die Klage des so genannten Syndikats als unzulässig verworfen habe[460], habe er sich mit lebhafter Freunde daran gemacht, die Vorgaben des Reichshofrates[461] aus dem Conclusum vom 17. Juni 1794[462] umzusetzen. Er habe gehofft, der Äußere Rat und die Vierziger besännen sich durch die Klageabweisung wieder auf ihre Pflichten. Jedoch sei am 28. Oktober 1794 nun eine Klage der vier Inneren Ratsherren[463] eingereicht worden[464], in der von einer vermeintlichen Wahlwillkür die Rede sei und schwere Vorwürfe gegen den gesamten Geheimen Rat und insbesondere seine eigene Person enthalten seien. Letztlich sei diese Klage nur eine Fortsetzung der Anmaßungen des Äußeren Rates mit anderen Mitteln.

Es sei ihm zu gestatten, die Vorwürfe der vier Inneren Ratsherren mit einigen Bemerkungen zu entkräften. Dies gelinge am besten, wenn der Charakter der vier

457 Siehe: C. II. 1. Erhebung der Drittelsteuer.

458 Siehe: C. II. 2. Kaiserliches Moratorium.

459 Kaiserliches Rescript vom 13.09.1794, abgedruckt in: *Gumpelzhaimer*, Geschichte der Streitigkeiten, S. 100 ff.

460 Siehe: C. II. 3. Klageerhebungen.

461 Siehe: C. II. 2. Kaiserliches Moratorium.

462 HHStAW, Reichshofrat, Obere Registratur 1036, Reichshofratsconclusum vom 17.06.1794.

463 HHStAW, Reichshofrat, Relationen 146 R3, Klageschrift der vier Inneren Ratsherren vom 28.10.1794.

464 Siehe: C. II. 3. Klageerhebungen.

Querulanten näher ans Licht gestellt werde. Johann Ludwig Grimm verdanke die Ratsstellung nur dem Einfluss seines Vaters. Es mangele ihm an Bildung, um für das Amt eines Inneren Ratsherren tauglich zu sein. Er habe ein uneheliches Kind und entwende Reichsakten aus der Ratsstube, um diese an Kurbayern zu liefern. Johann Georg Plato-Wild verdanke den Ratssitz nur seinem Vater und seinem Onkel. Er versetze öffentliche Gelder beim Glücksspiel. Georg Albrecht Harrer sei so beschränkt, dass er wohl eher zufällig seine Unterschrift unter die Klage gesetzt habe. Friedrich Wernhard Grimm habe noch nie in seinem beruflichen Leben etwas Verdienstvolles geleistet. Diese so genannten Männer hätten sich nun für befugt gehalten, seit dreihundert Jahren bestehende Gesetze und Institutionen anzuzweifeln und Beschuldigungen zu erheben, denen jegliche Grundlage fehle. In ihrer Verblendung hätten sie sich das Anliegen des Äußeren Rates zu eigen gemacht.

Es bestehe keine Hoffnung für die Erreichung eines ausgeglichenen Haushaltes, falls die Ratsstube voller unwilliger und unfähiger Personen sei. Daher möge der Kaiser den Äußeren Rat und die Vierziger auf den ausdrücklichen Wortlaut der Regimentsordnung hinweisen. Es sei diesen zu verbieten, sich in Regiments-, Rechnungs-, Wahl- und sonstige administrative Sachverhalte einzumischen, nachdem sich aus der Regimentsordnung kein Befassungsrecht für den Äußeren Rat und die Vierziger hierzu ergebe. Es sei hierbei zu bedenken, dass der damalige Gesetzgeber die Regimentsordnung gerade erlassen habe, um weitere Aufstände gegen das Reich zu verhindern. Er stelle es aber in das Ermessen des Kaisers, ob er, gerade in der jetzigen Situation der Reichsstadt, die Befugnisse des Äußeren Rates und der Vierziger erweitern wolle. Zu berücksichtigen sei aber, dass sich solch eine persönliche Abneigung gegen ihn entwickelt habe, dass, auch wenn der Äußere Rat und die Vierziger mehr Rechte erhielten, an eine konstruktive Zusammenarbeit nicht zu denken sei.

4. Verteidigungsschriften des Geheimen Rates nach 1796

Nachdem Bösner bei der Ratswahl im Dezember 1796 abgewählt worden war[465], setzte sich der begonnene Reichshofratsprozess dennoch fort. Der Rechtsanwalt des Geheimen Rates Johann Andreas Merk vertrat zwar in einem Verteidigungsschreiben vom 1. Januar 1797 die Ansicht, mit der Abwahl Bösners sei zumindest ein Teil der Klage des Äußeren Rates und der Vierziger erledigt[466], fand dabei aber kein Gehör. Der Reichshofrat war nun bestrebt, die Verhältnisse

465 Siehe: C. II. 4. Absetzung des Sigmund Bösner.

466 HHStAW, Reichshofrat, Obere Registratur 1036, Schreiben Merks an den Reichshofrat vom 01.01.1797.

in Regensburg von Grund auf zu ändern. Daraufhin verfeinerte Johann Andreas Merk die bisherige Argumentation Bösners[467] in einem weiteren Verteidigungsschreiben vom 9. März 1797[468] auf siebzehn Seiten, dessen wesentliche juristische Grundaussage im Folgenden zusammengefasst wird.

Zwar sei zuzugeben, dass der Geheime Rat nach dem Wortlaut der Regimentsordnung nicht in dieser begründet sei.[469] Indes sei durch eine Erklärung des Rates der Reichsstadt Regensburg aus dem Jahr 1550 der Geheime Rat zum Nachfolger der Reichshauptmannschaft bestimmt worden. Daher könne es den jetzigen Geheimen Ratsherren nicht vorgehalten werden, dass sich diese an den Ratsbeschluss von 1550 gebunden fühlten. Überdies sei es nach der Regimentsordnung nicht verboten, dass der Innere Rat einen Ausschuss bilde, der mit besonderen Aufgaben betraut werde. Hilfsweise sei der Geheime Rat als ein solcher Ausschuss zu betrachten. Die übrigen Inneren Ratsherren seien hierdurch nicht von wichtigen Entscheidungen ausgeschlossen worden. Der Geheime Rat habe seine Arbeit nur so ausgeübt, wie es die Vorfahren gelehrt hätten. Die Beschuldigungen, der Geheime Rat sei illegal, seien daher haltlos.

Es habe nie Bestrebungen einer Verheimlichung gegeben. Sollte die Regimentsordnung in der Vergangenheit den Bürgern vorenthalten worden sein, so könne der jetzige Geheime Rat nicht dafür verantwortlich gemacht werden. Überdies sei zu bedenken, dass eine Offenlegung der Steueramtsrechnung gefährlich sei. Diese bedürfe eher zum Allgemeinwohl der Diskretion. Dass der Geheime Rat ein eigenes Protokoll führe, sei nur die Folge seiner eigenen Geschäftsführung. Der Geheime Rat habe sich lediglich in Privathäusern getroffen, wenn ein Ratsmitglied wegen Unpässlichkeit das Rathaus nicht aufsuchen konnte. Die Hinzuziehung externer Berater geschehe, falls deren Sachverstand benötigt werde. Diese Berater seien deswegen nicht in der Regimentsordnung von 1514 erwähnt, weil im Vergleich zu damals die Welt komplizierter geworden sei.

Die Kämmererwahl erfolge nach dem althergebrachten Prinzip, dass der Kämmerer aus dem Kreis der Alten bestimmt werde. Den Kreis der Alten stelle nun der Geheime Rat. Bei der Wahl seien deshalb diese Männer öfters berücksichtigt worden, um stets einen Mann mit Erfahrung und Kenntnis als Kämmerer zu haben. Ansonsten liefe die Besetzung der Direktorenposten ordnungsgemäß.

---

467 Siehe: D. II. 3. a) Kommentierung der Regimentsordnung.

468 HHStAW, Reichshofrat, Obere Registratur 1036, Schreiben Merks an den Reichshofrat vom 09.03.1797; siehe auch: HHStAW, Reichshofrat, Obere Registratur 1036, Schreiben Merks an den Reichshofrat vom 01.05.1797, mit ähnlichen Argumenten.

469 Dies und das Folgende nach: HHStAW, Reichshofrat, Obere Registratur 1036, Schreiben Merks an den Reichshofrat vom 09.03.1797.

Sämtliche Ämterdirektoren habe der gesamte Innere Rat genehmigt. Dass die Geheimen Ratsherren oft auch Ämterdirektoren seien, sei nicht auf ihre Stellung als Geheime Ratsmitglieder, sondern allein auf deren Tauglichkeit zurückzuführen. Auch sei eine Person, die mehrere Nebenämter besetze, eine Entlastung für den öffentlichen Haushalt. Wenn dies nicht getan werde, müsse für jedes einzelne Amt eine Person beschäftigt werden. Ebenso sei es in einer kleinen Reichsstadt wie Regensburg verständlich, dass zwischen einzelnen Ratsmitgliedern Verwandtschaftsverhältnisse bestehen. Die Äußeren Ratsherren könnten oft bei der Ämterbesetzung nicht berücksichtigt werden, weil diese Analphabeten seien. Im Übrigen sei es eine natürliche Sache, dass jedem Kollegialorgan ein Vorsitzender vorstehe und der Vorsitzende des Inneren Rates heiße eben Direktor.

Zunächst sei festzustellen, dass der Geheime Rat nur Grundstücke verkauft habe, die dem öffentlichen Haushalt wegen ihrer geringen Erträge und hohen Reparaturkosten abträglich waren. Der gesamte Innere Rat habe diese Verkäufe genehmigt. Dass bei diesen Geschäften die Vierziger nicht beigezogen wurden, habe den Grund, dass die Grundstücke nicht an Externe, sondern stets an Regensburger Bürger verkauft worden seien. Wie die Ratsprotokolle bewiesen, werde dies seit dem 16. Jahrhundert so gehandhabt. Der erworbene Hallerhof liege in Kurpfalz-Bayern und somit außerhalb der Stadtgrenzen, weshalb die Zustimmung der Vierziger für dessen Erwerb nicht notwendig gewesen sei.

III. Entscheidungen des Reichshofrates

Die Entscheidungsfindung am Reichshofrat erfolgte auf der Grundlage von Relationen. Ein Referent fasste den Prozessstoff in Relationen zusammen und trug ihn anschließend als Berichterstatter dem Richterkollegium vor.[470] In dem untersuchten Regensburger Prozess, einschließlich des Verfahrens wegen des Schuldenmoratoriums[471], füllen diese handschriftlichen Relationen einen gesamten Aktenkarton[472]. Regelmäßig erließ der Reichshofrat keine vollstreckbaren Endurteile, sondern nur so genannte Conclusa. Diese sollten durch vorläufige Anordnungen den Streit beenden. Ein Grund hierfür war, dass eine Vollstreckung auf praktische Schwierigkeiten stoßen konnte.[473] So waren mögliche Vollstreckungshindernisse

470 *Sellert*, Prozeßgrundsätze und Stilus Curiae am Reichshofrat, S. 339 ff.

471 Siehe: C. II. 2. Kaiserliches Moratorium.

472 HHStAW, Reichshofrat, Relationen 146 R3.

473 *Ehrenpreis*, Kaiserliche Gerichtsbarkeit und Konfessionskonflikt, S. 58 ff.; *Fehr*, Deutsche Rechtsgeschichte, S. 199; *Sellert*, Prozeßgrundsätze und Stilus Curiae am Reichshofrat, S. 341.

bei den Beratungen oftmals ausschlaggebend dafür, welche materielle Entscheidung getroffen wurde.[474] Beispielhaft war die Vollstreckung gegen einen einflussreichen Kurfürsten ohne dessen Willen aus machtpolitischen Gründen nicht durchführbar. Der Reichshofrat war januskopfig eben kein reines Justizorgan, sondern ebenso eine kaiserliche Behörde, die politisch zu denken hatte.[475] Der Reichshofrat neigte dazu, eine Vielzahl von Conclusa in einem Rechtsstreit zu erlassen. So fand etwa ein Reichshofratsprozess statt, in dessen Verlauf über sechshundert Conclusa ergingen.[476]

So wurde auch in dem untersuchten Regensburger Prozess kein Endurteil verkündet. In Reaktion auf die Klage des Äußeren Rates und der Vierziger aus dem Jahr 1795 erließ der Reichshofrat drei Conclusa, das Reichshofratsconclusum vom 12. August 1796[477], das Reichshofratsconclusum vom 12. Januar 1798[478] und das Reichshofratsconclusum vom 28. September 1798[479]. Zwar ergingen in der Sache weitere Conclusa[480], aber diese drei regelten die Regensburger Streitigkeiten in der Hauptsache, beziehungsweise nahmen den Regelungsgehalt der anderen Conclusa in sich auf. Den drei Conclusa ist gemein, dass diese keine Entscheidungsgründe betreffend der Klageanträge des Äußeren Rates und der Vierziger[481] enthalten. Der Reichshofrat traf ohne nähere Begründung pragmatische Einzelfallentscheidungen.

1. Reichshofratsconclusum vom 12. August 1796

Das Reichshofratsconclusum vom 12. August 1796[482] umfasst acht Seiten und ist in drei Abschnitte unterteilt. Auffallend ist, dass hinsichtlich der entscheidungserheblichen Tatsachen kein Bezug auf eine durchgeführte Beweisaufnahme genommen wird, obwohl eine Beweiserhebung am Reichshofrat grundsätzlich

474 *Ehrenpreis*, Kaiserliche Gerichtsbarkeit und Konfessionskonflikt, S. 58.
475 *Sellert*, Prozeßgrundsätze und Stilus Curiae am Reichshofrat, S. 370.
476 *Sellert*, Prozeßgrundsätze und Stilus Curiae am Reichshofrat, S. 341 und S. 420.
477 HHStAW, Reichshofrat, Obere Registratur 1036, Reichshofratsconclusum vom 12.08.1796.
478 NSuUB, 2 H BAV I, 5070, Reichshofratsconclusum vom 12.01.1798.
479 HHStAW, Reichshofrat, Obere Registratur 1036, Reichshofratsconclusum vom 28.09.1798.
480 HHStAW, Reichshofrat, Obere Registratur 1036; HHStAW, Reichshofrat, Relationen 146 R3.
481 Siehe: D. II. 1. a) Abschnitt I.
482 HHStAW, Reichshofrat, Obere Registratur 1036, Reichshofratsconclusum vom 12.08.1796.

durchgeführt wurde.[483] Jedoch bestritten die Parteien im Regensburger Verfahren keine wesentlichen Tatsachenbehauptungen der Gegenseite.[484] Unstreitig waren die tatsächlichen Verhältnisse in Regensburg. Streitig war indes, ob diese Gegebenheiten nun rechtmäßig oder rechtswidrig waren.

a) Abschnitt I.

Im I. Abschnitt wird der Gegenstand des Conclusums umschrieben.[485] Es befasst sich sowohl mit Eingaben des Magistrates wie mit den Klagebegehren des Äußeren Rates und der Vierziger. Die Kläger erhielten somit keine Entscheidung, die sich allein mit ihren Begehren auseinandersetzte, sondern eine verbundene Entscheidung. Die folgende inhaltliche Zusammenfassung soll sich auf die Entscheidungen bezüglich der Klagebegehren des Äußeren Rates und der Vierziger beschränken.

b) Abschnitt II.

Der Abschnitt II. enthält die Befehle der Kaiserlichen Majestät an den Magistrat der Reichsstadt Regensburg. Der Magistrat werde angewiesen, der kaiserlichen Anordnung zu folgen und endlich die wirtschaftlichen Verbesserungsvorschläge des Äußeren Rates zur Kenntnis zu nehmen. Wie schon im Conclusum vom 17. Juni 1794[486] angemahnt werde[487], sei die doppelte Amtskassenführung[488] in der Reichsstadt zu beenden. Um den öffentlichen Haushalt von Gehaltszahlungen zu befreien, werde die Anzahl der Inneren Ratsmitglieder von sechzehn auf dreizehn reduziert. Der Direktorposten am Almosenamt werde als überflüssig abgeschafft. Das Gehalt für den Posten des Bräurates werde aufgehoben. Der Magistrat solle in Erwägung ziehen, ob er seine externen Berater und Syndizi tatsächlich benötige und in zwei Monaten über den Ausgang seiner Erwägungen berichten. Ansonsten werde seine Kaiserliche Majestät in diesem Punkt handeln.

---

483 *Sellert*, Prozeßgrundsätze und Stilus Curiae am Reichshofrat, S. 294 ff.

484 Siehe: D. II. Klageschriften, Rechtsansichten und ausgewählte Eingaben.

485 Dies und das Folgende nach: HHStAW, Reichshofrat, Obere Registratur 1036, Reichshofratsconclusum vom 12.08.1796.

486 HHStAW, Reichshofrat, Obere Registratur 1036, Reichshofratsconclusum vom 17.06.1794.

487 Siehe: C. II. 2. Kaiserliches Moratorium.

488 Siehe: C. I. 1. Verschuldung der Reichsstadt Regensburg.

Wie bereits im Conclusum vom 17. Juni 1794[489] bestimmt werde[490], müsse sowohl dem gesamten Inneren Rat, dem Äußeren Rat und den Vierzigern Einblick in die Steueramtsrechnung gewährt, als auch endlich über die Einführung von bürgerlichen Gegenschreibern nachgedacht werden. Weiter habe der Magistrat die jährliche Ämterwahl exakt nach dem Wortlaut der Regimentsordnung durchzuführen und diese nicht erneut auszusetzen.[491]

c) Abschnitt III.

Der gesamte Abschnitt III. enthält nur einen Satz, der sich an den Äußeren Rat und die Vierziger richtet. Die Drittelsteuer bleibe bestehen, die Bitten zu deren Aufhebung würden abgewiesen.

2. Reichshofratsconclusum vom 12. Januar 1798

In dem Reichshofratsconclusum vom 12. Januar 1798, welches im Nachdruck[492] vier Seiten umfasst und in neun Abschnitte unterteilt ist, entschied der Reichshofrat nochmals über die Klage. Jedoch beschränkte sich der Reichshofrat auf Feststellungen, nähere rechtliche Ausführungen erfolgten nicht. Die folgende inhaltliche Darstellung bezieht sich auf die Abschnitte, welche die Klageschrift des Äußeren Rates und der Vierziger zum Gegenstand haben.

a) Abschnitt II.

In Zukunft habe der Magistrat der Reichsstadt Regensburg die Regimentsordnung von 1514 am Tag nach Sankt Stephan[493] in den Weihnachtsfeiertagen der gesamten Gemeinde vorzulesen, so wie es in der Regimentsordnung ausdrücklich vorgeschrieben sei. Der Magistrat der Reichsstadt habe die Vierziger zu hören, wenn öffentliche Grundstücke verkauft oder gekauft werden, gleich ob der Käufer oder Verkäufer ein Regensburger Bürger oder ein Auswärtiger sei. Ebenso seien die Vierziger zu beteiligen, wenn die öffentliche Hand Darlehen aufnehme.

---

489 HHStAW, Reichshofrat, Obere Registratur 1036, Reichshofratsconclusum vom 17.06.1794.

490 Siehe: C. II. 2. Kaiserliches Moratorium.

491 Siehe: C. II. 4. Absetzung des Sigmund Bösner.

492 Dies und das Folgende nach: NSuUB, 2 H BAV I, 5070, Reichshofratsconclusum vom 12.01.1798.

493 Der 26. Dezember ist der Gedenktag des Heiligen Stephan.

b) Abschnitte V. und VI.

Abgeschlagen werde die Forderung auf Abschaffung der Berater und Syndizi in ihrer Gesamtheit. Ebenso werde der Antrag abgeschlagen, die geheime Registratur dem gesamten Inneren Rat und dem Äußeren Rat zur Kenntnis zu bringen. Im Übrigen sei auf den Regelungsinhalt des Reichshofratsconclusums vom 12. August 1796[494] verwiesen.

c) Abschnitte VII. und VIII.

Falls der Magistrat an seiner Rechtsposition festhalte, dass die Regimentsordnung aus dem Jahr 1514 nicht mehr uneingeschränkt anzuwenden sei, so habe er eine ausführliche Begründung, worauf diese Meinung beruhe, seiner Kaiserlichen Majestät anzuzeigen. Diese Begründung dürfe nicht die bisherigen Argumente[495] enthalten, die dem Reichshofrat schon mitgeteilt worden seien. Vielmehr müsse eine tiefer gehende Auseinandersetzung mit der Regimentsordnung als Fundamentalgesetz erfolgen. Der Äußere Rat und die Vierziger seien jedoch ernstlich daran erinnert, dem Magistrat als deren Obrigkeit die gebührende Achtung entgegen zu bringen.

3. Reichshofratsconclusum vom 28. September 1798

Das Reichshofratsconclusum vom 28. September 1798[496] umfasst einunddreißig Seiten und ist in sieben Abschnitte untergliedert. Es ist die letzte Entscheidung des Reichshofrates über die Regensburger Streitigkeiten in der Hauptsache. Für die Einordnung ist entscheidend, dass Bösner zum Erlasszeitpunkt des Conclusums bereits seit fünfzehn Monaten abgewählt war[497], der Reichshofrat aber weiterhin Regelungsbedarf sah. Dies lässt den Schluss zu, dass der Reichshofrat die Person Bösner nicht für die alleinige Ursache der Regensburger Auseinandersetzung hielt. Weiter ist bemerkenswert, dass der Reichshofrat sich auf Angaben stützt, die im Bericht der Steuerrechnungsabhörungsdeputation[498] enthalten sind, um in diesem Conclusum zu seinen Entscheidungen zu kommen.

---

494 Siehe: D. III. 1. Reichshofratsconclusum vom 12. August 1796.

495 Siehe: D. II. 3. b) und D. II. 4. Schreiben Bösners an den Reichshofrat vom 14. Februar 1795 und Verteidigungsschriften des Geheimen Rates nach 1796.

496 HHStAW, Reichshofrat, Obere Registratur 1036, Reichshofratsconclusum vom 28.09.1798.

497 Siehe: C. II. 4. Absetzung des Sigmund Bösner.

498 HHStAW, Reichshofrat, Obere Registratur 1035, Bericht der Steuerrechnungsabhörungsdeputation vom 07.03.1798.

In der Deputation waren Vertreter des Inneren Rates und des Äußeren Rates, die ab März 1797 die Steueramtsrechnung nachprüften und den Prüfbericht nach Wien übersandten.[499] Die Mitglieder des Äußeren Rates beeinflussten also die Tatsachengrundlage des Conclusums.

a) Abschnitt I.

In Abschnitt I. wird der Gegenstand des Conclusums dargelegt, es befasst sich sowohl mit den wirtschaftlichen Verhältnissen in Regensburg, als auch mit den rechtlichen Forderungen des Äußeren Rates und der Vierziger.[500] Die folgende inhaltliche Zusammenfassung beschränkt sich auf die rechtlichen Erwägungen des Reichshofrates in Bezug auf die Klageschrift des Äußeren Rates und der Vierziger.

b) Abschnitt II.

Es missfalle der Kaiserlichen Majestät, dass wichtige Angelegenheiten in der Reichsstadt mit unverantwortlicher Sorglosigkeit behandelt werden. Schreiben an den Reichshofrat seien ohne Ordnung und Klarheit. Die Schrift sei unleserlich. Es stelle sich die Frage, ob dies ein Hinweis sei, dass Schreiben zwar im Namen des Magistrates verfasst wurden, aber nicht der gesamte Magistrat diese erwogen und durchdacht habe. Für diese Nachlässigkeit werde dem Magistrat die Strafe von einer Mark Gold auferlegt.

Laut Auskunft des Magistrates erhielten ehemalige Ratsherren Pensionen von insgesamt tausend Gulden. Hier sei eine Lösung zu finden, welche der tatsächlichen Haushaltslage in der Reichsstadt entspreche. Der Magistrat habe endlich einen sinnvollen Lösungsvorschlag zur Reduzierung der Pensionen seiner ehemaligen Mitglieder zu machen.

Dem Magistrat sei bereits am 17. Juni 1794[501] befohlen worden, die wirtschaftlichen Verbesserungsvorschläge des Äußeren Rates und der Vierziger zu hören. Diese Anhörung habe noch immer nicht stattgefunden. Zwar hätten der Äußere Rat und die Vierziger ihre Vorschläge einbringen können, wie sich aus der Steuerrechnungsabhörungsdeputation[502] ergebe. Unter einer Anhörung sei

---

499 Siehe: C. IV. 2. Nachspiel für die Reichsstadt Regensburg.

500 Dies und das Folgende nach: HHStAW, Reichshofrat, Obere Registratur 1036, Reichshofratsconclusum vom 28.09.1798.

501 HHStAW, Reichshofrat, Obere Registratur 1036, Reichshofratsconclusum vom 17.06.1794.

502 HHStAW, Reichshofrat, Obere Registratur 1035, Bericht der Steuerrechnungsabhörungsdeputation vom 07.03.1798.

indes nicht zu verstehen, die Vorschläge einfach zur Kenntnis zu nehmen und diese auf sich beruhen zu lassen. Der Magistrat müsse mit dem Äußeren Rat und den Vierzigern in Gespräche treten, auf ihre Vorschläge eingehen und Gegenvorschläge unterbreiten. Anschließend hätten der Äußere Rat und die Vierziger das Recht, auf die Gegenvorschläge zu antworten. Es müsse folglich eine Diskussion auf Augenhöhe zwischen Magistrat, Äußerem Rat und Vierzigern stattfinden. Die Vorschläge, die der Magistrat für sinnvoll und durchführbar erachte, seien unverzüglich umzusetzen. Besonders der Vorschlag des Äußeren Rates und der Vierziger, durch die Zusammenlegung des Ungeldamtes und des Steueramtes die regimentsordnungswidrige Kassenführung[503] zu beseitigen, sei ernsthaft in Erwägung zu ziehen. Das Ergebnis seiner Erwägung und die Meinung des Äußeren Rates dazu, habe der Magistrat innerhalb von zwei Monaten Ihrer Kaiserlichen Majestät mitzuteilen.

Schon bei Gewährung des Moratoriums sei eine Minderung der übermäßigen Gehaltsausgaben angemahnt worden[504]. Aus dem Bericht der Steuerrechnungsabhörungsdeputation[505] ergebe sich, dass der Magistrat keine Anstalten gemacht habe, diese kaiserliche Anordnung zu befolgen. Daher sei nun das Gehalt aller Ratsherren zu kürzen. Die, bereits im Conclusum vom 12. August 1796[506] vorgenommene, Reduzierung der Anzahl von Inneren Ratsherren auf dreizehn werde fortgesetzt, nunmehr gebe es zwölf Innere Ratsherren. Es werde nicht verkannt, dass hierdurch auf den Schultern der einzelnen Ratsherren eine größere Verantwortung liege. Falls der Magistrat alle Anordnungen der Kaiserlichen Majestät diesmal befolge, könne zum Ausgleich eine Gehaltserhöhung für die verbliebenen Ratsherren erfolgen.

Ungeachtet der Proteste seitens des Magistrates bleibe es bei der Abschaffung des Direktorenpostens im Almosenamt und der Abschaffung des Gehaltes für Bräuräte, wie dies schon im Conclusum vom 12. August 1796[507] bestimmt worden sei. Weiter sei die Anstellung von zwei Syndizi für die Reichsstadt in Zukunft ausreichend. Dagegen werde die Anzahl der Beamten im Almosenamt beibehalten, in den übrigen Ämtern sei eine gewisse Anzahl von Beamten zu entlassen.

503 Siehe: C. I. 1. Verschuldung der Reichsstadt Regensburg.

504 Siehe: C. II. 2. Kaiserliches Moratorium.

505 HHStAW, Reichshofrat, Obere Registratur 1035, Bericht der Steuerrechnungsabhörungsdeputation vom 07.03.1798.

506 HHStAW, Reichshofrat, Obere Registratur 1036, Reichshofratsconclusum vom 12.08.1796.

507 HHStAW, Reichshofrat, Obere Registratur 1036, Reichshofratsconclusum vom 12.08.1796.

Hier habe der Magistrat innerhalb von zwei Monaten Vorschläge für einen Stellenabbau zu machen.

Obwohl im Conclusum vom 12. August 1796[508] dem Magistrat die Einführung bürgerlicher Gegenschreiber nahe gelegt worden sei, sei bis jetzt noch nichts Derartiges geschehen. Der Magistrat erhalte nun eine Frist von zwei Monaten, sich über die Möglichkeit der Einführung zu erklären. Hierbei solle sich der Magistrat dem Bericht der Steueramtsabhörungsdeputation[509] annehmen, nach dem der Mangel an bürgerlicher Kontrolle ein Grund für die Zustände im Rechnungswesen der Stadt sei. Falls der Magistrat die Einführung von bürgerlichen Gegenschreibern nicht erwäge, drohe ihm die Strafzahlung einer Mark Gold.

c) Abschnitt III.

In Abschnitt III. wendet sich der Reichshofrat an den Äußeren Rat und trägt diesem auf, es der Kaiserlichen Majestät umgehend anzuzeigen, sollte der Magistrat entweder bei der Anhörung der wirtschaftlichen Verbesserungsvorschläge oder bei der Erwägung über die Einführung bürgerlicher Gegenschreiber eine Nachlässigkeit zeigen.

d) Abschnitt IV.

In Abschnitt IV. wird Bezug auf das Conclusum vom 2. Oktober 1797[510] genommen und der in diesem gefasste Beschluss bekräftigt, der bei der Wahl im Dezember 1796 abgewählte Sigmund Georg Ulrich Bösner[511] habe sich für die Bewilligung seiner Pension an den neu gewählten Magistrat der Reichsstadt Regensburg zu wenden. Dieser habe ihm, unter Rücksichtnahme auf die angespannte Haushaltslage, eine angemessene Pension zu bewilligen.

e) Abschnitt V.

In Abschnitt V. wird das Ergebnis der Ratswahl im Dezember 1797 bestätigt.

---

508 HHStAW, Reichshofrat, Obere Registratur 1036, Reichshofratsconclusum vom 12.08.1796.

509 HHStAW, Reichshofrat, Obere Registratur 1035, Bericht der Steuerrechnungsabhörungsdeputation vom 07.03.1798.

510 NSuUB, 2 H BAV I, 5070, Reichshofratsconclusum vom 02.10.1797.

511 Siehe: C. II. 4. Absetzung des Sigmund Bösner.

f) Abschnitt VI.

In Abschnitt VI. werden die, bereits im Conclusum vom 2. Oktober 1797[512] angesprochenen, Reformen weitergeführt. Durch diese Änderungen bei der Ämterbesetzung seien die Verhältnisse in Regensburg entsprechend der Regimentsordnung neu zu gestalten und regimentsordnungswidrige Zustände würden abgestellt. Wählbar in den Inneren Rat seien von nun an nur Personen, die das dreißigste Lebensjahr vollendet haben. Diejenigen Personen, die das sechzigste Lebensjahr erreicht haben, seien nur zur Wahl zugelassen oder könnten nur Beamte werden, wenn diese noch die erforderlichen geistigen und körperlichen Kräfte hätten. Zudem dürften weder im Inneren Rat noch in einem sonstigen Amt Vater und Sohn, Großvater und Enkel, leibliche Brüder oder Halbbrüder gleichzeitig eine Stellung haben. Weiter seien nur noch solche Personen zur Wahl in den Inneren Rat zugelassen, die wegen ihres Lebenswandels und wegen ihrer eigenen finanziellen Mittel als würdig erscheinen, die sowohl dem Reich gehorsam seien als auch nützlich für die Geschicke der Reichsstadt. Wählbar in den Inneren Rat sei lediglich derjenige, der schon vor der Wahl zwei Jahre entweder in einem Amt oder im Äußeren Rat seine Pflicht erfüllt habe. Die Inneren Ratsmitglieder oder Beamten, die schreiben können (literati), seien nur dann in ihr Amt zu wählen oder einzusetzen, wenn sie ihre Fähigkeiten durch eine akademische Ausbildung mit einem Zeugnis nachweisen könnten. Die Ratsmitglieder, die nicht schreiben können (illitarati), hätten sich erst zehn bis zwölf Jahre in ihrem gelernten Beruf zu beweisen, bevor sie das passive Wahlrecht bekämen. Das Verhältnis der schreibenden Ratsmitglieder zu den nichtschreibenden Ratsmitgliedern müsse im Inneren Rat bei nunmehr zwölf Sitzen zwei Drittel zu einem Drittel sein. Die Beamtenschaft solle in Zukunft ausschließlich aus Personen bestehen, die durch ihre Rechtschaffenheit, ihre Fähigkeit und ihren Lebenswandel für die Position geeignet seien. Weiter hätten Beamte in Zukunft die Bürgerschaft der Reichsstadt anzunehmen, wenn sie diese vor ihre Einsetzung nicht besäßen.

Die jährliche Ämterwahl im Dezember habe von nun an regimentsordnungsgemäß abgehalten zu werden. Die bisherige Willkür bei der Wahl müsse ein Ende haben. Erstens sei der Eid der Wahlmänner abzuändern. Sie müssten ab jetzt schwören, nach ihrem höchsten Verstehen, nach ihrem Gewissen und ohne List zwölf Männer in den Inneren Rat zu wählen, die gegenüber dem Reich gehorsam und für die Stadt tauglich im Sinne der Kriterien des VI. Abschnittes dieses Conclusums seien. Zweitens habe der amtierende Kämmerer die Wahlmänner kurz vor dem Wahlgang an diesen Eid eindringlich zu erinnern. Drittens, falls

512 NSuUB, 2 H BAV I, 5070, Reichshofratsconclusum vom 02.10.1797.

nun ein Kandidat für den Inneren Rat als untauglich im Sinne der Vorgaben des VI. Abschnittes eingeordnet werde, habe er die Möglichkeit, auf seine Kosten eine Deputation unter dem Vorsitz des Kämmerers, weiter bestehend aus zwei Inneren Ratsherren, zwei Äußeren Ratsherren und zwei aus den Vierzigern zusammenzustellen, die seine Tauglichkeit bestätigen könne. Stelle diese Deputation indes die Untauglichkeit fest, stehe der Rechtsweg zu den Reichsgerichten offen.

g) Abschnitt VII.

In Abschnitt VII. wird dem Magistrat befohlen, dieses Conclusum dem Äußeren Rat und den Vierzigern zur Einsicht vorzulegen.

IV. Rechtliche Überprüfung der Entscheidungen

1. Zulässigkeit der Klage

a) Rechtsweg zur kaiserlichen Gerichtsbarkeit

Zu untersuchen ist, ob für die innerstädtische Angelegenheit der Reichsstadt, die der Äußere Rat zusammen mit den Vierzigern dem Kaiser vortrug, der Rechtsweg zur kaiserlichen Gerichtsbarkeit eröffnet war.

Zu prüfen ist also, ob für die innerstädtischen Regensburger Verhältnisse der Gerichtsstand[513] in Wien war, diese mithin der Gerichtsbarkeit des Kaisers unterworfen waren.[514] Die Gerichtsbarkeit war nach damaligem Rechtsverständnis gleichbedeutend mit der Zuständigkeit. Ein Gericht war zuständig, soweit die Grenzen der Gerichtsbarkeit reichten.[515] Nach heutigem Verständnis ist die Frage nach Gerichtsbarkeit die Frage nach der Justizhoheit in einem bestimmten Gebiet. Die Zuständigkeit regelt das Verhältnis mehrerer Gerichte innerhalb eines Gebietes.[516] Um sich das damalige Rechtsverständnis schrittweise erschließen zu können, soll im Folgenden zwischen Gerichtsbarkeit und Zuständigkeit

---

513 *Grimm/Grimm*, Deutsches Wörterbuch von Jacob und Wilhelm Grimm, Stichwort Gerichtsstand: „das gericht, welches zur verhandlung und entscheidung eines bestimmten rechtsfalles zuständig oder welchem jemand unterworfen ist.“.

514 *Sellert*, Über die Zuständigkeitsabgrenzung von Reichshofrat und Reichskammergericht, S. 13.

515 *Sellert*, Über die Zuständigkeitsabgrenzung von Reichshofrat und Reichskammergericht, S. 12.

516 Hüßtege, in: *Thomas/Putzo* , § 1 Vorbem., Rdnr. 1 ff.; *Sellert*, Über die Zuständigkeitsabgrenzung von Reichshofrat und Reichskammergericht, S. 12.

unterschieden werden. Denn in der Praxis der Reichsgerichte spielte der Unterschied zumindest gedanklich eine Rolle.

Ein Ansatzpunkt ist der Westfälische Friede, durch den der kaiserliche Einfluss auf die Verhältnisse in den Reichsstädten geregelt wurde.[517] Gemäß des Art. VIII, 1 des Vertrages von Osnabrück zwischen dem Reich und Schweden vom 24. Oktober 1648 (Vertrag des Westfälischen Friedens) stand den Reichsständen, also auch den Reichsstädten, die Landesherrschaft über ihr Gebiet zu.[518] Diese Herrschaft beinhaltete nach Art. VIII, 4 die Rechtsprechungshoheit im Stadtgebiet.[519] Daher könnte zunächst davon ausgegangen werden, dass der Kaiser im Gegenzug keine Rechtsprechungsbefugnis in und über die Reichsstädte mehr besaß. Die Bestimmungen des Westfälischen Friedens waren zunächst kein unmittelbares Reichsrecht, denn die Verträge wurden zwischen dem Kaiser, dem französischem König, der Königin von Schweden und deren Verbündeten geschlossen. Der Inhalt des Vertrages hatte daher nur eine völkerrechtliche Bindung oder war ein unverbindlicher Programmsatz für die Ordnung im Reich.[520] Jedoch wurde in dem Jüngsten Reichsabschied als Schlussdokument des Regensburger Reichstages von 1653/1654 der Inhalt des Westfälischen Friedensvertrages als Reichsgrundgesetz verkündet.[521]

Nach zeitgenössischer Staatsrechtslehre war indes die Kehrseite der reichsstädtischen Landesherrschaft ein umfassendes Aufsichtsrecht und Kontrollrecht des Kaisers über die Reichsstädte.[522] Dem Reich als Verfassungssystem war ein ständiges Austarieren der Kräfte zwischen Kaiser und Reichsständen immanent.[523] Aus der Reichweite des kaiserlichen Kontrollrechtes über die Reichsstände insgesamt lässt sich eine Befassungsbefugnis des Kaisers mit innerreichsstädtischen Angelegenheiten ableiten.

---

517 Siehe: B. II. Kaiserlicher Einfluss in Regensburg ab dem 17. Jahrhundert.

518 Ferdinand III., Kristina von Schweden, in: *Fischer*, *Philipp Jacob*, Übersetzung des Vertrages von Osnabrück zwischen dem Reich und Schweden vom 24. Oktober 1648, S. 53; *Malblank*, Abhandlungen aus dem Reichsstädtischen Staatsrechte, S. 181 f.

519 Ferdinand III., Kristina von Schweden, in: *Fischer*, *Philipp Jacob*, Übersetzung des Vertrages von Osnabrück zwischen dem Reich und Schweden vom 24. Oktober 1648, S. 54.

520 *Sellert*, Prozeßgrundsätze und Stilus Curiae am Reichshofrat, S. 74.

521 *Buschmann*, Kaiser und Reich, Teil II, S. 186.

522 *Malblank*, Abhandlungen aus dem Reichsstädtischen Staatsrechte, S. 181 ff.; *Pütter*, Kurzer Begriff des Teutschen Staatsrechts, S. 14 f.; *Roth*, Staatsrecht deutscher Reichslande, S. 130 f.

523 *Ehrenpreis*, Kaiserliche Gerichtsbarkeit und Konfessionskonflikt, S. 11.

Bei den weltlichen Reichsständen, wie etwa bei dem Herzog von Bayern, war die Landesherrschaft mit der Person des Herzogs verbunden und wurde von ihm als eigenes Recht ausgeübt.[524] Daher war die Kontrolle des Kaisers auf die Überwachung der Pflichterfüllung des Herzogs gegenüber dem Reich beschränkt.[525] Auch stand bereits nach der Goldene Bulle von 1356[526] den Kurfürsten das Privilegium „de non evocando et appellando" zu. Mit dessen Gewährung bestand die Möglichkeit, den eigenen Untertanen die Anrufung der kaiserlichen Gerichtsbarkeit grundsätzlich zu untersagen und auf den Rechtsweg des eigenen Territoriums zu verweisen.[527] Nach Art. VIII, 4 des Vertrages von Osnabrück ließ der Westfälische Friede die Regelwirkungen der Goldenen Bulle von 1356[528] unberührt.[529] In der Wahlkapitulation von Kaiser Franz II. von 1792 wird in Art. XVIII, § 6 die Möglichkeit, sich auf ein Privilegium „de non evocando et appellando" zu berufen, nochmals bestätigt.[530] Kursachsen machte von der Möglichkeit der Rechtsweguntersagung Gebrauch und erreichte im Jahr 1559 die grundsätzliche Freiheit von der kaiserlichen Gerichtsbarkeit, ebenso Kurbrandenburg im Jahr 1586[531], Hessen-Kassel, Hessen-Darmstadt[532], der Kurfürst von Braunschweig und Lüneburg für die Lauenburgischen Lande und die Herzogtümer

524 *Häberlin*, Handbuch des Teutschen Staatsrechts, S. 431; *Malblank*, Abhandlungen aus dem Reichsstädtischen Staatsrechte, S. 184 f.

525 *Malblank*, Abhandlungen aus dem Reichsstädtischen Staatsrechte, S. 184 f.; *Triepel*, Die Reichsaufsicht, S. 13 f.

526 *Zeumer*, Quellensammlung zur Geschichte der Deutschen Reichsverfassung in Mittelalter und Neuzeit, Nr. 148, S. 192.

527 *Danz*, Grundsätze des Reichsgerichts Prozesses, S. 542; *Eisenhardt*, Die Rechtswirkungen der in der Goldene Bulle Karls IV. genannten privilegia de non evocando et appellando, S. 75–96; *Moser*, Von Teutschland und dessen Staats-Verfassung überhaupt, S. 214 ff.

528 *Zeumer*, Quellensammlung zur Geschichte der Deutschen Reichsverfassung in Mittelalter und Neuzeit, Nr. 148, S. 192.

529 Ferdinand III., Kristina von Schweden, in: *Fischer, Philipp Jacob*, Übersetzung des Vertrages von Osnabrück zwischen dem Reich und Schweden vom 24. Oktober 1648, S. 54.

530 *Wirth*, Wahlkapitulation des römischen Kaisers Franz des Zweiten, S. 87.

531 *Häberlin*, Handbuch des Teutschen Staatsrechts, S. 440; *Sellert*, Über die Zuständigkeitsabgrenzung von Reichshofrat und Reichskammergericht, S. 39; *Smend*, Das Reichskammergericht, S. 62.

532 *Sellert*, Über die Zuständigkeitsabgrenzung von Reichshofrat und Reichskammergericht, S. 39; *Zeumer*, Quellensammlung zur Geschichte der Deutschen Reichsverfassung in Mittelalter und Neuzeit, Nr. 212, S. 521.

Jülich und Kleve[533]. Württemberg schloss die kaiserliche Gerichtsbarkeit in den Fällen aus, in denen beiden Parteien württembergische Untertanen waren.[534] Österreich und seine Erblande standen grundsätzlich nicht unter der kaiserlichen Gerichtsbarkeit, welche durch die Reichsgerichte ausgeübt wurde.[535]

Regensburg konnte wegen seines Status als Reichsstadt, im Gegensatz zu den Kurfürstentümern, kein unbeschränktes Privilegium „de non evocando et appellando" zustehen[536]. Überdies versperrten Evocationsprivilegien nur Untertanen den reichsgerichtlichen Rechtsweg.[537] Die zeitgenössische rechtliche Betrachtung der Landesherrschaft in der Reichsstadt war eine andere als bei den Kurfürstentümern.[538]

Nach einer Ansicht stand bei den Reichsstädten die Landesherrschaft der Reichsstadt selbst und der Bürgerschaft zu und wurde von dem Stadtrat als deren beider Treuhänder verwaltet.[539] Folglich war der reichsstädtische Bürger kein Untertan des Stadtrates.[540] Wenn nun der Äußere Rat und die Vierziger als Teil der Bürgerschaft den Kaiser gegen den Inneren Rat/Geheimen Rat als Gerichtsherren anriefen, unterwarf dies nach damaliger Lehre die innerstädtische Angelegenheit der kaiserlichen Gerichtsbarkeit, ohne die, gemäß des Art. VIII, 1 des Vertrages von Osnabrück[541] garantierte, Landesherrschaft und Rechtsprechungshoheit der

533 *Sellert*, Über die Zuständigkeitsabgrenzung von Reichshofrat und Reichskammergericht, S. 39; *Thudichum*, Das vormalige Reichskammergericht und seine Schicksale, S. 208.

534 *Sellert*, Über die Zuständigkeitsabgrenzung von Reichshofrat und Reichskammergericht, S. 39.

535 *Danz*, Grundsätze des Reichsgerichts Prozesses, S. 85; *Moser*, Von der Teutschen Justiz-Verfassung, S. 345; *Sellert*, Über die Zuständigkeitsabgrenzung von Reichshofrat und Reichskammergericht, S. 22 ff.

536 *Häberlin*, Handbuch des Teutschen Staatsrechts, S. 440; *Sartori*, Auserlesene Beyträge in Reichsstädtischen Sachen, S. 157 f.

537 *Häberlin*, Handbuch des Teutschen Staatsrechts, S. 459; *Sellert*, Über die Zuständigkeitsabgrenzung von Reichshofrat und Reichskammergericht, S. 37.

538 *Häberlin*, Handbuch des Teutschen Staatsrechts, S. 121 ff.; *Sartori*, Auserlesene Beyträge in Reichsstädtischen Sachen, S. 157 f.

539 *Malblank*, Abhandlungen aus dem Reichsstädtischen Staatsrechte, S. 184 f.; *Moser*, Von den Teutschen Unterthanen Rechten und Pflichten, S. 2; *Sartori*, Auserlesene Beyträge in Reichsstädtischen Sachen, S. 139.

540 *Moser*, Von der Teutschen Unterthanen Rechten und Pflichten, S. 2.

541 Ferdinand III., Kristina von Schweden, in: *Fischer, Philipp Jacob*, Übersetzung des Vertrages von Osnabrück zwischen dem Reich und Schweden vom 24. Oktober 1648, S. 52 ff.

Reichsstädte zu beeinträchtigen.[542] Denn ein Urteilsspruch wurde nicht als kaiserlicher Eingriff in die Landesherrschaft bewertet, sondern der Kaiser entschied zwischen der Bürgerschaft als Teilhaber an der Herrschaft und dem Inneren Rat/Geheimen Rat als Treuhänder. Nach dieser Auffassung bewahrte der Kaiser so die Landesherrschaft der Reichsstadt und beschnitt diese nicht.[543] Diesem Gedanken folgend war ein kaiserlicher Eingriff dann von einer Rechtsgrundlage gedeckt, wenn die Bürger den Kaiser angerufen hatten, der Kaiser also nicht aus eigenem Bestreben handelte.[544] Tatsächlich hatten der Äußere Rat und die Vierziger sich an den Kaiser gewandt.

Die Rechtsprechung der Reichsgerichte nahm im Ergebnis ebenso eine kaiserliche Befassungsbefugnis mit der Begründung an, der Stadtrat herrsche nicht aus eigenem Recht, sondern nur als Verwalter für den Kaiser.[545] Eine Befassungsbefugnis des Kaisers ergebe sich schon von Amts wegen.[546]

Eine andere zeitgenössische Auffassung begründet diese Befugnis des Kaisers schlicht mit Gewohnheitsrecht.[547] Unterstützt wird dieser gewohnheitsrechtliche Ansatz durch Art. VIII, 4 des Vertrages von Osnabrück vom 24. Oktober 1648, nach dessen Wortlaut die Gebräuche des Heiligen Römischen Reichs weiter zu beachten sind[548], also durch den Westfälischen Frieden nicht aufgehoben werden sollen. Vor Abschluss des Westfälischen Friedens war das Aufsichtsrecht des Kaisers über die Reichsstädte dauerhaft ausgeübt und allgemein akzeptiert worden, war mithin ein Gewohnheitsrecht.[549] Dieses Recht sollte also nach Art. VIII, 4 fortgesetzt werden.

Mithin kommen alle Ansichten zu dem Ergebnis, dass der Rechtsweg zu der kaiserlichen Gerichtsbarkeit für die Klage des Äußeren Rates und der Vierziger eröffnet war. Aus den Akten ist nicht ersichtlich, dass der Innere Rat/Geheime

542 *Malblank*, Abhandlungen aus dem Reichsstädtischen Staatsrechte, S. 188.

543 *Malblank*, Abhandlungen aus dem Reichsstädtischen Staatsrechte, S. 188; *Roth*, Staatsrecht deutscher Reichslande, S. 132.

544 *Eberlein*, Die Esslinger Bürgerprozesse, S. 119; *Malblank*, Abhandlungen aus dem Reichsstädtischen Staatsrechte, S. 187.

545 *Eberlein*, Die Esslinger Bürgerprozesse, S. 121; *Moser*, Von der Reichs-Stättischen Regiments-Verfassung, S. 64.

546 *Malblank*, Abhandlungen aus dem Reichsstädtischen Staatsrechte, S. 187.

547 *Malblank*, Abhandlungen aus dem Reichsstädtischen Staatsrechte S. 187; *Sartori*, Auserlesene Beyträge in Reichsstädtischen Sachen, S. 157 f.

548 Ferdinand III., Kristina von Schweden, in: *Fischer, Philipp Jacob*, Übersetzung des Vertrages von Osnabrück zwischen dem Reich und Schweden vom 24. Oktober 1648, S. 54.

549 *Eberlein*, Die Esslinger Bürgerprozesse, S. 123.

Rat die Rechtswegeröffnung bestritt. Sigmund Bösner selbst hatte, zwar in anderem Zusammenhang, sehr klar geäußert, nur der Kaiser könne ihm Befehle erteilen.[550] In rechtlicher Hinsicht bezweifelte somit keiner der Beteiligten, dass der Kaiser in die innerstädtische Auseinandersetzung der Reichsstadt Regensburg eingreifen konnte, diese also der kaiserlichen Gerichtsbarkeit unterworfen war.

b) Zuständigkeit des Reichshofrates

Zu prüfen ist, ob der Reichshofrat in Wien für das Begehren des Äußeren Rates und der Vierziger sachlich und örtlich zuständig war.

Neben dem Reichshofrat bestanden auf der Reichsebene das Reichskammergericht und das Reichsvikariatsgericht. Das Reichsvikariatsgericht hatte nur Bedeutung zwischen dem Tod des Kaisers und der Thronbesteigung des Nachfolgers.[551] Am 18. September 1792 setzte Kaiser Franz II. den Reichshofrat ein, der seit dem Tod Kaiser Leopolds II. am 1. März 1792 seine Tätigkeit eingestellt hatte.[552] Daher kann für das zu untersuchende Verfahren, beginnend im Jahr 1794, das Reichsvikariatsgericht unberücksichtigt bleiben. Als sachlich zuständig kommen mithin der Reichshofrat und das Reichskammergericht in Betracht.

Die Rechtsgrundlage des Reichskammergerichtes, als Nachfolger des königlichen Kammergerichtes, war die Reichskammergerichtsordnung von 1495[553] in den jeweiligen Fassungen von 1521[554] und 1548. Die Fassung von 1548[555] wurde schließlich im Jahr 1555 als Reichsgesetz verkündet.[556] Sachlich zuständig war es zunächst für die Wahrung des Ewigen Landfriedens nach Abschaffung der Fehde.[557] Weiter war es zuständig bei Nichtgewährung rechtlichen Gehöres durch Reichsunmittelbare und für Klagen gegen Reichsunmittelbare im Allgemeinen. Darüber hinaus fielen in den Aufgabenbereich die Überwachung der Ausführung

550 Siehe: C. IV. 1. Nachspiel für Sigmund Bösner.

551 *Danz*, Grundsätze des Reichsgerichts Prozesses, S. 70.

552 *Gschließer*, Der Reichshofrat, S. 506.

553 *Zeumer*, Quellensammlung zur Geschichte der Deutschen Reichsverfassung in Mittelalter und Neuzeit, Nr. 174, S. 284.

554 *Zeumer*, Quellensammlung zur Geschichte der Deutschen Reichsverfassung in Mittelalter und Neuzeit, Nr. 183, S. 324.

555 *Laufs*, Die Reichskammergerichtsordnung von 1555, S. 55 ff.

556 *Sellert*, Über die Zuständigkeitsabgrenzung von Reichshofrat und Reichskammergericht, S. 7.

557 *Becker*, Das Gewaltmonopol des Staates und die Sicherheit des Bürgers, NJW 1995, S. 2078; *Zeumer*, Quellensammlung zur Geschichte der Deutschen Reichsverfassung in Mittelalter und Neuzeit, Nr. 173, S. 282.

der Reichsacht und die Funktion als Berufungsgericht.[558] Der Reichshofrat wurde 1498 von Kaiser Maximilian I. als Gegengewicht zum Reichskammergericht geschaffen.[559] Denn auch wenn die Entscheidungen des Reichskammergerichtes im Namen des Kaisers verkündet wurden, war dessen Errichtung doch ein Zugeständnis an die Stände und eine Beschränkung der kaiserlichen Macht.[560] Rechtsgrundlage des Reichshofrates war zunächst die Hofratsordnung von 1498[561], die unter zahlreichen Änderungen in der Reichshofratsordnung von 1654[562] aufging.[563] Der Reichshofrat war janusköpfig eine Verwaltungsbehörde des Kaisers und ein Reichsgericht in einem. Als Reichsgericht hatte dieser grundsätzlich die gleiche sachliche Zuständigkeit wie das Reichskammergericht.[564] Schon seit dem Bestehen der beiden Gerichte war die Kompetenzabgrenzung stets streitig.[565] *Sellert* kommt folglich zu dem Schluss, dass es eine abschließende Zuständigkeitsabgrenzung zwischen Reichshofrat und Reichskammergericht nie gab, nachdem Kaiser und Kurfürsten je nach den politischen Machtverhältnissen die Kompetenzen der beiden Gerichte erweiterten oder beschränkten.[566] Zuständig war das Gericht, bei dem der Streitgegenstand zuerst rechtshängig geworden war.[567] Entscheidend ist, dass sowohl Reichshofrat als auch Reichskammergericht grundsätzlich nur dann in erster Instanz zuständig waren, wenn der Beklagte reichsunmittelbar war.[568]

---

558 *Eberlein*, Die Esslinger Bürgerprozesse, S. 126 f.

559 *Sellert*, Prozeßgrundsätze und Stilus Curiae am Reichshofrat, S. 60 f.; *Sellert*, Über die Zuständigkeitsabgrenzung von Reichshofrat und Reichskammergericht, S. 8 ff.

560 *Schmelzeisen*, Der Reichshofrat, JuS 1975, S. 427; *Sellert*, Über die Zuständigkeitsabgrenzung von Reichshofrat und Reichskammergericht, S. 5 und S. 9.

561 *Fellner/Kretschmayr*, Die österreichische Zentralverwaltung, S. 23 ff.

562 *Zeumer*, Quellensammlung zur Geschichte der Deutschen Reichsverfassung in Mittelalter und Neuzeit, Nr. 199, S. 443.

563 *Moser, Friedrich Carl von*, Pragmatische Geschichte und Erläuterungen Der Kayserlichen Reichs-Hof-Raths-Ordnung, S. 246 ff.; *Sellert*, Über die Zuständigkeitsabgrenzung von Reichshofrat und Reichskammergericht, S. 9.

564 *Danz*, Grundsätze des Reichsgerichts Prozesses, S. 75 f.; *Gschließer*, Der Reichshofrat, S. 28; *Sellert*, Prozeßgrundsätze und Stilus Curiae am Reichshofrat, S. 61 ff.

565 *Moser*, Von der Teutschen Justiz-Verfassung, S. 372 ff.

566 *Sellert*, Über die Zuständigkeitsabgrenzung von Reichshofrat und Reichskammergericht, S. 2.

567 *Gschließer*, Der Reichshofrat, S. 28.

568 *Malblank*, Anleitung zur Kenntnis der deutschen Reichs- und Provinzial- Gerichts- und Kanzleyverfassung und Praxis, Band 4, S. 372; *Sellert*, Über die Zuständigkeitsabgrenzung von Reichshofrat und Reichskammergericht, S. 46 ff.

Es stellt sich daher die Frage, ob der Innere Rat/Geheime Rat als Magistrat der Reichsstadt Regensburg als Beklagter reichsunmittelbar war. Nach damaligem Rechtsverständnis war jeder reichsunmittelbar, der keinen anderen Herren als den Kaiser über sich hatte. Entscheidend war also das Verhältnis zum Reich und nicht der durch Geburt erworbene Stand.[569] Das Privileg der Reichsfreiheit verlieh der Kaiser den Städten im Allgemeinen, nicht dem Magistrat allein.[570] Die Reichsfreiheit der Stadt vermittelte folglich dem Magistrat derselben die Reichsfreiheit. Somit ist die Klage gegen den Inneren Rat/Geheimen Rat als Vertreter der Reichsstadt Regensburg als Klage gegen einen Reichsunmittelbaren einzuordnen. Ebenso wertet *Gschließer* eine Beschwerde der Bürgerschaft der Reichsstadt Biberach aus dem Jahr 1734 gegen den Magistrat derselben als Klage gegen einen Reichsunmittelbaren.[571] Über der Reichsstadt, und somit über deren Vertretern im Inneren Rat/Geheimen Rat, stand nur der Kaiser. Der Reichshofrat war mithin sachlich zuständig, konkurrierend zum Reichskammergericht.

Somit war dem Äußeren Rat und den Vierzigern die Wahl des Reichsgerichtes überlassen. Es stellt sich die Frage, ob für den Reichshofrat die geografische Nähe zu Regensburg gesprochen hat. Gerade für die süddeutschen Städte war der Reichshofrat in Wien von größerer Bedeutung als das Reichskammergericht in Wetzlar, das im Gegenzug von den norddeutschen Städten bevorzugt wurde.[572] Allerdings sind die Entfernungen von Regensburg nach Wien und von Regensburg nach Wetzlar ungefähr gleich, sodass eine geografische Nähe keine Rolle spielen konnte. Jedoch war der Reichshofrat ab 1792 mit Gewährung des Moratoriums[573] über die innerstädtischen Verhältnisse im Bilde und eine längere Einarbeitungszeit des Gerichtes war somit nicht zu erwarten. Weiter galt der Reichshofrat wegen seiner Nähe zum Kaiser als das vornehmere Gericht[574], wobei aus den Archiven nicht ersichtlich ist, ob dies für den Äußeren Rat und die Vierziger eine Rolle spielte. Auch war der Reichshofrat im Gegensatz zum Reichskammergericht wesentlich schneller in der Erledigung seiner Fälle.[575] Die Autorität des Kaisers half, einen

---

569 *Sellert*, Über die Zuständigkeitsabgrenzung von Reichshofrat und Reichskammergericht, S. 46 f.

570 *Häberlin*, Handbuch des Teutschen Staatsrechts, S. 127.

571 *Gschließer*, Der Reichshofrat, S. 35.

572 *Bader*, Die Rechtsprechung des Reichshofrats und die Anfänge des territorialen Beamtenrechts, S. 363 f.

573 Siehe: C. II. 2. Kaiserliches Moratorium.

574 *Sellert*, Über die Zuständigkeitsabgrenzung von Reichshofrat und Reichskammergericht, S. 125.

575 *Moser*, Einleitung zu dem Reichs-Hof-Raths-Proceß, Band 4, S. 467.

Urteilsspruch effektiver durchsetzen zu können. Darüber hinaus hielt sich der Reichshofrat nicht starr an eine Prozessordnung, sondern versuchte auch durch außergerichtliche Vermittlung einen Streit beizulegen.[576] Dies alles mag den Äußeren Rat und die Vierziger zu ihrer Entscheidung für den Reichshofrat bewogen haben. Denn schließlich waren sie an einer schnellen Aufhebung der Drittelsteuer und an einer effektiven Sicherung ihrer Rechte interessiert.[577]

Örtlich zuständig, von *Sellert* territorial zuständig genannt, mit der Begründung, ein Reichsgericht könne keine örtliche Zuständigkeit haben, nachdem es für das gesamte Staatsgebiet zuständig sein muss[578], war der Reichshofrat für das Territorium des Heiligen Römischen Reiches Deutscher Nation. Die Grenzen des Reiches veränderten sich im Laufe der Jahrhunderte ständig.[579] Jedenfalls aber gehörte die Reichsstadt Regensburg bei Klageerhebung im Jahr 1795 zum Reich.

c) *Verfahrensart*

Zu prüfen ist, welches Verfahren bei den Regensburger Streitigkeiten angewandt wurde.

Aus heutiger Sicht gab es vor dem Reichshofrat in erster Instanz zwei Verfahrensarten, ein summarisches Verfahren und ein ordentliches Verfahren, mögen die Grenzen zwischen beiden auch fließend gewesen sein.[580] Die damaligen Auffassungen zur Anzahl der Verfahrensarten gehen weit auseinander. So wird von achtzehn verschiedenen Prozessarten am Reichshofrat ausgegangen[581], während ein anderer Autor zwei Prozessarten annimmt, einen Mandatsprozess und einen Zitationsprozess[582]. In einem Mandatsprozess erging ein richterlicher Befehl auf einseitiges Vorbringen des Klägers, der Beklagte hatte nur den Vollzug zu melden.[583] Im

576 *Sellert*, Über die Zuständigkeitsabgrenzung von Reichshofrat und Reichskammergericht, S. 125 f.

577 Siehe: C. II. Eskalation der Auseinandersetzung.

578 *Sellert*, Über die Zuständigkeitsabgrenzung von Reichshofrat und Reichskammergericht, S. 14.

579 *Sellert*, Über die Zuständigkeitsabgrenzung von Reichshofrat und Reichskammergericht, S. 14 ff.

580 *Sellert*, Prozeßgrundsätze und Stilus Curiae am Reichshofrat, S. 101.

581 *Hanzely*, Anleitung zur neuesten Reichshofratspraxis, Band 2, S. 293 ff.; *Sellert*, Prozeßgrundsätze und Stilus Curiae am Reichshofrat, S. 95.

582 *Mohl*, Historisch-politische Vergleichung der beyden höchsten Reichsgerichte in ihren wichtigsten Verhältnissen, S. 222 f.

583 *Uhlhorn*, Der Mandatsprozeß sine clausula des Reichshofrats, S. 8.

Zitationsprozess wurde der Beklagte vor das Gericht geladen.[584] Nach einer Ansicht sei der Mandatsprozess ein summarisches Verfahren, der Zitationsprozess könne dem ordentlichen Verfahren zugeordnet werden. Am Ende eines summarischen Verfahrens sei keine vorläufige Entscheidung, sondern eine abschließende. Kennzeichen des summarischen Verfahrens sei die Beschränkung von Schriftsätzen und Terminen. Demnach sei das ordentliche Verfahren nur ein ausführlicheres.[585]

Indes war der Reichshofrat durch die §§ 8, 9 Titel II der Reichshofratsordnung von 1654[586] an keine unnötigen Verfahrensabläufe gebunden, er konnte das Verfahren nach seinem Willen ausführlich oder unter Vernachlässigung der Einzelheiten gestalten. Aus diesem Grund ist *Sellert*[587] beizupflichten, dass die Unterschiede zwischen den Verfahrensarten fließend waren. Denn wenn der Reichshofrat an keine, aus seiner Sicht unnötigen, Verfahrensabläufe gebunden war, können die einzelnen Verfahren nicht streng systematisch eingeordnet werden. Diese Freiheit in der Verfahrensgestaltung erklärt, weshalb ein zeitgenössischer Autor[588] achtzehn verschiedene Prozessarten vor dem Reichshofrat erkennt. Nach *Moser* ist entscheidend, dass in einem summarischen Verfahren eine vorläufige Entscheidung ohne Anhörung des Beklagten getroffen werden konnte, während in einem ordentlichen Verfahren der Beklagte rechtliches Gehör bekam.[589] Regelmäßig waren summarische Verfahren Mandatsprozesse, ordentliche Verfahren Zitationsprozesse.[590] Hierfür gibt *Moser* das Beispiel, wenn etwa die Obrigkeit gegen einen Bürger einen Mandatsprozess anstrenge, weil dieser einen Tumult verursacht habe, so werde nicht vom Reichshofrat untersucht, ob die Beweggründe des Bürgers hierfür rechtmäßig waren. Es werde ihm nur in einem summarischen Verfahren aufgegeben, den Tumult zu beenden und statt des Faustrechtes den Rechtsweg zu wählen. Anschließend könne der Bürger die Obrigkeit im ordentlichen Verfahren verklagen.[591]

---

584 *Herchenhahn*, Geschichte der Entstehung, Bildung und gegenwärtigen Verfassung des Kaiserlichen Reichshofraths, S. 115.

585 *Selchow*, Einleitung in den Reichshofrathsproceß, Band 2, S. 616; *Sellert*, Prozeßgrundsätze und Stilus Curiae am Reichshofrat, S. 97 f.

586 *Uffenbach*, Vom Kayserl. Reichs-Hoff-Rath, Beilage, S. 55; *Zeumer*, Quellensammlung zur Geschichte der Deutschen Reichsverfassung in Mittelalter und Neuzeit, Nr. 199, S. 444 f.

587 *Sellert*, Prozeßgrundsätze und Stilus Curiae am Reichshofrat, S. 101.

588 *Hanzely*, Anleitung zur neuesten Reichshofratspraxis, Band 2, S. 293 ff.

589 *Moser*, Einleitung zu dem Reichs-Hof-Raths-Proceß, Band 1, S. 6 ff.

590 *Sellert*, Prozeßgrundsätze und Stilus Curiae am Reichshofrat, S. 100.

591 *Moser*, Einleitung zu dem Reichs-Hof-Raths-Proceß, Band 1, S. 27; *Uhlhorn*, Der Mandatsprozeß sine clausula des Reichshofrats, S. 11.

Demnach wurde für die Regensburger Streitigkeiten ein ordentliches Verfahren vor dem Reichshofrat geführt. Der Beklagte Innere Rat/Geheime Rat der Reichsstadt bekam Gelegenheit zur Stellungnahme und wurde gehört. Der Äußere Rat und die Vierziger strebten keine vorläufigen Regelungen an, sondern wollten ein Grundsatzurteil zu den Machtverhältnissen in der Reichsstadt erreichen.

d) Einrede der Schiedsgerichtsbarkeit

Zu prüfen ist, ob die Einrede der Schiedsgerichtsbarkeit von dem Inneren Rat/ Geheimen Rat erhoben werden konnte. Die vordergründige Frage nach der Schiedsgerichtsbarkeit berührt einen Kernpunkt der Regensburger Streitigkeiten. Waren der Äußere Rat und die Vierziger dem Geheimen Rat untergeordnet oder gleichrangige Teilhaber an der Stadtherrschaft?[592]

Denn wenn der Beklagte reichsunmittelbar war, konnte der Gang vor den Reichshofrat zunächst versperrt sein.[593] War der Kläger ebenfalls reichsunmittelbar, so musste grundsätzlich die Austrägalinstanz[594] als Schiedsgericht zwischen Gleichen angerufen werden.[595] Dieser Verfahrensabschnitt war eine Sachentscheidungsvoraussetzung.[596] Es sei denn, der Beklagte ließ sich, ohne die Einrede der Schiedsgerichtsbarkeit zu erheben, auf ein Verfahren vor den Reichsgerichten ein.[597] Rechtsgrundlage dieser Zwischeninstanz war Art. V, 26 des Vertrages von Osnabrück[598]. Letztlich wurde das Bestehen der Austrägalinstanz in

---

592 Siehe: D. II. 3. a) Kommentierung der Regimentsordnung.

593 *Sellert*, Über die Zuständigkeitsabgrenzung von Reichshofrat und Reichskammergericht, S. 50.

594 Latinisierung des Begriffes „Austräge", abgeleitet von dem Wort „austragen", das heißt beilegen oder entscheiden, siehe: *Brockhaus*, Austräge, in: Conversations-Lexikon, S. 73.

595 *Häberlin*, Handbuch des Teutschen Staatsrechts, S. 406 ff.

596 *Danz*, Grundsätze des Reichsgerichts Prozesses, S. 396 f.; *Gschließer*, Der Reichshofrat, S. 28; *Malblank*, Anleitung zur Kenntnis der deutschen Reichs- und Provinzial- Gerichts- und Kanzleyverfassung und Praxis, Band 4, S. 420 ff.; *Sellert*, Über die Zuständigkeitsabgrenzung von Reichshofrat und Reichskammergericht, S. 50.

597 *Danz*, Grundsätze des Reichsgerichts Prozesses, S. 404; *Gschließer*, Der Reichshofrat, S. 35.

598 Ferdinand III., Kristina von Schweden, in: *Fischer, Philipp Jacob*, Übersetzung des Vertrages von Osnabrück zwischen dem Reich und Schweden vom 24. Oktober 1648, S. 50.

der Reichshofratsordnung von 1654[599], dem Jüngsten Reichsabschied[600] und im Entwurf einer beständigen Wahlkapitulation[601] aus dem Jahr 1711 festgeschrieben.[602] Das Schiedsverfahren nach heutigem Recht, §§ 1025 ff. ZPO, dient unter anderem dem Zweck, die staatliche Gerichtsbarkeit von bestimmten Streitigkeiten fernzuhalten.[603] Ebenso verhielt es sich nach damaliger Rechtsauffassung. Streitigkeiten zwischen Reichsunmittelbaren sollten der reichsgerichtlichen Gerichtsbarkeit entzogen werden.[604] Dieses Verfahren war also ein Zugeständnis des Kaisers an die Reichsstände. Eine Prozessbeschleunigung war nicht der Grund, denn nach *Moser* dauerten Verfahren durch die Austrägalinstanz länger als ohne diese.[605] Kraft Reichsgesetzes war diese Instanz bei Klagen gegen Kurfürsten, Fürsten und gesondert privilegierte Reichsstädte[606] von jedermann zu berücksichtigen.[607]

Ob der Reichsstadt Regensburg dieses gesonderte Privileg zukam, konnte für die vorliegende Arbeit an Hand der erhaltenen Privilegienbücher im Archiv nicht nachgewiesen werden.[608] Somit ist zunächst zu prüfen, ob der Äußere Rat und die Vierziger als Kläger reichsunmittelbar waren. Denn sollten diese als reichsmittelbar einzuordnen sein, kann das Bestehen eines Austrägalinstanz-Privileg für Regensburg dahinstehen. Dann war ein Schiedsgericht für Streitigkeiten zwischen Gleichrangigen nicht anzurufen. Auch kann dann die Frage dahinstehen, ob ein solches Privileg nur die Reichsstadt selbst begünstigte, oder ebenso bei Klagen gegen deren Magistrat galt.

599 *Zeumer*, Quellensammlung zur Geschichte der Deutschen Reichsverfassung in Mittelalter und Neuzeit, Nr. 199, S. 444.

600 *Zeumer*, Quellensammlung zur Geschichte der Deutschen Reichsverfassung in Mittelalter und Neuzeit, Nr. 200, S. 450.

601 *Zeumer*, Quellensammlung zur Geschichte der Deutschen Reichsverfassung in Mittelalter und Neuzeit, Nr. 205, S. 488.

602 *Sellert*, Über die Zuständigkeitsabgrenzung von Reichshofrat und Reichskammergericht, S. 52.

603 Reichold, in: *Thomas/Putzo*, Vorbem. § 1029, Rdnr. 4 f.

604 *Sellert*, Über die Zuständigkeitsabgrenzung von Reichshofrat und Reichskammergericht, S. 53.

605 *Moser*, Von der Teutschen Justiz-Verfassung, S. 51.

606 *Conrad*, Die verfassungsrechtliche Bedeutung der Reichsstädte im Deutschen Reich, S. 493; *Westphal*, Kaiserliche Rechtsprechung und herrschaftliche Stabilisierung, S. 98.

607 *Gschließer*, Der Reichshofrat, S. 29; *Sellert*, Über die Zuständigkeitsabgrenzung von Reichshofrat und Reichskammergericht, S. 52.

608 BayHStA, Reichsstadt Regensburg Literalien, Nr. 357, Nr. 358, Nr. 363 und Nr. 365.

Wird der Innere Rat/Geheime Rat als Magistrat als reichsunmittelbar anerkannt[609], so bleibt die Statusfrage für den Äußeren Rat und die Vierziger dennoch offen. Es ist zu erwägen, dass nach einer Ansicht in der damaligen Staatsrechtslehre die Herrschaft in der Reichsstadt der Reichsstadt selbst und deren Bürgern zustand und von dem Magistrat nur treuhänderisch verwaltet wurde.[610] Dem folgend führten der Äußere Rat und die Vierziger keinen Untertanenprozess gegen den Geheimen Rat, sondern es bestand ein Gleichrang zwischen den Parteien.[611] Denn reichsstädtische Bürger waren keine Untertanen des Magistrates, vielmehr Untertanen der Reichsstadt selbst.[612] Entscheidend für die Eröffnung der Zwischeninstanz war allerdings nicht das direkte Verhältnis zwischen den Prozessparteien, sondern das Verhältnis der Parteien zum Reich. Reichsunmittelbar war, wer allein der Herrschaft des Kaisers unterstand.

Gschließer ordnet bei der bereits angeführten[613] Beschwerde der Bürger der Reichsstadt Biberach, vertreten durch ihre Abgeordneten, gegen den Magistrat der Reichsstadt, die Bürger als Reichsmittelbare ein.[614] Nach der Regimentsordnung von 1514[615] waren die Vierziger als Vertretungsorgan der Bürgergemeinde geschaffen. Der Äußere Rat nahm bei der Auseinandersetzung mit dem Geheimen Rat für sich in Anspruch, die Bürgerschaft zu vertreten und bezeichnete sich selbst als Bürgervertreter[616]. *Moser* beschreibt den Inneren Rat, bei ihm auch Geheimer Rat genannt, als eigentlichen Magistrat der Reichsstadt, der die Herrschaft ausübt[617], während der Äußere Rat in bestimmten Fragen als Kontrollorgan fungiert, aber nicht unmittelbar an der Herrschaftsausübung beteiligt ist.[618] Wird dieser Selbsteinordnung der Kläger und der Ansicht von *Moser* und *Gschließer* gefolgt, sind der Äußere Rat und die Vierziger als Bürger Reichsmittelbare, denn diese standen unter der Herrschaft des Inneren/Geheimen Rates und nicht unmittelbar unter der Herrschaft des Kaisers.

---

609 Siehe: D. IV. 1. b) Zuständigkeit des Reichshofrates.

610 *Moser*, Von der Teutschen Unterthanen Rechten und Pflichten, S. 2; *Sartori*, Auserlesene Beyträge in Reichsstädtischen Sachen, S. 139.

611 Conrad, Die verfassungsrechtliche Bedeutung der Reichsstädte im Deutschen Reich, S. 497 f.

612 *Sartori*, Auserlesene Beyträge in Reichsstädtischen Sachen, S. 139.

613 Siehe: D. IV. 1. b) Zuständigkeit des Reichshofrates.

614 *Gschließer*, Der Reichshofrat, S. 35.

615 BayHStA, Reichsstadt Regensburg Literalien, Nr. 380 und Nr. 381.

616 *Gumpelzhaimer*, Geschichte der Streitigkeiten, S. 64.

617 *Moser*, Von der Reichs-Stättischen Regiments-Verfassung, S. 30.

618 *Moser*, Von der Reichs-Stättischen Regiments-Verfassung, S. 65.

Nach *Hildebrandt* waren die Ratsherren zumindest verfassungsrechtlich den Bürgern gleichgestellt.[619] Dem folgend ordnet *Eberlein*, der sich in seiner Arbeit mit den Bürgerprozessen am Ende des 18. Jahrhunderts in der Reichsstadt Esslingen befasst, die Bürger als reichsunmittelbar ein.[620] Wird eine Strömung der damaligen Staatsrechtslehre zu Ende gedacht, nach welcher die Stadtherrschaft den Bürgern zustand und die Ratsherren nur deren Treuhänder waren[621], war folglich über der Bürgerherrschaft nur der Kaiser, was wiederum zu deren Status der Reichsunmittelbarkeit führt. Nach *Renz*, in seiner Dissertation aus dem Jahr 1779, stand die Stadtherrschaft gleichermaßen sowohl dem Magistrat als auch den Bürgern zu.[622] Diesem Ergebnis schließt sich *Pütter* in seiner Abhandlung aus dem Jahr 1788 an[623], was wieder für die Reichsunmittelbarkeit der Bürger spricht.

Die dargelegten Ansichten führen, mit jeweils nachvollziehbarer Argumentation, zu miteinander zunächst unvereinbaren Ergebnissen. Ein Lösungsansatz könnte sein, der ausschließlichen Gleichsetzung von der unmittelbaren Stadtherrschaft mit der Reichsunmittelbarkeit nicht zu folgen. Wer nur mittelbar als Kontrollorgan an der Herrschaft beteiligt war, könnte demnach ebenso reichsunmittelbar sein. Folglich müsste nur zwischen den Ansichten ein Streitentscheid geführt werden, welche entweder die Reichsmittelbarkeit[624] oder die Reichsunmittelbarkeit[625] der Bürger ausdrücklich vertreten. Ursache des Streites ist die reichsstädtische Verfassungswirklichkeit ab dem 17. Jahrhundert.[626] War nach der Regimentsordnung von 1514[627] der Innere Rat der Reichsstadt Regensburg als jährlich wechselndes Gremium angelegt[628], hatte sich durch die Bildung des Geheimen Rates als dauerhaftes Gremium ein Selbstverständnis der Ratsherren als Obrigkeit verfestigt. Diese Entwicklung vollzog sich ähnlich in

---

619 *Hildebrandt*, Rat contra Bürgerschaft, S. 228.

620 *Eberlein*, Die Esslinger Bürgerprozesse, S. 133.

621 *Moser*, Von der Teutschen Unterthanen Rechten und Pflichten, S. 2; *Sartori*, Auserlesene Beyträge in Reichsstädtischen Sachen, S. 139.

622 *Renz*, De nexus inter magistratum et cives civitatum imperii fundamento ac effectu, S. 21.

623 *Pütter*, Historische Entwicklung der heutigen Staatsverfassung des Teutschen Reichs, S. 208 ff.

624 *Gschließer*, Der Reichshofrat, S. 35.

625 *Eberlein*, Die Esslinger Bürgerprozesse, S. 133.

626 *Hildebrandt*, Rat contra Bürgerschaft, S. 234.

627 BayHStA, Reichsstadt Regensburg Literalien, Nr. 380 und Nr. 381.

628 Siehe: B. I. Weg zur Reichsstadt.

anderen Reichsstädten.[629] Ursprünglich jedenfalls waren die Ratsherren Gleiche unter ihresgleichen.[630] Nachdem sich die Bestimmungen der Regimentsordnung mit Gewohnheitsrecht vermischt hatten[631], traf dies nun auf Regensburg nicht mehr zu. Dieser Gedanke wird durch *Moser* gestützt, wenn er 1774 feststellt, grundsätzlich seien die Bürger der Reichsstadt Reichsmittelbare, diese Einordnung gelte besonders in der heutigen Zeit.[632] Mithin lässt sich festhalten, dass der Status der Reichsstadtbürger im Laufe der Jahrhunderte von reichsunmittelbar zu reichsmittelbar fließend überging und in der zeitgenössischen Literatur kein Konsens in dieser speziellen Statusfrage herrschte[633]. Dass allein über den Status der Reichsunmittelbarkeit vor dem Reichshofrat eine Vielzahl von Prozessen geführt wurde[634], zeigt, dass die Statusfrage generell nicht abschließend geklärt war. Je nach Vorteil beriefen sich die Parteien entweder auf ihren Status als Reichsmittelbare oder Reichsunmittelbare.[635] Jedoch kann ein Streitentscheid für die Regensburger Auseinandersetzung dahinstehen, nachdem der Innere Rat/Geheime Rat nicht die Einrede der Schiedsgerichtsbarkeit erhob und sich auf das Verfahren vor dem Reichshofrat einließ. Ein anderes Prozessverhalten wäre widersprüchlich gewesen, denn der Innere Rat/Geheime Rat sah den Äußeren Rat und die Vierziger gerade nicht als Teilhaber an der Stadtherrschaft an. Die Erhebung der Einrede hätte bedeutet, die Reichsunmittelbarkeit derselben, deren Gleichrang und somit deren Mitherrschaft anzuerkennen, die gerade bestritten wurde.[636]

e) Partei- und Prozessfähigkeit

Fraglich ist, ob der Äußere Rat und die Vierziger partei- und prozessfähig waren.

---

629 *Häberlin*, Handbuch des Teutschen Staatsrechts, S. 127 f.; *Malblank*, Abhandlungen aus dem Reichsstädtischen Staatsrechte, S. 185.

630 *Druffel/Brandi*, Briefe und Akten, S. 717 f.; *Hildebrandt*, Rat contra Bürgerschaft, S. 234 f., Fn. 42.

631 Siehe: B. I. Weg zur Reichsstadt.

632 *Moser*, Von der Teutschen Justiz-Verfassung, S. 137.

633 *Moser*, Von der Teutschen Justiz-Verfassung, S. 137; *Pütter*, Historische Entwicklung der heutigen Staatsverfassung des Teutschen Reichs, S. 210.

634 *Sellert*, Über die Zuständigkeitsabgrenzung von Reichshofrat und Reichskammergericht, S. 48 f.

635 *Sellert*, Über die Zuständigkeitsabgrenzung von Reichshofrat und Reichskammergericht, S. 48 f.

636 Siehe: D. II. 3. a) Kommentierung der Regimentsordnung.

Die in der Zivilprozessordnung, §§ 50 ff. ZPO, oder der Verwaltungsgerichtsordnung, §§ 61 ff. VWGO, angelegte Unterscheidung zwischen Partei-, Beteiligten- und Prozessfähigkeit hatte weder in den Reichsgesetzen noch in der Rechtsprechung des Reichshofrates einen Vorläufer.[637] *Moser* stellt fest, die Fähigkeit vor dem Reichshofrat zu stehen habe jeder Mensch[638], ohne hierbei zwischen Partei-, Beteiligten- und Prozessfähigkeit zu unterscheiden.

Jedoch traten der Äußere Rat und die Vierziger als Personenverbände auf und klagten unter ihren jeweiligen Bezeichnungen. Wie es um die Fähigkeit von Personenverbänden bestellt war, vor dem Reichshofrat zu stehen, war nicht gesetzlich geregelt.[639] Möglicherweise klagten die Mitglieder des Äußeren Rates und der Vierziger als Streitgenossenschaft, nachdem jedes einzelne Mitglied die Klageschrift eigenhändig unterschrieb.[640] Die Streitgenossenschaft war als Rechtsinstitut von der Rechtsprechung des Reichshofrates anerkannt, wobei deren Vorliegen durch den Zusatz „et consortes“ zu erkennen ist, welcher in dem Rubrum neben dem Kläger vermerkt wurde.[641] Im Rubrum der untersuchten Klageschrift steht dieser Zusatz jedoch nicht, der Äußere Rat und die Vierziger klagten nur unter ihren jeweiligen Bezeichnungen[642]. Mithin scheidet eine Streitgenossenschaft aus.

Bei Personenverbänden war nach der Rechtsprechung des Reichshofrates allein entscheidend, dass die Vollmacht für den Vertretungsberechtigten durch ordentlichen Verbandsbeschluss erteilt wurde. Dann konnte der Personenverband in eigenem Namen vor dem Reichshofrat klagen und handelte durch den Vertretungsberechtigten.[643] Diese Rechtsprechung war der Grund, weshalb der Reichshofrat die am 25. August 1794 eingereichte Klage des Syndikats, bestehend aus Mitgliedern des Äußeren Rates und der Vierziger, als unzulässig verwarf.[644] Das Syndikat konnte dem Rechtsanwalt Philipp Maria von Götz keine Vollmacht im Namen des Äußeren Rates und der Vierziger erteilen. Hierfür hätte es einen ordentlichen Beschluss der beiden Gremien selbst bedurft. Daher löste sich das

637 *Sellert*, Prozeßgrundsätze und Stilus Curiae am Reichshofrat, S. 104.

638 *Moser*, Einleitung zu dem Reichs-Hof-Raths-Proceß, Band 4, S. 289.

639 *Sellert*, Prozeßgrundsätze und Stilus Curiae am Reichshofrat, S. 104.

640 AHVOR, Manuskripte Regensburg, Nr. 70; HHStAW, Reichshofrat, Obere Registratur 1036, Klageschrift des Äußeren Rates und der Vierziger von 1795.

641 *Moser*, Merckwürdige Reichs-Hof-Raths-Conclusa, Band 1, S. 32; *Sellert*, Prozeßgrundsätze und Stilus Curiae am Reichshofrat, S. 108.

642 AHVOR, Manuskripte Regensburg, Nr. 70; HHStAW, Reichshofrat, Obere Registratur 1036, Klageschrift des Äußeren Rates und der Vierziger von 1795.

643 *Sellert*, Prozeßgrundsätze und Stilus Curiae am Reichshofrat, S. 106 f.

644 Siehe: C. II. 3. Klageerhebungen.

Syndikat auf und der Äußere Rat und die Vierziger beauftragten, in ordentlicher Sitzung unter Einbeziehung all ihrer Mitglieder, Philipp Maria von Götz als ihren Vertretungsberechtigten.[645] Mithin waren der Äußere Rat und die Vierziger partei- und prozessfähig im damaligen Sinne.

f) Sachlegitimation

Die Sachlegitimation musste dargelegt werden.[646] Der Äußere Rat und die Vierziger machten geltend, dass ihre Rechte aus der Regimentsordnung auf Teilhabe an der Stadtherrschaft durch den Inneren/Geheimen Rat vereitelt wurden. Die Errichtung des Geheimen Rates sei rechtswidrig und beschneide ihre Position.[647]

g) Anwaltliche Vertretung

Vor dem Reichshofrat in Wien bestand Anwaltszwang, wenn die Parteien nicht selbst vor Ort anwesend waren. Dieser Zwang ergab sich zunächst aus praktischen Erwägungen. Der Reichshofrat wollte die notwendigen Zustellungen vor Ort in Wien ohne wesentliche Zeitverzögerung und Kosten sparend vornehmen.[648] Bei der Größe des Reiches und der Geschwindigkeit der Post am Ende des 18. Jahrhunderts ist dies nachvollziehbar. Ferner bestand Anwaltszwang, wenn der Kläger nicht die rechtlichen Kenntnisse und Fähigkeiten hatte, um den Prozess zu führen.[649] Denn juristische Laien neigten zu hitzigen und anzüglichen Schriftsätzen, während Rechtsanwälte sachlich arbeiten könnten.[650]

Allerdings bestand eine Ausnahme vom Anwaltszwang, wenn Bürgerschaften gegen ihren Magistrat klagten. Der Magistrat selbst musste sich ebenfalls keinen Rechtsanwalt nehmen.[651] In diesen Fällen gab es übergeordnete Beweggründe, die, trotz der möglichen Hitzigkeit und Anzüglichkeit der Schriftsätze, einem Anwaltsprozess entgegenstanden. Der Reichshofrat war bestrebt, nachdem

---

645 HHStAW, Reichshofrat, Obere Registratur 1036, Schreiben des Äußeren Rates und der Vierziger an den Reichshofrat vom 19.12.1794.

646 *Danz*, Grundsätze des Reichsgerichts Prozesses, S. 346 f. und S. 680; *Sellert*, Prozeßgrundsätze und Stilus Curiae am Reichshofrat, S. 107 f.

647 Siehe: D. II. 1. Klageschrift des Äußeren Rates und der Vierziger.

648 *Hanzely*, Grundlinien der heutigen Reichshofrathspraxis im Allgemeinen, S. 5; *Moser*, Einleitung zu dem Reichs-Hof-Raths-Proceß, Band 4, S. 346; *Sellert*, Prozeßgrundsätze und Stilus Curiae am Reichshofrat, S. 117 f.

649 *Sellert*, Prozeßgrundsätze und Stilus Curiae am Reichshofrat, S. 119.

650 *Selchow*, Einleitung in den Reichshofrathsproceß, Band 2, S. 627.

651 *Moser*, Einleitung zu dem Reichs-Hof-Raths-Proceß, Band 4, S. 303 f.; *Sellert*, Prozeßgrundsätze und Stilus Curiae am Reichshofrat, S. 120.

Bürgerprozesse gegen den Magistrat nicht allein rechtliche, sondern auch politische Verfahren waren, diese durch einen einvernehmlichen Vergleich zu lösen. Für diesen Vergleich zitierte der Reichshofrat die Parteien oder deren Vertreter regelmäßig nach Wien, sodass diese vor Ort waren und es keines Rechtsanwaltes bedurfte.[652]

Somit beauftragten der Äußere Rat und die Vierziger, obwohl kein Anwaltszwang bestand, dennoch Philipp Maria von Götz als Rechtsanwalt.[653] Dies mag daran gelegen haben, dass nach der juristischen Erstberatung bei dem Staatsrechtler Malblank deutlich wurde[654], dass mit dem Inneren Rat/Geheimen Rat kein Vergleich zu schließen war.

h) Inhaltliche Mindestanforderungen und Form

Der Kläger war gehalten, die aus seiner Sicht entscheidenden Tatsachen zusammenhängend als Geschichtserzählung vorzutragen.[655] *Moser* empfiehlt, die Klage hierzu in Unterpunkte zu gliedern.[656] Klagen, die aus der Sicht des Reichshofrates zu weitläufig abgefasst waren, konnten als unzulässig abgewiesen werden.[657] Die rechtliche Begründung war ebenso eine Mindestvoraussetzung, wobei deren Ausführlichkeit nicht vorgegeben war.[658] Jedenfalls sei eine Klage ohne rechtliche Begründung keine gehörige Einrichtung.[659] Auch wenn der Äußere Rat und die Vierziger Tatsachen und Rechtsansichten nicht getrennt darlegten, findet sich eine gegliederte Geschichtserzählung in ihrer Klageschrift. Ebenso argumentierten sie rechtlich an Hand der Regimentsordnung.[660]

---

652 *Moser*, Einleitung zu dem Reichs-Hof-Raths-Proceß, Band 4, S. 303 f.; *Sellert*, Prozeßgrundsätze und Stilus Curiae am Reichshofrat, S. 120.

653 Siehe: C. II. 3. Klageerhebungen.

654 Siehe: C. II. 3. Klageerhebungen.

655 *Herchenhahn*, Geschichte der Entstehung, Bildung und gegenwärtigen Verfassung des Kaiserlichen Reichshofraths, S. 109 ff.; *Selchow*, Einleitung in den Reichshofrathsproceß, Band 2, S. 624; *Sellert*, Prozeßgrundsätze und Stilus Curiae am Reichshofrat, S. 151.

656 *Moser*, Einleitung zu dem Reichs-Hof-Raths-Proceß, Band 4, S. 492 ff.

657 *Moser*, Merckwürdige Reichs-Hof-Raths-Conclusa, Band 5, S. 793; *Sellert*, Prozeßgrundsätze und Stilus Curiae am Reichshofrat, S. 150 f.

658 *Sellert*, Prozeßgrundsätze und Stilus Curiae am Reichshofrat, S. 165 f.

659 *Herchenhahn*, Geschichte der Entstehung, Bildung und gegenwärtigen Verfassung des Kaiserlichen Reichshofraths, S. 111; *Selchow*, Einleitung in den Reichshofrathsproceß, Band 2, S. 624.

660 Siehe: D. II. 1. Klageschrift des Äußeren Rates und der Vierziger.

Das Kernstück der Klage waren die Sachanträge.[661] So weist schon *Selchow* auf den Umstand hin, dass die Richter zuerst auf die Anträge schauen und dann auf die Geschichtserzählung.[662] Nachdem der Kaiser der oberste Gerichtsherr im Reich war, wurden die Anträge nicht an den Reichshofrat gestellt, sondern an den Kaiser. Der Reichshofrat wies daher Klagen ab, die sich nicht an den Kaiser richteten.[663] Auch wenn nicht an eine Formel gebunden, hatten die Anträge bestimmt und schlüssig zu sein. Gegenstand konnte indes jedes Begehren sein.[664] Der Äußere Rat und die Vierziger formulierten in Abschnitt I., § 21[665] der Klageschrift, den Anforderungen entsprechende, Sachanträge. Mithin waren die inhaltlichen Mindestanforderungen erfüllt.

Weiter waren Klagen vor dem Reichshofrat schriftlich abzufassen.[666] Dies ergibt sich aus Titel III. der Reichshofratsordnung von 1654[667], nach welchem das Schriftformerfordernis galt. Darüber hinaus waren sämtliche Schriftsätze an das Gericht entweder in lateinischer oder deutscher Sprache abzufassen und zwar deutlich und leserlich geschrieben.[668] Unleserliche Schriftsätze wurden regelmäßig abgelehnt.[669] Der Originalschriftsatz ist handschriftlich in deutscher Kurrentschrift, mit gelegentlichen lateinischen Einstreuungen, abgefasst.[670] Somit waren die Formerfordernisse gewahrt.

2. Begründetheit der Klage

Die Klage ist begründet, wenn die Einrichtung des Geheimen Rates gegen Reichsrecht verstieß und somit der Geheime Rat aufzuheben war. Weiter ist die Klage begründet, wenn die Schaffung der Direktorenämter reichsrechtswidrig

---

661 *Sellert*, Prozeßgrundsätze und Stilus Curiae am Reichshofrat, S. 167 ff.

662 *Selchow*, Einleitung in den Reichshofrathsproceß, Band 2, S. 639.

663 *Sellert*, Prozeßgrundsätze und Stilus Curiae am Reichshofrat, S. 142.

664 *Sellert*, Prozeßgrundsätze und Stilus Curiae am Reichshofrat, S. 167 und S. 172.

665 Siehe: D. II. 1. a) Abschnitt I.

666 *Sellert*, Prozeßgrundsätze und Stilus Curiae am Reichshofrat, S. 132.

667 *Uffenbach*, Vom Kayserl. Reichs-Hoff-Rath, Beilage, S. 55 f.

668 *Sellert*, Prozeßgrundsätze und Stilus Curiae am Reichshofrat, S. 137 f.; *Uffenbach*, Vom Kayserl. Reichs-Hoff-Rath, Beilage, S. 56.

669 *Herchenhahn*, Geschichte der Entstehung, Bildung und gegenwärtigen Verfassung des Kaiserlichen Reichshofraths, S. 127 ff.; *Moser*, Einleitung zu dem Reichs-Hof-Raths-Proceß, Band 4, S. 520 ff.; *Sellert*, Prozeßgrundsätze und Stilus Curiae am Reichshofrat, S. 138.

670 HHStAW, Reichshofrat, Obere Registratur 1036, Klageschrift des Äußeren Rates und der Vierziger von 1795.

war. Es wird zu prüfen sein, ob ein Anspruch des Äußeren Rates und der Vierziger auf die Herausgabe von Siegel, Protokoll und Archiv des Geheimen Rates bestand. Auch wird zu untersuchen sein, ob die Unterlagen des Generaluntersuchungssystems offenzulegen waren und die Prüfung der Steueramtsrechnung alleiniges Recht des Geheimen Rates bleiben durfte.

a) Auslegung der Sachanträge

Die Sachanträge der Kläger beziehen sich in den Punkten 1) bis 4) auf den Geheimen Rat, dessen Vertreter in Form der Direktoren, dessen Siegel und Unterlagen und das Generaluntersuchungssystem. In dem Sachantrag 5) wird die Einsichtnahme in die Steueramtsrechnung beansprucht.[671] In den Sachanträgen wurde hingegen nicht gefordert, den Vierzigern ein umfassendes Mitspracherecht bei Veräußerung von öffentlichem Eigentum und Aufnahme von Darlehen zu sichern. Dieser Punkt wurde in der Klage nur in der „Narratio"[672], dem Vortrag des Klagestoffes, angesprochen[673]. Es galt im Reichsrecht der aus dem römisch-kanonischen Recht übernommene Grundsatz, dass ein Urteil nie über die Anträge der Parteien hinausgehen darf.[674] Das Urteil hatte sich in den Anträgen zu spiegeln[675], wobei die Anträge der richterlichen Auslegung zugänglich waren.[676] Somit stellt sich die Frage, weshalb der Äußere Rat und die Vierziger die Rechte der Vierziger lediglich in der „Narratio" ansprachen, diese aber nicht ausdrücklich in den Sachanträgen einforderten. Nachdem eine anwaltliche Vertretung erfolgte[677], ist davon auszugehen, dass dies tatsächlich beabsichtigt war, also keine reichsgerichtliche Entscheidung in dieser Sache herbeigeführt werden sollte. Die anwaltliche Vertretung der Kläger durch Philipp Maria von Götz verschließt mithin die Sachanträge gegenüber einer Auslegung über deren Wortlaut hinaus. Folglich bedurften die nur in der „Narratio" aufgeworfenen Fragen keiner reichsgerichtlichen Entscheidung. Ein Beweggrund von Philipp Maria von Götz für seine Klageformulierung mag gewesen sein, den hierarchisch

671 Siehe: D. II. 1. a) Abschnitt I.

672 *Sellert*, Prozeßgrundsätze und Stilus Curiae am Reichshofrat, S. 145.

673 Siehe: D. II. 1. a) Abschnitt I.

674 *Sellert*, Prozeßgrundsätze und Stilus Curiae am Reichshofrat, S. 170.

675 *Moser*, Einleitung zu dem Reichs-Hof-Raths-Proceß, Band 2, S. 129; *Seyfarts*, Teutscher ReichsProceß, S. 474 f.

676 *Herchenhahn*, Geschichte der Entstehung, Bildung und gegenwärtigen Verfassung des Kaiserlichen Reichshofraths, S. 124; *Sellert*, Prozeßgrundsätze und Stilus Curiae am Reichshofrat, S. 170.

677 Siehe: C. II. 3. Klageerhebungen.

denkenden Reichshofrat mit den Forderungen von Bürgervertretern, welche die Vierziger nach der Regimentsordnung waren[678], nicht zu verstimmen, indem zu viele Bürgerrechte eingefordert wurden. Schließlich war der Reichshofrat zur Aufrechterhaltung einer ständischen Gesellschaftsordnung in den Reichsstädten durch den Westfälischen Friedensvertrag verpflichtet.[679]

b) Aufhebung des Geheimen Rates

Zu untersuchen ist, ob der Geheime Rat an sich gegen Reichsrecht verstieß und daher, wie in Sachantrag 1)[680] gefordert, aufzuheben war. Hierbei wird die Wahlkapitulation von Kaiser Franz II. von 1792[681] zu beachten sein. Die jeweiligen Wahlkapitulationen dienten der Präzisierung der Herrschaftsrechte des Kaisers und hatten als Grundgesetz seiner Herrschaft die Stellung eines Reichsgesetzes.[682] Auch kommt die Regimentsordnung von 1514[683] als entscheidungserhebliches Reichsgesetz in Betracht.

aa) Wahlkapitulation von Kaiser Franz II.

Fraglich ist zunächst, ob der Reichshofrat den Geheimen Rat überhaupt aufheben konnte oder ob die Wahlkapitulation von Kaiser Franz II. aus dem Jahr 1792 einer solchen Maßnahme entgegen stand. Denn es heißt in Art. I, § 8 dieser Wahlkapitulation, der Kaiser werde den Reichsgerichten nicht erlauben, in die Landeshoheit der Reichsstände einzugreifen. Insbesondere dürften die Reichsstädte ihre innere Verfassung und Regierungsform frei handhaben, solange hierbei nicht die Grenze zur Willkür überschritten werde.[684] Jedoch lag nach zeitgenössischer Staatsrechtslehre kein kaiserlicher Eingriff in die inneren Verhältnisse der Reichsstädte vor, wenn eine kaiserliche Handlung die Landeshoheit bewahrte.[685] Jedenfalls wäre eine Abschaffung des Geheimen Rates kein kaiserlicher Eingriff in die Regierungsfreiheit der Reichsstadt gewesen, sondern eine Bewahrung derselben, falls durch die Einrichtung des Geheimen Rates die

---

678 Siehe: B. I. Weg zur Reichsstadt.

679 *Press*, Reichsstadt und Revolution, S. 8.

680 Siehe: D. II. 1. a) Abschnitt I.

681 *Wirth*, Wahlkapitulation des römischen Kaisers Franz des Zweiten.

682 *Moser/Häberlin*, Von der kaiserlichen Wahlcapitulation, S. 3 ff.

683 BayHStA, Reichsstadt Regensburg Literalien, Nr. 380 und Nr. 381.

684 *Wirth*, Wahlkapitulation des römischen Kaisers Franz des Zweiten, S. 5.

685 *Malblank*, Abhandlungen aus dem Reichsstädtischen Staatsrechte, S. 188; *Roth*, Staatsrecht deutscher Reichslande, S. 132; siehe die gleiche Argumentation bei: D. IV. 1. a) Rechtsweg zur kaiserlichen Gerichtsbarkeit.

Grenze zur Willkür überschritten gewesen wäre. Mithin bestand grundsätzlich eine Handlungsmöglichkeit, dem Sachantrag 1) der Klage auf Abschaffung des Geheimen Rates nachzukommen. Ob jedoch durch die Einrichtung des Geheimen Rates die Grenze zur Willkür überschritten wurde, kann sich nur durch Auslegung der Regimentsordnung von 1514 als Stadtverfassung ergeben.

bb) Regimentsordnung von 1514

Die Parteien setzten an die Regimentsordnung von 1514[686] unterschiedliche Auslegungsmethoden an, um für ihre Rechtsposition zu argumentieren. Nach deren Wortlaut war der Innere Rat der eigentliche Magistrat, welcher den Äußeren Rat und die Vierziger in bestimmten Angelegenheiten zu konsultieren hatte. Die Reichshauptmannschaft überwachte den Inneren Rat im Sinne des Kaisers.[687] Während der Äußere Rat und die Vierziger auf diesen Wortlaut der Norm abstellten, um die Rechtswidrigkeit des Geheimen Rates zu begründen[688], sah Bösner die Rechtmäßigkeit des Geheimen Rates durch den Willen des historischen Gesetzgebers bestätigt[689]. Hauptargument des Äußeren Rates und der Vierziger war, dass der Geheime Rat in der Regimentsordnung nicht erwähnt werde. Die Zusammensetzung des Magistrates der Reichsstadt sei in der Regimentsordnung abschließend geregelt. Folglich sei die Einsetzung eines Geheimen Rates regimentsordnungswidrig.[690] Dagegen argumentierte Bösner, dass der Geheime Rat der Nachfolger der Reichshauptmannschaft sei, welche in der Regimentsordnung vorgesehen sei. Die Machtstellung des Geheimen Rates ergebe sich aus dem historischen Willen des Gesetzgebers, durch die Einrichtung der Reichshauptmannschaft in Zukunft Aufstände gegen das Reich zu verhindern. In diese Machtstellung sei durch Gewohnheitsrecht der Geheime Rat nachgerückt.

Bevor es zu einem Streitentscheid über die Auslegung der Regimentsordnung kommen kann, ist zunächst zu klären, welche juristischen Auslegungsmethoden zum Zeitpunkt des Prozesses am Ende des 18. Jahrhunderts überhaupt anerkannt waren, wenn es um die Interpretation der Regimentsordnung aus dem Jahr 1514 geht. Die Methodenlehre von *Larenz*[691] aus dem 20. Jahrhundert könnte in ihren

686 BayHStA, Reichsstadt Regensburg Literalien, Nr. 380 und Nr. 381.
687 Siehe: B. I. Weg zur Reichsstadt.
688 Siehe: D. II. 1. Klageschrift des Äußeren Rates und der Vierziger.
689 Siehe: D. II. 3. a) Kommentierung der Regimentsordnung.
690 Siehe: D. II. 1. a) Abschnitt I.
691 *Larenz*, Methodenlehre der Rechtswissenschaft.

Grundgedanken anwendbar sein. Tatsächlich bezieht sich *Larenz* ausdrücklich[692] auf die Lehre von *Savigny*[693], der in seiner juristischen Methodenlehre aus dem Jahr 1840[694] den Grundstein für die Methoden der grammatischen, systematischen, historischen und teleologischen Auslegung setzte. Festzuhalten ist, dass im 19. Jahrhundert der Rechtsanwender grundsätzlich die Möglichkeit zur Auslegung von Rechtsnormen unabhängig vom Gesetzgeber hatte. Jedoch ist damit noch keine Aussage für das Ende des 18. Jahrhunderts getroffen. Denn zu dieser Zeit bestanden zahlreiche gesetzliche Auslegungsverbote für die Rechtsanwender.[695] So heißt es etwa in Art. 47 der Einleitung des Allgemeinen Landrechts für die Preußischen Staaten vom 5. Februar 1794: „Findet der Richter den eigentlichen Sinn des Gesetzes zweifelhaft, so muss er, ohne die prozessführenden Parteien zu benennen, seine Zweifel der Gesetzeskommission anzeigen, und auf deren Beurteilung antragen."[696] Der Herr über die Gesetzesauslegung in Preußen war also der Gesetzgeber und nicht der Anwender. Dies galt ebenso grundsätzlich im Heiligen Römischen Reich. Nach Art. II, § 5 der Wahlkapitulation von Kaiser Franz II. aus dem Jahr 1792 behielt sich der Kaiser die Interpretationshoheit über Reichsgesetze grundsätzlich für den Reichshofrat vor, versprach aber, auf dem Reichstag eine Rücksprache über die Auslegung mit den Reichsständen zu nehmen.[697] Somit war keine Auslegung von Reichsgesetzen ohne den Kaiser und seinen Reichshofrat am Ende des 18. Jahrhunderts möglich.[698] Dieses Ergebnis bestätigt sich durch ein „argumentum a maiori ad minus". Denn wenn nach damaliger Lehre der Reichshofrat nur an Reichsrecht gebunden war, wenn er es für dienlich hielt[699], dann hatte dieser erst recht die Hoheit bei der Auslegung und Anwendung desselben. Die Auslegungslehren von *Savigny*, die er im Jahr 1840 veröffentlichte[700] und welche dem Gesetzgeber die Auslegungshoheit über Gesetze teilweise entzogen und somit Kontrollmöglichkeiten eröffneten,

---

692 *Larenz*, Methodenlehre der Rechtswissenschaft, S. 7.

693 *Denneler*, Friedrich Karl von Savigny, S. 7 ff.

694 *Savigny*, System des heutigen Römischen Rechts, § 33, S. 212 ff.

695 *Becker*, Kommentier- und Auslegungsverbot, S. 963–974.

696 *Hattenhauer*, Allgemeines Landrecht für die preußischen Staaten von 1794, Einleitung, § 47.

697 *Wirth*, Wahlkapitulation des römischen Kaisers Franz des Zweiten, S. 8.

698 *Selchow*, Einleitung in den Reichshofrathsproceß, Band 1, S. 32.

699 *Moser*, Von Teutschland und dessen Staats-Verfassung überhaupt, S. 202; *Selchow*, Einleitung in den Reichshofrathsproceß, Band 1, S. 86; *Sellert*, Prozeßgrundsätze und Stilus Curiae am Reichshofrat, S. 88.

700 *Savigny*, System des heutigen Römischen Rechts, § 33, S. 212 ff.

waren ein Verdienst der Aufklärung. Im Heiligen Römischen Reich am Ende des 18. Jahrhunderts hatten diese modernen Gedanken noch nicht Einzug gehalten. In der Frühschrift seiner juristischen Methodenlehre aus den Jahren 1802/03 kommt selbst *Savigny* noch zu dem Schluss, dass der Gesetzesanwender keine teleologische Auslegung anwenden, sondern nur das Gesetz logisch, systematisch und grammatikalisch nachvollziehen dürfe[701]. Denn „eine Vervollkommnung des Gesetzes ist zwar möglich, allein bloß durch den Gesetzgeber, nie durch den Richter darf sie vorgenommen werden."[702] Erst in seiner Spätschrift aus dem Jahr 1840 billigt *Savigny* dem Rechtsanwender zu, den Gesetzeszweck bei der Auslegung zu berücksichtigen.[703] Folglich kamen die Gedanken der Aufklärung bei *Savigny* erst in der Mitte des 19. Jahrhunderts voll zur Geltung. Indes ist zu bedenken, dass *Savigny* mit der, in seiner Frühschrift vertretenen, grundsätzlichen Interpretationshoheit des Gesetzgebers im Ergebnis von *Kant*, einem Vertreter der Aufklärung[704], gestützt wird. Denn *Kant* kommt im Jahr 1792 zu dem Schluss, es könne keine verbindlichen Regeln für die Anwendung von Regeln geben, nachdem dies ein infiniter Regress sei[705], also ein Rückschreiten ins Unendliche. Dem folgend sind die juristischen Auslegungslehren ein infiniter Regress und somit gänzlich als unlogisch abzulehnen.

Diese Überlegungen bedeuten für den untersuchten Regensburger Prozess am Ende des 18. Jahrhunderts, dass keine gutachterliche Begründetheitsprüfung des Sachantrags 1) auf Aufhebung des Geheimen Rates erfolgen kann. Der Reichshofrat war als kaiserliche Behörde und Reichsgericht janusköpfig Gesetzgeber und Richter in einem. Wenn der Kaiser durch seinen Reichshofrat den Geheimen Rat wegen des Wortlautes der Regimentsordnung als rechtswidrig eingeordnet hätte, wäre dies materiell so gewesen. Hätte dagegen der Kaiser den Geheimen Rat durch den Willen des historischen Gesetzgebers bestätigt gesehen, dann wäre dies ebenso eine materielle Tatsache gewesen. Mithin bestimmte sich nach dem anzuwendenden Reichsrecht die Entscheidung nicht nach der tatsächlichen Wirklichkeit, sondern die Entscheidung war wegen der Interpretationshoheit des Reichshofrates die materielle Wirklichkeit. Eine vom Reichshofrat unabhängige juristische Prüfung an Hand des alten Reichsrechtes am Ende des 18. Jahrhunderts ist nicht möglich.

---

701 *Larenz*, Methodenlehre der Rechtswissenschaft, S. 13.

702 *Savigny*, Juristische Methodenlehre, S. 43.

703 *Savigny*, System des heutigen Römischen Rechts, § 33, S. 212 ff.

704 *Kühn*, Kant.

705 *Kant*, Kritik der reinen Vernunft, S. 172.

Zu überlegen ist, ob dem Reichshofrat ein beredtes Schweigen in Bezug auf die Rechtmäßigkeit des Geheimen Rates unterstellt werden kann. Möglicherweise könnte der Reichshofrat in den ergangenen Conclusa[706] das Bestehen des Geheimen Rates stillschweigend akzeptiert und somit legitimiert haben. Die Konsequenz wäre, dass wegen der Interpretationshoheit des Reichshofrates ein Dritter in einer Urteilsüberprüfung die Rechtmäßigkeit des Geheimen Rates annehmen müsste. Jedenfalls hat sich der Reichshofrat niemals zu dem Geheimen Rat geäußert.[707] In seinen Entscheidungen ist stets von dem Magistrat, der Obrigkeit oder den Ratsherren die Rede. Indes führte der Reichshofrat in dem Conclusum vom 12. Januar 1798[708] aus, die Forderungen auf Abschaffung der Berater und Syndizi und auf Herausgabe der geheimen Registratur werden abgewiesen.[709] Weiter erging der Hinweis an die Parteien, dass abgeleitete Ansprüche aus einer Auslegung oder Nichtanwendung der Regimentsordnung von 1514 einer weiteren rechtlichen Begründung bedürfen.[710] Im Reichshofratsconclusum vom 28. September 1798[711] regelte der Reichshofrat in dessen Abschnitt VI.[712] die Ämterbesetzung und Amtswahl in Regensburg nach eigenen Worten umfassend regimentsordnungsgemäß neu und stellte klare Vorgaben an aktive und passive Wahlrechte auf. Nachdem also der Reichshofrat detailgenau die vorzunehmenden Reformen beschrieb und einzelne Sachanträge abschlug, kann nicht angenommen werden, dass er sich bewusst zu dem Bestehen des Geheimen Rates ausschwieg, um diesen zu legitimieren. Vielmehr forderte der Reichshofrat weitere Schriftsätze der Parteien an, um sich zur Rechtmäßigkeit oder Rechtswidrigkeit des Geheimen Rates ein Urteil bilden zu können.[713] Dieser Aufforderung kam Merk, der Rechtsanwalt des Inneren/Geheimen Rates, auf zweiundsechzig Seiten am 10. Juli 1798 nach. Er erläuterte, weshalb der Inhalt der Regimentsordnung als Fundamentalgesetz den Geheimen Rat legitimierte.[714] In seiner

706 Siehe: D. III. Entscheidungen des Reichshofrates.
707 Siehe: D. III. Entscheidungen des Reichshofrates.
708 NSuUB, 2 H BAV I, 5070, Reichshofratsconclusum vom 12.01.1798.
709 Siehe: D. III. 2. b) Abschnitte V. und VI.
710 Siehe: D. III. 2. c) Abschnitte VII. und VIII.
711 HHStAW, Reichshofrat, Obere Registratur 1036, Reichshofratsconclusum vom 28.09.1798.
712 Siehe: D. III. 3. f) Abschnitt VI.
713 Siehe: D. III. 2. c) Abschnitte VII. und VIII.
714 HHStAW, Reichshofrat, Obere Registratur 1036, Schreiben Merks an den Reichshofrat vom 10.07.1798.

Argumentation griff er auf Bösners Kommentierung der Regimentsordnung[715] aus dem Jahr 1793 zurück. Dieser Rückgriff ist bemerkenswert, nachdem Bösner seit knapp zwei Jahren als Geheimer Ratsherr unrühmlich abgewählt worden war[716]. Die nun amtierenden Geheimen Ratsherren machten sich seine Rechtsansichten aber noch immer zu eigen. Auch als Bösner nicht mehr an der Macht war, wirkte sein Selbstverständnis als Geheimer Ratsherr fort. Soweit ersichtlich, legte indes der Reichshofrat das Schreiben Merks nur zu den Akten. Einstweilen wurde die Frage der Regimentsordnungswidrigkeit des Geheimen Rates bewusst offengelassen, um allein durch Neubesetzung von Ämtern eine Magistratsreform der Reichsstadt zu erreichen.[717]

Mangels einer Entscheidung sowie wegen der Interpretationshoheit des Reichshofrates kann mithin hier nicht entschieden werden, ob der Wortlaut der Regimentsordnung[718] dem Äußeren Rat und den Vierzigern Recht gab oder ob Bösners historische Auslegung[719] zutraf. So wie der Reichshofrat die Frage offenließ, ob der Sachantrag 1) nach altem Reichsrecht begründet war, muss es in dieser Arbeit offenbleiben.

c) Abschaffung der Direktorenämter

Der Reichshofrat schaffte in seinem Conclusum vom 12. August 1796[720] den Direktorposten des Almosenamtes ab[721] und ließ die restlichen Direktorenposten in den Ämtern bestehen. Hieraus ist zu folgern, dass der Reichshofrat grundsätzlich von der Reichsrechtsmäßigkeit der Direktorenämter ausging. Kraft seiner Interpretationshoheit über die Reichsgesetze schuf der Reichshofrat so materielles Recht. Mithin muss eine Prüfung von dritter Seite ebenso zu dem Schluss kommen, dass der Sachantrag[722] unbegründet war, weil die Direktorenämter an sich nicht gegen die Regimentsordnung verstießen.

715 Siehe: D. II. 3. a) Kommentierung der Regimentsordnung.

716 Siehe: C. II. 4. Absetzung des Sigmund Bösner.

717 Siehe auch: *Lau*, Unruhige Städte, S. 27, welcher das „Augsburger Modell" des Reichshofrates beschreibt, durch die Einsetzung von Experten als Ratsherren eine Lösung der reichsstädtischen Krise zu erreichen.

718 Siehe: D. II. 1. Klageschrift des Äußeren Rates und der Vierziger.

719 Siehe: D. II. 3. a) Kommentierung der Regimentsordnung.

720 HHStAW, Reichshofrat, Obere Registratur 1036, Reichshofratsconclusum vom 12.08.1796.

721 Siehe: D. III. 1. b) Abschnitt II.

722 Siehe: D. II. 1. a) Abschnitt I.

d) *Herausgabe des Siegels, der Protokolle und des Archivs*

Der Sachantrag[723] auf Herausgabe des Siegels, der Protokolle und des Archivs des Geheimen Rates ist bedingt formuliert. Die Herausgabe sollte nach Aufhebung des Geheimen Rates erfolgen. Da in dieser Arbeit nicht über dessen Aufhebung entschieden werden kann[724], muss folglich der bedingte Antrag ebenso unentschieden dahinstehen.

e) *Offenlegung des Generaluntersuchungssystems*

Indem der Reichshofrat in seinem Conclusum vom 12. Januar 1798[725] entschied, dass die geheime Registratur nicht dem gesamten Inneren Rat und dem Äußeren Rat vorzulegen sei[726], wies er den Antrag[727] auf Offenlegung des Generaluntersuchungssystems als Teil der geheimen Registratur zurück. Ein Dritter kann wegen der Interpretationshoheit des Reichshofrates nur zu dem Ergebnis kommen, dass nach der Regimentsordnung kein Anspruch auf Offenlegung bestand.

f) *Offenlegung der Steueramtsrechnung*

Zu prüfen ist der Anspruch des Äußeren Rates und der Vierziger auf Offenlegung der Steueramtsrechnung, wie in Sachantrag 5)[728] gefordert. Im Reichshofratsconclusum vom 12. August 1796[729] entschied der Reichshofrat, die Steueramtsrechnung sei offenzulegen[730], und schuf so materielles Recht. Zumindest ist es von dritter Seite aus möglich, die Entscheidungsfindung an Hand des Wortlautes der Regimentsordnung nachzuvollziehen.

Denn in der Regimentsordnung von 1514 heißt es dazu: „Steuern soll jeder, der bürgerliche Gewerb oder Handthierung treibet, nach seinem Gewissen und bey seinem Eid, und zwar von jedem 100 fl. einen Gulden und alljährlich soll vom Steueramt dem inneren Rath und einer Deputation des äusseren Raths und der Gemeine Rechnung abgelegt werden."[731] Zutreffend ist der Tatsachenvortrag des

723 Siehe: D. II. 1. a) Abschnitt I.
724 Siehe: D. IV. 2. b) bb) Regimentsordnung von 1514.
725 NSuUB, 2 H BAV I, 5070, Reichshofratsconclusum vom 12.01.1798.
726 Siehe: D. III. 2. b) Abschnitte V. und VI.
727 Siehe: D. II. 1. a) Abschnitt I.
728 Siehe: D. II. 1. a) Abschnitt I.
729 HHStAW, Reichshofrat, Obere Registratur 1036, Reichshofratsconclusum vom 12.08.1796.
730 Siehe: D. III. 1. b) Abschnitt II.
731 BayHStA, Reichsstadt Regensburg Literalien, Nr. 380 und Nr. 381.

Äußeren Rates und der Vierziger[732], dass diese Art der Rechnungsablegung in der Reichsstadt Regensburg nicht erfolgte, sondern allein der Geheime Rat prüfte die Steueramtsrechnung[733]. Diese, vom Wortlaut der Regimentsordnung abweichende, Handhabung der Steueramtsrechnungsprüfung ist regimentsordnungswidrig. In dieser Hinsicht steht die Interpretationshoheit des Reichshofrates der Begründetheitsprüfung eines Dritten nicht entgegen, nachdem in der Frage die Regimentsordnung keinen Auslegungsspielraum lässt. In der Nichtanwendung des Wortlautes ist vielmehr die Grenze zur Willkür überschritten, deren Überschreitung nach Art. I, § 8 der Wahlkapitulation von Kaiser Franz II. aus dem Jahr 1792[734] die Rechtfertigung für einen kaiserlichen Eingriff in die Regierung der Reichsstadt ist. Die Steueramtsrechnung war offen zu legen. Der Sachantrag 5) war begründet.

V. Rechtliche Ergebniskontrolle und Schlussfolgerung

Wird das Ergebnis der unternommenen gutachterlichen Prüfung mit den Entscheidungen des Reichshofrates verglichen, so mag dies eine Kontrolle darstellen, ob die prozessualen und materiellen gutachterlichen Überlegungen für das alte Reichsrecht vertretbar erscheinen. Besteht eine Abweichung, stellt sich die Frage, ob nun das Gutachten unrichtig ist oder sich die Unterschiede durch die „Prozessgrundsätze und Stilus Curiae am Reichshofrat“[735] erklären lassen. Es ist dabei zu berücksichtigen, dass die Ergebniskontrolle nur mit Conclusa[736], somit vorläufigen Entscheidungen und keinen Endurteilen[737], erfolgen kann. Möglicherweise hätte der Reichshofrat noch ein Endurteil gefällt, wenn nicht die siegreiche französische Armee im Sommer 1800 in Regensburg einmarschiert wäre[738] und der Reichshofrat den Prozess ab Februar 1801 daraufhin abbrach.[739]

1. Zulässigkeit

Hinsichtlich der Zulässigkeit der Klage lässt sich die Aussage treffen, dass der Reichshofrat von der Zulässigkeit ausging und die Klage zur Sachentscheidung

---

732 Siehe: D. II. 1. a) Abschnitt I.

733 Siehe: C. I. 1. Verschuldung der Reichsstadt Regensburg.

734 *Wirth*, Wahlkapitulation des römischen Kaisers Franz des Zweiten, S. 5.

735 *Sellert*, Prozeßgrundsätze und Stilus Curiae am Reichshofrat.

736 Siehe: D. III. Entscheidungen des Reichshofrates.

737 *Sellert*, Prozeßgrundsätze und Stilus Curiae am Reichshofrat, S. 341.

738 HHStAW, Reichshofrat, Obere Registratur 1036, Schreiben des General Moreau vom 30. Messidor VIII.

739 Siehe: C. IV. 2. Nachspiel für die Reichsstadt Regensburg.

annahm. Das Ergebnis der gutachterlichen Zulässigkeitsprüfung[740] stimmt mithin mit dem der drei untersuchten Conclusa[741] überein.

2. Begründetheit

Bei der Begründetheit fällt zunächst auf, dass der Reichshofrat sich nicht an den geltenden Antragsgrundsatz[742] hielt, sondern bei seinen Entscheidungen über die Sachanträge 1) bis 5)[743] hinausging. Obwohl nur in der „Narratio“[744] vorgetragen, entschied der Reichshofrat über die Mitbestimmungsrechte der Vierziger bei Grundstücksgeschäften und Kreditaufnahmen[745]. Jedoch ist den Reichshofräten zuzugestehen, dass sie keine alleinige Entscheidung über die Klage des Äußeren Rates und der Vierziger trafen[746]. Indes spiegeln sich in den Entscheidungen auch nicht die Klageanträge der vier Inneren Ratsherren[747], sodass eine Verletzung des Antragsgrundsatzes dennoch vorliegt. Hilfsweise sind die Sachanträge nicht auslegbar, nachdem eine anwaltliche Vertretung des Äußeren Rates, der Vierziger und der vier Inneren Ratsherren erfolgte. Dass sich der Reichshofrat nicht an den Antragsgrundsatz hielt, war in der Praxis üblich.[748] Die Ergebniskontrolle kann sich indes nur auf die Sachanträge 1) bis 5) beziehen, nachdem im Gutachten der, nach dem alten Reichsrecht geltende[749], Antragsgrundsatz beachtet wurde.

Allerdings ist bei Sachantrag 1) bis 4) auf Aufhebung des Geheimen Rates und dessen Handlungen keine tatsächliche Ergebniskontrolle möglich, nachdem dem Reichshofrat allein die Interpretationshoheit über Normen zukam[750] und daher kein Ergebnis unabhängig vom Reichshofrat in der gutachterlichen Untersuchung gefunden werden kann. Hinsichtlich Sachantrag 5)[751] auf Offenlegung der Steueramtsrechnung lässt sich die Entscheidung des Reichshofrates

---

740 Siehe: D. IV. 1. Zulässigkeit der Klage.
741 Siehe: D. III. Entscheidungen des Reichshofrates.
742 Siehe: D. IV. 2. Begründetheit der Klage.
743 Siehe: D. II. 1. a) Abschnitt I.
744 Siehe: D. II. 1. a) Abschnitt I.
745 Siehe: D. II. 1. b) Abschnitt II.
746 Siehe: D. II. 1. a) Abschnitt I.
747 Siehe: D. II. 2. Klageschrift der vier Inneren Ratsherren.
748 *Sellert*, Prozeßgrundsätze und Stilus Curiae am Reichshofrat, S. 170.
749 *Moser*, Einleitung zu dem Reichs-Hof-Raths-Proceß, Band 2, S. 129; *Seyfarts*, Teutscher ReichsProceß, S. 474 f.
750 Siehe: D. IV. 2. b) bb) Regimentsordnung von 1514.
751 Siehe: D. II. 1. a) Abschnitt I.

in dessen Conclusum vom 12. August 1796[752] zumindest gutachterlich nachvollziehen[753].

Festzustellen ist, dass die unternommene rechtliche Ergebniskontrolle auf den ersten Blick einen begrenzten Erkenntnisgewinn liefert und daher unbefriedigend erscheint. Denn die Methode der Ergebniskontrolle hat die immanente Beschränkung, dass eine gutachterliche Rekonstruktion der Entscheidungsgründe nur gelingen könnte, wenn sich der Reichshofrat an das Reichsrecht hielte. Dies war regelmäßig nicht der Fall, so wurde etwa der Antragsgrundsatz beachtet oder nicht. Reichsgesetze blieben, wenn nicht als dienlich erachtet, unangewendet. Es kommt die Interpretationshoheit des Reichshofrates über Normen hinzu, was eine unabhängige Überprüfung seiner Urteile unmöglich macht. So gleicht es aus heutiger Sicht richterlicher Willkür, wenn es in der Regimentsordnung von 1514 heißt: „Der innere Rat (…) soll den äusseren Rat fordern, wenn man von der Steuer reden will."[754], und der Reichshofrat in seinem Conclusum vom 12. August 1796[755] feststellt: „Wird die von dem äußeren Rat (…) gebetene Aufhebung der Drittelsteuer noch zur Zeit abgeschlagen." Entgegen dem im Wortlaut angelegten Steuerbewilligungsrecht des Äußeren Rates, interpretierte der Reichshofrat die Regimentsordnung dementsprechend, dass dem Äußeren Rat nur das Recht zustand, um die Aufhebung von Steuern zu ersuchen. Diese Auslegung war nun materielles Reichsrecht.

Insgesamt zeigt die Ergebniskontrolle also, dass die „Prozessgrundsätze und Stilus Curiae am Reichshofrat" gegen Ende des 18. Jahrhunderts einem heutigen Rechtsstaatsverständnis nicht entsprechen. Zwar ist bei der Übertragung heutiger rechtsstaatlicher Grundsätze auf jene Zeit Zurückhaltung zu üben, dennoch ist bei der rechtsstaatlichen Entwicklung in der deutschen Rechtsgeschichte von einer durchgehenden Konstante an Mindestvoraussetzungen der Rechtsstaatlichkeit auszugehen, die auch im 18. Jahrhundert grundsätzlich galten.[756] Dies bedeutet nicht, dass ein wissenschaftlicher Ableitungszusammenhang zwischen dem heutigen Grundgesetz[757] und den Prozessgrundsätzen am Reichshofrat besteht. Indes gibt es einen historischen Traditionszusammenhang, eine

752 Siehe: D. III. 1. b) Abschnitt II.

753 Siehe: D. IV. 2. f) Offenlegung der Steueramtsrechnung.

754 BayHStA, Reichsstadt Regensburg Literalien, Nr. 380 und Nr. 381.

755 HHStAW, Reichshofrat, Obere Registratur 1036, Reichshofratsconclusum vom 12.08.1796.

756 *Schmidt-Aßmann*, Der Rechtsstaat, § 26, Rdnr. 12.

757 *Schmidt-Aßmann*, Der Rechtsstaat, § 26, Rdnr. 10.

zusammenhängende „Ideen- und Institutionsgeschichte“[758], die eine Übertragung heutiger Grundsätze auf das 18. Jahrhundert erlauben. Ein Justizgewährungsanspruch bestand jedenfalls zu dieser Zeit.[759] Wird indes die Gesetzesbindung der Rechtsprechung bei der Justizgewährung zu einer Konstante an Mindestvoraussetzungen der Rechtsstaatlichkeit gezählt, war der Reichshofratsprozess kein rechtsstaatliches Verfahren. Zu diesem Schluss kommt auch *Sellert*[760]. Seine These ist nun am Beispiel der Regensburger Auseinandersetzungen vor dem Reichshofrat gegen Ende der Reichsunmittelbarkeit bestätigt. Diese allgemeine Erkenntnis lässt sich somit aus der unternommenen Methode der Ergebniskontrolle ziehen. Gegen Ende des 18. Jahrhunderts hatte der Grundsatz „Princeps legibus solutus est“[761] noch immer seine Gültigkeit.[762] Wegen der Interpretationshoheit des kaiserlichen Reichshofrates waren dessen Entscheidungen nicht nachprüfbar. Indes setzte am Ende des 18. Jahrhunderts die Entwicklung hin zu einem Rechtsstaat ein, in welchem Richter an das Gesetz gebunden sind[763] und andere Gesetzesanwender Urteile unabhängig überprüfen können. Die Entscheidungsfreiheit, die dem Reichshofrat als Gericht in der Regensburger Auseinandersetzung zustand, sollte mithin nicht mehr lange bestehen bleiben.

---

758 *Schmidt-Aßmann*, Der Rechtsstaat, § 26, Rdnr. 10.

759 *Häberlin*, Handbuch des Teutschen Staatsrechts, S. 461 ff.; *Schmidt-Aßmann*, Der Rechtsstaat, § 26, Rdnr. 12.

760 *Sellert*, Prozeßgrundsätze und Stilus Curiae am Reichshofrat, S. 59 f.

761 *Otto/Schilling/Sintenis*, Das Corpus Juris Civilis, S. 231.

762 *Häberlin*, Handbuch des Teutschen Staatsrechts, S. 178.

763 *Wieacker*, Privatrechtsgeschichte der Neuzeit, S. 184.

E. Politischer Gewinner der Auseinandersetzung

Dem Äußeren Rat und den Vierzigern ging es um die Gewinnung von tatsächlichem Einfluss auf der politischen Ebene der Reichsstadt Regensburg. Um dieses Ziel zu erreichen, wählten sie weder den Weg einer gütlichen Einigung mit dem Geheimen Rat noch versuchten sie mit Gewalt die Teilhabe zu erzwingen. Stattdessen wählten sie den langwierigen Weg eines Reichshofratsprozesses. Nachdem ein Prozess vor dem Reichshofrat wegen dessen Janusköpfigkeit, einerseits Reichsgericht, anderseits Regierungsbehörde[764], neben den juristischen Aspekten auch politisch geprägt sein konnte, lohnt sich die Frage, wer als politischer Gewinner aus der Auseinandersetzung hervorging.

Ein von dem Äußeren Rat und den Vierzigern angestrebtes Grundsatzurteil, die Regimentsordnungswidrigkeit des Geheimen Rates festzustellen und diesen aufzuheben[765], konnte nicht erreicht werden. Das Regiment des Geheimen Rates in der Reichsstadt wurde nicht beseitigt. Zwar übte der Reichshofrat heftige Kritik an der Verwaltungspraxis und der Ämterführung, überließ es aber den Inneren Ratsherren, aus ihrer Mitte weiterhin einen Geheimen Rat als eigentliche Regierung der Reichsstadt handeln zu lassen. Der Geheime Rat an sich blieb als Einrichtung unberührt. Weder bestätigte der Reichshofrat diesen, noch verwarf er ihn. Somit blieb die herrschende Stellung des Inneren Rates beziehungsweise des Geheimen Rates gewahrt. In dieser Hinsicht hatten der Äußere Rat und die Vierziger keinen Erfolg vor dem Reichshofrat.

Hingegen stärkte der Reichshofrat die Position des Äußeren Rates, indem diesem Mitspracherechte bei der Verbesserung der reichsstädtischen Wirtschaft eingeräumt wurden. Außerdem war nun die Reichweite der Genehmigungsrechte der Vierziger bei öffentlichen Grundstücksverkäufen innerhalb oder außerhalb der Reichsstadt, an Bürger oder Externe, reichsgerichtlich geklärt. Das gleiche galt für das Beteiligungserfordernis der Vierziger bei der Kreditaufnahme durch die öffentliche Hand. Weiter hatte nun der Äußere Rat ein gesichertes Kontrollrecht über die Steueramtsrechnung. Überdies wurde die Einführung von bürgerlichen Gegenschreibern von Seiten des Reichshofrates angestrebt.

764 *Danz*, Grundsätze des Reichsgerichts Prozesses, S. 64; *Moraw*, Reichshofrat, S. 634.

765 Siehe: D. II. 1. a) Abschnitt I.

Folglich konnten der Äußere Rat und die Vierziger zunächst mehrere Teilerfolge erzielen.

Die tatsächlichen politischen Gewinner des Prozesses waren aber der Kaiser und sein Reichshofrat. So verwies der Reichshofrat den Inneren Rat auf seinen Platz, als die Anzahl der Ratsherren reduziert und das Gehalt der verbliebenen Ratsherren gekürzt wurde[766]. Diese Maßregel verdeutlichte, wer nun in der Reichsstadt das politische Sagen hatte. Zwar ließ der Reichshofrat dem Inneren Rat, etwa bei der Einführung der bürgerlichen Gegenschreiber[767], einen Rest von Entscheidungsspielraum. Jedoch belegte der Reichshofrat den Inneren Rat mit Strafzahlungen von einer Mark Gold, falls sich dieser dem Willen des Reichshofrates auf Einführung der Gegenschreiber nicht beugte. Der Bericht der Steuerrechnungsabhörungsdeputation wurde ab März 1797 zum Reichshofrat geschickt, der diesen dann prüfte.[768] Mithin lag die Finanzkontrolle über die Reichsstadt in letzter Instanz nun in Wien. Die von Bösner eingeführte Drittelsteuer, als ein Grundstein der Regensburger Auseinandersetzung[769], wurde nach dem Willen des Reichshofrates beibehalten.

Überspitzt formuliert war die Folge des von dem Äußeren Rat und den Vierzigern angestrengten Reichshofratsprozesses, dass die Herrschaft des Sigmund Bösner durch die Herrschaft des Reichshofrates abgelöst wurde. Zwar machte der Reichshofrat dem Äußeren Rat und den Vierzigern Zugeständnisse, gleichzeitig ließ er aber den Geheimen Rat bestehen. Zwischen den Parteien stand der Reichshofrat vordergründig gleich einem ehrlichen Makler. Somit verfolgte der Reichshofrat die Taktik des „Divide et impera“, um den kaiserlichen Einfluss in der Reichsstadt zu sichern. Folglich hatten der Äußere Rat und die Vierziger letztlich keinen Erfolg bei ihrem Unterfangen, tatsächliche Teilhabe an der politischen Macht zu erhalten. Dagegen stärkten sie die Position des Kaisers und ketteten das Schicksal der Reichsstadt Regensburg noch fester an die Geschicke des Heiligen Römischen Reiches. Der Untergang desselben bedeutete für die Reichsstadt Regensburg die Mediatisierung und den Übergang zum Fürstentum Regensburg. Dies heißt jedoch nicht, dass der Äußere Rat und die Vierziger die Mediatisierung der Reichsstadt Regensburg zu verantworten hatten. Allgemein lässt sich aber feststellen, dass eine politische einige Stadt, welche aus sich selbst

766 Siehe: D. III. 3. b) Abschnitt II.

767 Siehe: D. III. 3. b) Abschnitt II.

768 HHStAW, Reichshofrat, Obere Registratur 1035, Bericht der Steuerrechnungsabhörungsdeputation vom 07.03.1798; *Nemitz*, Die direkten Steuern der Stadt Regensburg, S. 532.

769 Siehe: C. II. 1. Erhebung der Drittelsteuer.

heraus regiert wurde, ihre Freiheit nach dem Ende des Heiligen Römischen Reiches bewahren konnte, wie etwa der Sonderfall Hamburg[770] zeigt. In dem neu entstandenen Fürstentum Regensburg führten der Fürst und dessen Behörden die Staatsgeschäfte.[771] Es gab keine Regimentsordnung mehr, welche den Äußeren Rat und die Vierziger als Einrichtungen überhaupt vorsah. Historisch betrachtet war der Klageerfolg nur von kurzer Dauer, weil die im Jahr 1798 eingeräumten Mitspracherechte von dem Lauf der Geschichte im Jahr 1802 überholt wurden.

770 *Conrad,* Die verfassungsrechtliche Bedeutung der Reichsstädte im Deutschen Reich, S. 499; *Schramm*, Hamburg, S. 13 f.

771 *Chrobak,* Politik und Gesellschaft in Regensburg zwischen 1810 und 1848, S. 58.

F. Zusammenfassung

I. Reichsstadt unter kaiserlichem Einfluss

Der Ausgangspunkt der Regensburger Auseinandersetzung in den letzten Jahren der Reichsunmittelbarkeit reicht bis zu dem Ringen zwischen Kaiser und bayerischen Herzog um die Stadtherrschaft in den Jahren 1485 bis 1492 zurück. Nachdem die Reichsstadt Regensburg im Jahr 1486 auf ihre unmittelbare Reichsangehörigkeit verzichtete und sich dem Herzogtum Bayern-München anschloss, haftete der Makel der Reichsuntreue noch bis zum Ende des Reiches der Stadt an. Als im Jahr 1492 Regensburg militärisch in seinen Status der Reichsfreiheit gezwungen wurde, errichtete der Kaiser mit der Regimentsordnung eine städtische Verfassung, um durch Neuordnung der innerstädtischen Verhältnisse eine zukünftige Abtrünnigkeit zu unterbinden. Die Auslegung jener Regimentsordnung in der Fassung von 1514 stand im Zentrum der Regensburger Streitigkeiten zwischen Bürgerschaft und Rat am Ende des 18. Jahrhunderts. Diese Streitigkeiten konnten den Kaiser nicht unberührt lassen. Zum einen betrachtete er die Reichsstädte als sein Kammergut, denn im Reichsgefüge war den Reichsstädten nur ein unterer Rang zuerkannt. Zum anderen sicherte nur ein befriedetes Regensburg den kaiserlichen Einfluss in Süddeutschland.

II. Innerstädtische Auseinandersetzung

1. Ursachen und Eskalation

Regensburg litt, wie viele Reichsstädte im 18. Jahrhundert, an einer finanziellen Krise. Vom großen Wirtschaftsraum Bayerns umschlossen, war das territorial begrenzte Regensburg durch Zoll- und Monopolpolitik des bayerischen Herzogs einer wirtschaftlichen Konkurrenz ausgesetzt, durch die Handel und produzierendes Gewerbe in der Reichsstadt zum Erliegen kamen. Hinzu gab es eine ineffektive innerstädtische Finanzverwaltung, welche ohne politische Kontrolle die laufenden Ausgaben durch Kredit finanzierte. Hierdurch stieg die Schuldenlast in den Jahren bis 1772 immer weiter.

Ab dem Jahr 1778 unternahm Sigmund Bösner im Rahmen seines Generaluntersuchungssystems den Versuch einer Sanierung des reichsstädtischen Haushaltes. Um sich die nötigen Handlungsspielräume hierfür zu schaffen, installierte er im Geheimen Rat zwei Gefolgsleute und kontrollierte so, seine eigene Stimme eingerechnet, drei von insgesamt sechs Ratsstimmen. Indem die verbliebenen drei Ratsherren keine Gegenfraktion bildeten, konnte er, ohne die übrigen Inneren Ratsherren, den Äußeren Rat oder die Vierziger zu beteiligen, seine Reformvorstellungen durchsetzen.

Dieser Alleingang trug Bösner erheblichen Unmut ein. Teile des Inneren Rates fühlten sich in ihrem Rang übergangen. Der Äußere Rat und die Vierziger beschwerten sich in der Hauptsache über die Steuerlast der Drittelsteuer, die Bösner als unverzichtbar für eine Sanierung ansah. Als indes mit dem kaiserlichen Schuldenmoratorium vom 17. Juni 1794 offenbar wurde, dass Bösner mit seiner Sanierung gescheitert war, weitete sich die finanzielle Krise der Reichsstadt zu einer politischen Krise aus. Nun wurde die Machtfülle des Geheimen Rates, gleichbedeutend mit der Machtfülle des gescheiterten Bösner, infrage gestellt. Denn das Bestehen des Geheimen Rates war zumindest nach dem Wortlaut der Regimentsordnung von 1514 nicht vorgesehen. Hätte Bösner jedoch mit seiner Haushaltssanierung Erfolg gehabt, wäre das Urteil der Regensburger Bürger wohl milder ausgefallen. Nachdem Bösner sich überdies uneinsichtig zeigte und anfing, sowohl die Inneren Ratsherren als auch den Äußeren Rat und die Vierziger für die misslungene Sanierung verantwortlich zu machen, suchten vier Innere Ratsherren zusammen mit dem Äußeren Rat und den Vierzigern reichsgerichtlichen Beistand vor dem Reichshofrat. Nach ihrer Ansicht wollten sie so regimentsordnungsgemäße Zustände in Regensburg wiederherstellen.

Bösner setzte in dieser Konfrontation ganz auf die Unterstützung des Reichshofrates. Einen Teilsieg errang er, als ab 1794 die Drittelsteuer kraft kaiserlicher Autorität zu einer Dauereinrichtung erhoben und das Steuerbewilligungsrecht des Äußeren Rates auf diese Weise übergangen wurde. Jedoch überspannte Bösner den Bogen, als er die jährlichen Ratswahlen im Dezember 1794 und im Dezember 1795 ausfallen ließ und kommissarisch seine Arbeit als Geheimer Ratsherr fortsetzte. Hinzu verärgerte Bösner die Reichshofräte, indem er die vom Reichshofrat geforderten Reformen, wie die Einführung von bürgerlichen Gegenschreibern oder die Errichtung einer zentralen reichsstädtischen Kasse, nicht umsetzte. Als Bösner in einem Schreiben an den Reichshofrat die vier klagenden Ratsherren beleidigte und selbst der Prinzipalkommissar Freiherr Aegid von Fahnenberg ihn einen Despoten nannte, verlor Bösner endgültig die Unterstützung des Kaisers. Nachdem der Reichshofrat auf die Ämterwahl im Dezember 1796 bestand, wurde Bösner abgewählt und seine Ära beendet.

2. Geisteshaltungen

In der Auseinandersetzung legten die Parteien unterschiedliche Motivationen an den Tag. Der Äußere Rat und die Vierziger sahen sich um ihre Rechte als reichsstädtische Bürger gebracht und nahmen Bösner sein herrisches Auftreten übel. Hinzu hatte er bei der Haushaltssanierung keinen Erfolg, die ertragene Drittelsteuerlast war also umsonst gewesen. Weiter erfolgte durch das Schuldenmoratorium die Haushaltssanierung nun auf Kosten der Bürger Regensburg, nachdem ihre gegebenen Kredite nicht zurückgezahlt wurden. Der Äußere Rat und die Vierziger waren folglich nicht von den Gedanken der Französischen Revolution beseelt, sondern folgten pragmatischen Überlegungen. Bösner selbst wollte zu Entscheidungen nicht durch Konsens kommen, sondern erhob den Führungsanspruch in allen reichsstädtischen Belangen. Diese Grundhaltung fußte zum einen auf dem Umstand, dass er sich für das Musterbeispiel eines reichsstädtischen Bürgers hielt. Zum anderen hatte er kein Zutrauen ins Können anderer, sondern glaubte, nur er allein wisse, was das Beste für alle sei. Der Reichshofrat hingegen war an einer innenpolitisch befriedeten Reichsstadt interessiert, um eine Position der Stärke für den Kaiser im Reichsgefüge aufrecht zu erhalten.

3. Epilog

Nach seiner Abwahl versuchte Bösner mithilfe des Reichshofrates seine Position als Geheimer Ratsherr wiederzuerlangen. Indes erklärte der Reichshofrat den Sachverhalt des eigensinnigen, ehemaligen Ratsherren Bösner für abgeschlossen. Daher spielte Bösner für die weiteren Geschicke Regensburgs keine Rolle mehr. Für die Reichsstadt Regensburg bedeutete dies, dass das von Bösner hinterlassene Machtvakuum nun vom Reichshofrat ausgefüllt wurde. Dieser drängte auf Umsetzung der lange geforderten reichsstädtischen Reformen und behielt die Drittelsteuer trotz Ablehnung des Äußeren Rates und der Vierziger bei. Auf den Punkt gebracht hatte das Aufbegehren der Bürgerschaft gegen Bösner zur Folge, dass das Regime Bösner gegen das Regime des Reichshofrates ausgetauscht wurde. Dies aber nur bis zum Sommer 1800, als die französische Armee in Regensburg einmarschierte, und die Geschicke der Stadt dadurch eine andere Wendung nahmen.

III. Gerichtsverfahren vor dem Reichshofrat

1. Reichshofratsprozess

Bei dem Reichshofratsprozess erfolgte eine Unterteilung des Prozessstoffes in einen prozessualen und einen materiellen Teil. Die Reichshofratsordnung von

1654 war für die untersuchte Regensburger Auseinandersetzung am Ende des 18. Jahrhunderts die grundsätzlich maßgebliche Prozessordnung. Indes waren die Reichshofräte nicht verpflichtet, sich starr an diese Prozessordnung zu halten, sondern konnten sich durch Richterrecht eigene prozessuale Regeln auferlegen. Überdies konnte der Kaiser regulierend in einzelne Verfahrensabschnitte eingreifen. Diese Unverbindlichkeit der Reichshofratsordnung war das Ergebnis eines politischen Kompromisses. Der Kaiser wollte in der Ausübung seiner Gerichtsbarkeit möglichst frei sein, dagegen wollten die Reichsstände die prozessualen Freiheiten des Reichshofrates beschränken. Materiell war für den Reichshofrat grundsätzlich das Reichsrecht der Entscheidungsmaßstab. Mit Vorrang war als Reichsgesetz die jeweilige Wahlkapitulation des herrschenden Kaisers zu beachten. Diese stellte eine Art Grundgesetz seiner Herrschaftsperiode dar, in welchem sich der Kaiser selbst Beschränkungen gegenüber den Reichsständen auferlegte. Indes war das Reichsrecht für den Reichshofrat nur grundsätzlich bindend. Falls der Reichshofrat es für dienlich erachtete oder falls es politisch gewollt war, konnte Reichsrecht unangewendet bleiben und pragmatische Einzelfallentscheidungen ohne tatsächliche Rechtsgrundlage getroffen werden.

2. Eingaben und Rechtsansichten

Die Parteien richteten an der pragmatischen Herangehensweise des Reichshofrates den Inhalt ihrer Schriftsätze aus. Im Zentrum der Auseinandersetzung standen die Grenzen der zulässigen Auslegung der Regimentsordnung an sich. Die Kläger sahen durch den Wortlaut ihre Position bestätigt, die Beklagten führten hingehen historische und teleologische Argumente an, weshalb die Regimentsordnung jenseits des Wortlautes in einem anderen Licht zu betrachten sei. Außer Nebenschauplätzen, ob etwa die Ämterbesetzung in Regensburg ordnungsgemäß erfolgte, war stets die zentrale Fragestellung, ob die Machtfülle des Geheimen Rates regimentsordnungswidrig war oder nicht.

3. Entscheidungen des Reichshofrates

Der Reichshofrat selbst fällte in seinen vorläufigen Entscheidungen, in Form von Conclusa, kein Urteil über die Rechtmäßigkeit oder Rechtswidrigkeit des Geheimen Rates. Hierfür sind zwei Gründe denkbar. Vielleicht wäre ein Urteil bezüglich des Geheimen Rates in einem Endurteil gefallen, welches wegen der Auflösung des Alten Reiches nicht mehr gefällt werden konnte. Oder der Reichshofrat erachtete die Frage der Rechtswidrigkeit des Geheimen Rates als nicht so wichtig, wie es die streitenden Parteien taten. Für letzteren Ansatz spricht, dass der Reichshofrat begann, auf eine umfassende Reformierung der Regensburger

Verwaltung hinzuwirken. Ebenso wurde begonnen, mit pragmatischen Mitteln die wirtschaftliche Konsolidierung des reichsstädtischen Haushaltes auf den Weg zu bringen. Hierzu band der Reichshofrat den Äußeren Rat und die Vierziger ein und sicherte deren Mitbestimmungsrechte. Besonders wichtig erschien es dem Reichshofrat, fähige Personen an der Spitze der Reichsstadt zu haben. Ob sich diese nun Geheime Ratsherren, Innere Ratsherren oder Reichsstädtische Direktoren nannten, war aus der Sicht des Reichshofrates unerheblich.

4. Rechtliche Überprüfung

a) Zulässigkeit

Auch wenn die Zulässigkeit der Klageschrift des Äußeren Rates und der Vierziger in den Entscheidungen nicht thematisiert wurde, spielte diese eine Rolle bei den Entscheidungsfindungen der Reichshofräte. Unzulässige Klagen wurden verworfen, wie es mit der Klage des Syndikats vom 25. August 1794 geschah[772]. Die Klage des Äußeren Rates und der Vierziger war dagegen zulässig, wie die unternommene gutachterliche Überprüfung zeigt. Insbesondere konnte der Reichshofrat wegen eines kaiserlichen Kontrollrechtes in die reichsinnerstädtischen Verhältnisse in Regensburg regulierend eingreifen. Nach damaliger Staatsrechtslehre beschränkte der Kaiser die, durch den Vertrag von Osnabrück garantierte, Landesherrschaft hierdurch nicht, sondern bewahrte diese vielmehr für die Regensburger Bürger. Ein kaiserliches Privileg, die Einmischung in innerstädtische Angelegenheiten zu unterbinden, stand der Reichsstadt Regensburg nicht zu. Der Äußere Rat und die Vierziger hatten die Wahl, welches Reichsgericht sie gegen den reichsunmittelbaren Inneren Rat/Geheimen Rat anriefen. Sie entschieden sich für den Reichshofrat, was dessen ausschließliche Zuständigkeit als Reichsgericht begründete. Daraufhin leitete der Reichshofrat ein ordentliches Verfahren ein und gab dem Beklagten Gelegenheit zur Stellungnahme. Dahinstehen kann, ob als Sachentscheidungsvoraussetzung vorab eine Schiedsgerichtsbarkeit unter Gleichen von dem Äußeren Rat und den Vierzigern hätte angerufen werden müssen. Nicht abschließend zu klären ist, ob der Äußere Rat und die Vierziger überhaupt gleich im Sinne von reichsunmittelbar waren. Zumindest für diese Untersuchung kann die Fragestellung offenbleiben, indem der Innere Rat/Geheime Rat die Einrede der Schiedsgerichtsbarkeit verständlicherweise nicht erhob. Denn dies hätte bedeutet, den Gleichrang der Kläger anzuerkennen, der gerade bestritten

772 Siehe: C. II. 3. Klageerhebungen.

wurde. Die übrigen Sachentscheidungsvoraussetzungen wurden ebenso erfüllt. Der Äußere Rat und die Vierziger waren partei- und prozessfähig und trugen die Sachlegitimation ihrer Begehren ausreichend vor. Obwohl in diesem Verfahren kein Anwaltszwang bestand, vertrat Rechtsanwalt Philipp Maria von Götz die Interessen der Kläger. Dieser begründete die Klage in tatsächlicher und rechtlicher Hinsicht und stellte schriftlich Sachanträge, womit die Mindestanforderungen an Inhalt und Form gewahrt waren.

b) Begründetheit

Wird die Klage des Äußeren Rates und der Vierziger einer gutachterlichen Begründetheitsprüfung unterzogen, ist der Antragsgrundsatz zu beachten, der, aus dem römisch-kanonischen Recht übernommen, im Reichsrecht grundsätzlich galt. Nachdem die Kläger anwaltlich vertreten waren, verbietet sich eine Auslegung der Anträge. Das Gutachten bezieht sich somit auf die Sachanträge 1) bis 5), nach denen die Aufhebung des Geheimen Rates, die Abschaffung der Direktorenämter, die Herausgabe der Unterlagen und Siegel des Geheimen Rates, die Offenlegung des Generaluntersuchungssystems und die Offenlegung der Steueramtsrechnung gefordert wurden[773].

Indes steht einer unabhängigen Begründetheitsprüfung entgegen, dass der Reichshofrat und der Kaiser nach dem Reichsrecht die Interpretationshoheit über Reichsgesetze innehatten. Durch diese Interpretationshoheit musste sich der Reichshofrat bei seinen Entscheidungen nicht starr an den Wortlaut der Reichsgesetze, wie die Regimentsordnung oder die Wahlkapitulation von Kaiser Franz II. von 1792, halten, er schuf durch seine Auslegung erst den Inhalt dieser Reichsgesetze.

Nachdem sich der Reichshofrat nicht dazu äußerte, ob der Geheime Rat regimentsordnungswidrig war, kann in dieser Arbeit keine Aussage über die Begründetheit des Sachantrages 1) getroffen werden. Hinsichtlich Sachantrag 2) auf Abschaffung der Direktorenämter kann sich der Dritte nur dem Ergebnis des Reichshofrates anschließen, dass die Einrichtung von Direktorenämtern grundsätzlich nicht gegen Reichsrecht verstieß. Der bedingte Sachantrag 3), welcher die Aufhebung des Geheimen Rates erfordert, kann mangels Bedingungseintrittes dahinstehen. Der Sachantrag 4) auf Offenlegung des Generaluntersuchungssystems war, in Anschluss an den Reichshofrat, unbegründet. Dagegen kann Sachantrag 5), auf Offenlegung der Steueramtsrechnung, unabhängig vom Reichshofrat, als begründet angesehen werden, nachdem in diesem Punkt der

773 Siehe: D. II. 1. a) Abschnitt I.

klare Wortlaut der Regimentsordnung keinen Auslegungsspielraum offenlässt, den der Reichshofrat mit seiner Interpretationshoheit hätte ausfüllen können.

5. Rechtliche Ergebniskontrolle und Schlussfolgerung

Die rechtliche Ergebniskontrolle zwischen den Entscheidungen des Reichshofrates und der gutachterlichen Untersuchung der Klage des Äußeren Rates und der Vierziger zeigt, dass die „Prozessgrundsätze und Stilus Curiae am Reichshofrat" rechtsstaatlichen Maßstäben nicht genügen. Die von *Sellert* vertretende Position, der Reichshofratsprozess sei kein rechtsstaatliches Verfahren[774], bestätigt sich bei der Regensburger Auseinandersetzung vor dem Reichshofrat. Zum einen wurde der reichsgesetzlich vorgeschriebene Antragsgrundsatz missachtet, zum anderen sind die Urteile des Reichshofrates wegen dessen Interpretationshoheit über die Reichsgesetze nicht von anderen Gesetzesanwendern überprüfbar. Überdies wendete der Reichshofrat die Reichsgesetze pragmatisch nur an, wenn diese für dienlich erachtet wurden, was nach heutigem Maßstab willkürlich erscheint.

IV. Politischer Gewinner

Wegen der Janusköpfigkeit des Reichshofrates, einerseits Regierungsbehörde, anderseits Reichsgericht, hatten dessen Urteile eine politische Komponente. Als politische Sieger gingen aus der Regensburger Auseinandersetzung der Kaiser und sein Reichshofrat hervor und keine der streitenden Parteien. Zwar wurden dem Äußeren Rat und den Vierzigern Mitspracherechte im Regiment der Reichsstadt zugesichert, die vor deren Klageerhebung umstritten waren. Aber der Geheime Rat blieb mit einem Teil seiner Privilegien als Institution unangetastet. Ganz im Sinne des „Divide et impera" begab sich der Reichshofrat vordergründig in die Position eines ehrlichen Maklers zwischen den Parteien und konnte so seinen Einfluss auf die Verhältnisse in Regensburg ausbauen. Dies aber nur bis zum Jahr 1802, als die, nun vom Reichshofrat abhängige, Reichsstadt Regensburg das Schicksal des Untergangs des Alten Reiches in Form der Mediatisierung teilte.

774 *Sellert*, Prozeßgrundsätze und Stilus Curiae am Reichshofrat, S. 59 f.

RECHTSHISTORISCHE REIHE

Die nachfolgende Liste führt die Titel der "Rechtshistorischen Reihe" ab Band 300 auf. Eine vollständige Übersicht aller bisher in der Reihe erschienenen Bücher finden Sie auf www.peterlang.de.

Band 300 Jan Kohlmann: Der Marsch zu den Gräbern von Karl und Rosa. Geschichte eines Gedenktages. 2004.

Band 301 Christian Rainer Schlicht: Die kumulative Schuldübernahme in der Rechtsprechung des Reichsgerichts und in der zeitgenössischen Literatur. 2004.

Band 302 Hans Peter Glöckner: Positive Vertragsverletzung. Die Geburt eines Rechtsinstituts. 2006.

Band 303 João Manuel Azevedo Alexandrino Fernandes: Die Theorie der Interpretation des Gesetzes bei Francisco Suárez. 2005.

Band 304 René Funk: Die Wahlprüfung der volksgewählten Abgeordneten der Volksvertretungen im Frühkonstitutionalismus. Eine Untersuchung der Wahlprüfung in den Kammern der Abgeordneten des Großherzogtums Baden, des Königreichs Württemberg und des Großherzogtums Hessen. 2005.

Band 305 Carolin O'Sullivan. Die Ahndung von Rechtsbrüchen der Seeleute im mittelalterlichen hamburgischen und hansischen Seerecht (1301-1482). 2005.

Band 306 Martin Jürgens: Staat und Reich bei Ernst Rudolf Huber. Sein Leben und Werk bis 1945 aus rechtsgeschichtlicher Sicht. 2005.

Band 307 Florian G. Dürselen: Franz Beyerle (1885-1977). Leben, Ära und Werk eines Rechtshistorikers. 2005.

Band 308 Kai Bandilla: Urheberrecht im Kaiserreich. Der Weg zum Gesetz betreffend das Urheberrecht an Werken der Literatur und Tonkunst vom 19. Juni 1901. 2005.

Band 309 Stefan Mieth: Die Entwicklung des Denkmalrechts in Preußen 1701-1947. 2005.

Band 310 Catharina Lodemann: Die Geschichte des französischen *acte de gouvernement*. 2005.

Band 311 Christina Wicke: Kodifikationsbestrebungen und Wissenschaft in Hessen-Darmstadt im vorkonstitutionellen Zeitalter. Zu der Beteiligung der Gießener Rechtsprofessoren an den Gesetzgebungsarbeiten in Hessen-Darmstadt in der Zeit zwischen 1769 und 1820. 2005.

Band 312 Christiane Chlosta: Nur dem Gesetz unterworfen? Eine rechtsgeschichtliche Untersuchung zu Idee und Wirklichkeit richterlicher Gesetzestreue unter besonderer Berücksichtigung der Aufwertungsrechtsprechung und des richterlichen Prüfungsrechts. 2005.

Band 313 Kathrin Dirr: Hoheitsrechtliche Streitigkeiten zwischen den Kölner Erzbischöfen und der Stadt Köln auf Grundlage reichskammergerichtlicher Verfahren des 16. und 17. Jahrhunderts. 2005.

Band 314 Michael Racky: Die Diskussion über Gewaltenteilung und Gewaltentrennung im Vormärz. 2005.

Band 315 Petra Thiemrodt: Die Entstehung des Staatshaftungsgesetzes der DDR. Eine Untersuchung auf der Grundlage von Materialien der DDR-Gesetzgebungsorgane mit zeitgeschichtlichen Bezügen. 2005.

Band 316 Julius F. Reiter: Entstehung und staatsrechtliche Theorie der italienischen *Carta del Lavoro*. 2005.

Band 317 André Book: Die Justizreform in der Frühzeit der Bundesrepublik. Die Beratungen der Kommission zur Vorbereitung einer Reform der Zivilgerichtsbarkeit in den Jahren 1955 bis 1961. 2005.

Band 318 Frank Zentz: Das amerikanische Strafverfahren als Element der Besatzungspolitik in Deutschland. Erziehung zur Demokratie durch den *Court of Appeals* 1948-1955. 2005.

Band 319 Friederike Quaisser: Mietrecht im 19. Jahrhundert. Ein Vergleich der mietrechtlichen Konzeptionen im Allgemeinen Landrecht für die Preußischen Staaten von 1794 und dem gemeinen Recht. 2005.

Band 320 Stefan Burghard: Professor Dr. Wilhelm Kahl – Leben zwischen Wissenschaft und Politik. 2005.

Band 321 Günter Baranowski: Die *Russkaja Pravda* – ein mittelalterliches Rechtsdenkmal. 2005.

Band 322 Christina Schneider: Die SS und das „Recht". Eine Untersuchung anhand ausgewählter Beispiele. 2005.

Band 323 Werner Schubert (Hrsg.): Zivilprozessreform in der Weimarer Zeit. Quellen zur Emminger-Zivilprozessverordnung vom 13.2.1924 und zu den Arbeiten der Zivilprozesskommission des Reichsjustizministeriums (1922-1930). Eingeleitet und herausgegeben von Werner Schubert. 2005.

Band 324 Felix Gaul: Der Jurist Rudolf Isay (1886-1956). Ein verantwortungsbewusster Vermittler im Spannungsfeld zwischen dynamischer Rechtsschöpfung, ökonomischem Wandel und technischem Fortschritt. 2005.

Band 325 Konstanze Braun: Dr. Otto Georg Thierack (1889-1946). 2005.

Band 326 Eckart Klein / Stefan Chr. Saar / Carola Schulze (Hrsg.): Zwischen Rechtsstaat und Diktatur. Deutsche Juristen im 20. Jahrhundert. 2006.

Band 327 Stefan Botor: Das *Berliner Sühneverfahren* – Die letzte Phase der Entnazifizierung. 2006.

Band 328 Andreas Köhler: Die Sorgerechtsregelungen bei Ehescheidung seit 1945. Scheidungsstrafe und verordnete Gemeinsamkeit. 2006

Band 329 Lars Düwel: Die Nichtigkeit und Anfechtbarkeit der Ehe in der Rechtsprechung des Reichsgerichts zwischen 1900 und 1945. 2006.

Band 330 Katalin Polgar: Das Oberappellationsgericht der vier freien Städte Deutschlands (1820-1879) und seine Richterpersönlichkeiten. 2007.

Band 331 Julia Schweitzer: Schiffer und Schiffsmann in den Rôles d'Oléron und im Llibre del Consolat de Mar. Ein Vergleich zweier mittelalterlicher Seerechtsquellen. 2007.

Band 332 Diana-Catharina Kurtz: Das Institut der Adoption im preußischen Allgemeinen Landrecht und im französischen Code civil zwischen Rezeption römisch-rechtlicher Prinzipien und verändertem Familienverständnis. 2006.

Band 333 Dino Joakim Duderstadt: Spiel, Wette und Differenzgeschäft (§§ 762-764 BGB) in der Rechtsprechung des Reichsgerichts und in der zeitgenössischen Literatur. 2007.

Band 334 Ronald Hoffmann: Die Domänenfrage in Thüringen. Über die vermögensrechtlichen Auseinandersetzungen mit den ehemaligen Landesherren in Thüringen nach dem Ersten Weltkrieg. 2006.

Band 335 Joachim Windmüller: *Ohne Zwang kann der Humanismus nicht existieren...* – „Asoziale" in der DDR. 2006.

Band 336 Sven Christian Gläser: Die Mediatisierung der Grafschaft Wertheim. Der juristische Kampf eines kleinen Reichsstandes gegen den Verlust der Landesherrschaft und seine Folgen. 2006.

Band 337 Benjamin Schleyer: Friedrich Wilhelm Bornemann (1798-1864). Eine Juristenkarriere im Preußen des 19. Jahrhunderts. 2006.

Band 338 Die Reform des Ehescheidungsrechts von 1976. Quellen zum Ersten Gesetz vom 14.6.1976 zur Reform des Ehe- und Familienrechts (Parlamentarische Ausschussprotokolle – Anglikanische Denkschrift von 1966 zur Scheidungsrechtsreform – Schlussabstimmung 1969 in der Eherechtskommission des Bundesministeriums der Justiz). Eingeleitet und herausgegeben von Werner Schubert. 2006.

Band 339 Andreas Feld: Das Bayerische Gesetz zum Schutz des Eigentums an Erzeugnissen der Literatur und Kunst gegen Nachdruck vom 15.04.1840. Vorgeschichte und Zustandekommen. 2007.

Band 340 Bernd Wörner: Adelbert Düringers Einfluß als Richter am Reichsgericht in Leipzig auf dem Gebiet des Personengesellschaftsrechts. 2007.

Band 341 Jan Jelle Kähler: Französisches Zivilrecht und französische Justizverfassung in den Hansestädten Hamburg, Lübeck und Bremen (1806-1815). 2007.

Band 342 Jörn Eckert / Pia Letto-Vanamo / Kjell Modéer (Hrsg.): Juristen im Ostseeraum. Dritter Rechtshistorikertag im Ostseeraum 20.-22. Mai 2004. 2007.

Band 343 Ferdinand von Weyhe: A.E. Wassermann. Eine rechtshistorische Fallstudie zur „Arisierung“ zweier Privatbanken. 2007.

Band 344 Martin Klaus Römermann: Kündigungen und Kündigungsschutz im Franquismus. 2007.

Band 345 Thomas Hoffmann: Der Landrechtsentwurf David Hilchens von 1599. Ein livländisches Rechtszeugnis polnischer Herrschaft. 2007.

Band 346 Ingo Ullmann: Die rechtliche Behandlung holsteinischer Leibeigener um die Mitte des 18. Jahrhunderts. Dargestellt unter besonderer Berücksichtigung der Schmoeler Leibeigenschaftsprozesse von 1738 bis 1743 sowie von 1767 bis 1777. 2007.

Band 347 Petra Fischer-Langosch: Die Entstehungsgeschichte des Familiengesetzbuches der DDR von 1965. 2007.

Band 348 Lasse O. Johannsen: Die rechtliche Behandlung ausreisewilliger Staatsbürger in der DDR. 2007.

Band 349 Ralf Schlottau: Deutsche Kolonialrechtspflege. Strafrecht und Strafmacht in den deutschen Schutzgebieten 1884 bis 1914. 2007.

Band 350 Hartwig Brandt / Ewald Grothe (Hrsg.): Rheinbündischer Konstitutionalismus. 2007.

Band 351 Nora Lutze: Der Verwandtenunterhalt nach den §§ 1601 bis 1603 und §§ 1610 bis 1612 BGB in der Rechtsprechung des Reichsgerichts. Unter Berücksichtigung der Entstehung des BGB. 2007.

Band 352 Frank Thiäner: Das Verhältnis von Aufsichtsrat und Abschlussprüfern in der rechtshistorischen Entwicklung bis 1937. 2007.

Band 353 Britta Heymann: Ernst Melsheimer (1897-1960). Eine juristische Karriere in verschiedenen staatlichen Systemen. Mitarbeiter im Preußischen Justizministerium in der Weimarer Republik, im Justizministerium Preußens und des Reiches sowie Richter am Kammergericht in der NS-Zeit und Erster Generalstaatsanwalt der Deutschen Demokratischen Republik. 2007.

Band 354 Susanne Adlberger: Wilhelm Kisch – Leben und Wirken (1874-1952). Von der Kaiser-Wilhelms-Universität Straßburg bis zur nationalsozialistischen Akademie für Deutsches Recht. 2007.

Band 355 Moritz Waibel: Josef Berchtold (1833-1894). Ein Leben gegen den Ultramontanismus. 2007.

Band 356 Aline Levin: Erinnerung? Verantwortung? Zukunft? Die Beweggründe für die gemeinsame Entschädigung durch den deutschen Staat und die deutsche Industrie für historisches Unrecht. 2007.

Band 357 Ferdinand Krause: Die hergebrachten Grundsätze des Berufsbeamtentums. Eine rechtshistorische Analyse. 2008.

Band 358 André Tiebel: Die Entstehung der Schutztruppengesetze für die deutschen Schutzgebiete Deutsch-Ostafrika, Deutsch-Südwestafrika und Kamerun (1884-1898). 2008.

Band 359 Holger Ruff: Sittenwidrige Rechtsgeschäfte in der späten Kaiserzeit. Die Entwicklung der reichsgerichtlichen Rechtsprechung zu § 138 BGB von 1900 bis 1914. 2007.

Band 360 Frank Rohrer: Strafjustiz im Dritten Reich und in der SBZ/DDR. Die personelle und organisatorische Neuordnung des Justizapparates in den totalitären Diktaturen (1933-1955) mit ihren Auswirkungen auf die Rechtsprechung zum politischen Strafrecht. 2007.

Band 361 Hans-Georg Knothe / Marc Liebmann (Hrsg.): Gerichtskultur im Ostseeraum. Vierter Rechtshistorikertag im Ostseeraum. 18.-20. Mai 2006 in Greifswald. 2007.

Band 362 Christina Meß: Das Vertragsrecht bei Adam Smith. 2008.

Band 363 Quellen zur dänischen Rechts- und Verfassungsgeschichte (12.-20. Jahrhundert). Herausgegeben von Ditlev Tamm, Werner Schubert und Jens Ulf Jørgensen. 2008.

Band 364 Günter Baranowski: Die Gerichtsurkunde von Pskov. 2008.

Band 365 Mark Spengler: Die Entstehung des Scheckgesetzes vom 11. März 1908. 2008.

Band 366 Ivan Biliarsky / Radu G. Păun (eds./éds.): The Biblical Models of Power and Law. Les modèles bibliques du pouvoir et du droit. Papers of the International Conference, Bucharest, New Europe College 2005. Actes du colloque international, Bucarest, New Europe College 2005. 2008.

Band 367 Thomas A. Roth: Ausgestaltungen der Rechtsfähigkeit im 19. und 20. Jahrhundert. Zur Rechtspersönlichkeit natürlicher Personen in den bedeutenden deutschen Zivilrechtsordnungen. 2008.

Band 368 Björn Alexander Rautenberg: Der Fiskal am Reichskammergericht. Überblick und exemplarische Untersuchungen vorwiegend zum 16. Jahrhundert. 2008.

Band 369 Thorsten Miederhoff: *Man erspare es mir, mein Juristenherz auszuschütten*. Dr. iur. Kurt Tucholsky (1890-1935). Sein juristischer Werdegang und seine Auseinandersetzung mit der Weimarer Strafrechtsreformdebatte am Beispiel der Rechtsprechung durch Laienrichter. 2008.

Band 370 Philipp Nordloh: Kölner Zunftprozesse vor dem Reichskammergericht. 2008.

Band 371 Judith Freund: Die Wechselverpflichtung im 19. Jahrhundert. 2008.

Band 372 Hans-Michael Empell: Gutenberg vor Gericht. Der Mainzer Prozess um die erste gedruckte Bibel. 2008.

Band 373 Rainer Schröder: Die DDR-Ziviljustiz im Gespräch – 26 Zeitzeugeninterviews. 2008.

Band 374 Christian Neschwara: Ein österreichischer Jurist im Vormärz. „Selbstbiographische Skizzen" des Freiherrn Karl Josef Pratobevera (1769-1853). 2009.

Band 375 Stefan Ullrich: Untersuchungen zum Einfluss des lübischen Rechts auf die Rechte von Bergen, Stockholm und Visby. 2008.

Band 376 Johanna Gertrude Schmitzberger: Das nationalsozialistische Nebenstrafrecht 1933 bis 1945. 2008.

Band 377 Christian Brom: Urteilsbegründungen im „Hoge Raad van Holland, Zeeland en West-Friesland" am Beispiel des Kaufrechts im Zeitraum 1704-1787. 2008.

Band 378 Christian Böse: Die Entstehung und Fortbildung des Reichserbhofgesetzes. 2008.

Band 379 Tobias Röhnelt: Timm Kröger. Leben und Werk. 2009.

Band 380 Andrea Elisabeth Sebald: Der Kriminalbiologe Franz Exner (1881-1947). Gratwanderung eines Wissenschaftlers durch die Zeit des Nationalsozialismus. 2008.

Band 381 Angela Kriebisch: Die Spruchkörper Juristenfakultät und Schöppenstuhl zu Jena. Strukturen, Tätigkeit, Bedeutung und eine Analyse ausgewählter Spruchakten. 2008.

Band 382 Nana Ozawa: Louis Adolphe Bridel – Ein Schweizer Professor an der juristischen Fakultät der Tokyo Imperial University. Die geschichtliche Bedeutung der Yatoi zur späten Meijizeit. 2010.

Band 383 Christian Weißhuhn: Alfred Hueck 1889-1975. Sein Leben, sein Wirken, seine Zeit. 2009.

Band 384 Andreas Hunkel: Eduard Dietz (1866-1940) – Richter, Rechtsanwalt und Verfassungsschöpfer. 2009.

Band 385 Meike Guskow: Entstehung und Geschichte der Europäischen Charta der Regional- oder Minderheitensprachen. 2009.

Band 386 Markus J. Jahnel: Das Bodenrecht in „Neudeutschland über See". Erwerb, Vergabe und Nutzung von Land in der Kolonie Deutsch-Südwestafrika 1884-1915. 2009.

Band 387 Matthias Günter Steiner: Die Klöster und ihr Wirken – eine der Wurzeln des Stiftungswesens? 2009.

Band 388 Cornelia Staats: Die Entstehung des Bundes-Immissionsschutzgesetzes vom 15. März 1974. 2009.

Band 389 Cai Niklaas E. Harders: Das Bundesjagdgesetz von 1952 sowie die Novellen von 1961 und 1976. Vorgeschichte, Entstehung des Gesetzes sowie Problemfelder. 2009.

Band 390 Matthias Pohlkamp: Die Entstehung des modernen Wucherrechts und die Wucherrechtsprechung des Reichsgerichts zwischen 1880 und 1933. 2009.

Band 391 Sebastian Baur: *Vor vier Höllenrichtern...* Die Lizentiats- und Doktorpromotionen an der Juristischen Fakultät der Universität Heidelberg. 2009.

Band 392 Christoph Salmen-Everinghoff: Zur *cautio damni infecti*: Die Rückkehr eines römischrechtlichen Rechtsinstituts in das moderne Zivilrecht. 2009.

Band 393 Till Meno Sellschopp: Der Weg zum Revokationsrecht der Ehegatten nach § 1368 BGB. Zugleich ein Beitrag zur Geschichte des ehelichen Güterrechts. 2009.

Band 394 Marc Biermann: Das Staatseigentum an öffentlichen Sachen im Gemeingebrauch in der ersten Hälfte des 19. Jahrhunderts. Die Theorie des reinen Hoheitsrechts an den öffentlichen Sachen von Rudolph von Jhering und Friedrich Ludwig Keller im Zusammenhang mit dem Baseler Schanzenstreit von 1859/62. 2009.

Band 395 Markus Tüxen: Kollegialprinzip oder Einzelrichter. Die Entwicklung des zivilrechtlichen Spruchkörpers bei den Landgerichten sowie den Oberlandesgerichten seit 1879 unter besonderer Berücksichtigung der Reformen von 1974 und 1976. 2009.

Band 396 Adam Polkowski: Die polnische Zivilprozessordnung von 1930/33. Unter Berücksichtigung des deutschen, österreichischen, russischen und französischen Rechts. 2009.

Band 397 Barbara Riedi: Die Porten der Unteren Strasse, ihr Ladungsrecht und der Strassenunterhalt. Rechtshistorische Betrachtungen zur Verkehrs- und Wirtschaftsgeschichte Graubündens. 2009.

Band 398 Stefanie Jessica Loroch: Zeitungsrubrik: Gerichtssaal. Strafprozessberichterstattung in Münster im 19. Jahrhundert (1848-1890). 2009.

Band 399 Dirk Henning Hofer: Karl Konrad Werner Wedemeyer (1870-1934). Ein Juristen- und Gelehrtenleben in drei Reichen. Eine Biographie. 2010.

Band 400 Thomas Simon (Hrsg.): Hundert Jahre allgemeines und gleiches Wahlrecht in Österreich. Modernes Wahlrecht unter den Bedingungen eines Vielvölkerstaates. 2010.

Band 401 Dörte Mentz: Die Beweislastumkehr in der Rechtsprechung des Reichsgerichts. 2010.

Band 402 Werner Schubert (Hrsg.): Oberster Gerichtshof für die Britische Zone (1948-1950). Nachschlagewerk Strafsachen – Nachschlagewerk Zivilsachen. Präjudizienbuch der Zivilsenate. Eingeleitet und herausgegeben von Werner Schubert. 2010.

Band 403 Yong Lei: Auf der Suche nach dem modernen Staat. Die Einflüsse der allgemeinen Staatslehre Johann Caspar Bluntschlis auf das Staatsdenken Liang Qichaos. 2010.

Band 404 Andreas Schwenk: Die Formbestimmung des § 313 BGB a. F. (§ 311 b Abs. 1 BGB n. F.) bei Verträgen über Grundstücke in der Rechtsprechung des Reichsgerichts. 2010

Band 405 René Schorsch: Eberhard Georg Otto Freiherr von Künßberg (1881-1941). Vom Wirken eines Rechtshistorikers. 2010.

Band 406 Ulrike Köbler: Werden, Wandel und Wesen des deutschen Privatrechtswortschatzes. 2010.

Band 407 Björn Florian Faulenbach: Rolle und Bedeutung der Lehre in der Rechtsprechung der Internationalen Gerichtshöfe im zwanzigsten Jahrhundert. 2010.

Band 408 Guangyu Fu: Das Causaproblem im deutschen Bereicherungsrecht. Eine rechtshistorische Untersuchung. 2010.

Band 409 Andreas Kimmelmann: Die Folter im Beweisverfahren der Leges Visigothorum. Chindasvinths Gesetzgebung im Spiegel der westgotischen Rechtsentwicklung. 2010.

Band 410 Jacqueline Schmaltz: Die Entwicklung der Industrie- und Handelskammern. Zwischen Pflicht und Kür. 2010.

Band 411 Hermann Nehlsen: Bayerische Rechtsgeschichte vom frühen Mittelalter bis zum 20. Jahrhundert. 2011.

Band 412 Kathrin Spoerr: Recht und Revolution. Deutsche Ökonomen und ihr Einfluss auf das Recht der Weimarer Republik – eine Zeitschriftenschau 1917-1920. 2011.

Band 413 Moritz von Köckritz: Die deutschen Oberlandesgerichtspräsidenten im Nationalsozialismus (1933-1945). 2011.

Band 414 Annika Lillemor Lara Rabaa: Die Ehe als Rechtsinstitut im Badischen Landrecht von 1810. Unter besonderer Berücksichtigung der gesellschaftlichen Entwicklungen im 19. Jahrhundert. 2011.

Band 415 Christian Hattenhauer / Klaus-Peter Schroeder (Hrsg.): 200 Jahre Badisches Landrecht von 1809/1810. Jubiläumssymposium des Instituts für geschichtliche Rechtswissenschaft der Ruprechts-Karls-Universität Heidelberg und der Heidelberger Rechtshistorischen Gesellschaft vom 23. bis 26. September 2009. 2011.

Band 416 Tobias Alexander Krammerbauer: Die Ministerverantwortlichkeit und die Vorformen sonstiger Verfassungsgerichtsbarkeit in Württemberg zwischen 1815 und 1918. 2011.

Band 417 Werner Schubert (Hrsg.): Quellen zur GmbH-Reform von 1958 bis zum GmbH-Änderungsgesetz von 1980. Eingeleitet und herausgegeben von Werner Schubert. 2011.

Band 418 Gisela Emling: Johannes Heckel. Leben und Wirken (1889-1963). 2011.

Band 419 Jochen Kirschbaum: Die Etablierung der Historischen Rechtsschule an der Ludoviciana (1814-1824). 2011.

Band 420 Sören Koch: Unaufgeforderte Hilfeleistung in Notsituationen. Eine rechtshistorische und rechtsvergleichende Studie zu den zivilrechtlichen Aspekten der Nothilfe mit besonderer Berücksichtigung des Rechts der Geschäftsführung ohne Auftrag. 2011.

Band 421 Friedrich Carl von Savigny: Die Prinzipienfragen in Beziehung auf eine neue Strafprozeß-Ordnung. Ausgearbeitet im Justizministerium für die Gesetzrevision. Eingeleitet und herausgeben von Werner Schubert. 2011.

Band 422 Stephan Faulwetter: Von der Zunft zur Handelskammer. Zur Entwicklung des Gewerberechts in thüringischen Staaten. 2011.

Band 423 Moritz Eisenhardt: Sanierung statt Liquidation. Die Geschichte des Vergleichs zur Abwendung des Konkurses unter besonderer Berücksichtigung der Vergleichsordnung von 1927 und 1935. 2011.

Band 424 Gerd Kleinheyer: Beiträge zur Strafrechtsgeschichte. Herausgeben von Franz Dorn, Mathias Schmoeckel und Jan Schröder. 2011.

Band 425 Ralf Maertens: Das Landgericht Altona (1879-1937) und die Anfänge des Landgerichts Itzehoe (1937-1945). Unter besonderer Berücksichtigung ihrer Tätigkeitsberichte und rechtspolitischen Stellungnahmen. 2011.

Band 426 Mark Friedrich: Ferdinand von Martitz (1839-1921). Rechtshistoriker, Staatsrechtler und Völkerrechtler zwischen dem Ende des Deutschen Bundes und dem Beginn der Weimarer Republik. 2012.

Band 427 Sebastian Krusche: Die Bundesrechtsanwaltsordnung vom 1. August 1959. Vorgeschichte und Entstehung. 2012.

Band 428 Marju Luts-Sootak / Sanita Osipova / Frank L. Schäfer (Hrsg./eds.): Einheit und Vielfalt in der Rechtsgeschichte im Ostseeraum. Unity and Plurality in the Legal History of the Baltic Sea Area. Sechster Rechtshistorikertag im Ostseeraum, 3.-5. Juni 2010 in Tartu (Estland) / Riga (Lettland). 6th Conference in Legal History in the Baltic Sea Area, 3rd-5rd June 2010 Tartu (Estonia) / Riga (Latvia). 2012.

Band 429 Margret R. I. Bootz: Die Hamburger Rechtsprechung zum Arbeitsrecht im Nationalsozialismus bis zum Beginn des 2. Weltkriegs. 2012.

Band 430 Heiko Zech: Die soziale Frage im Konkursrecht 1879-1900. 2012.

Band 431 Jan C. Lorenzen: Das Bundesnaturschutzgesetz vom 20. Dezember 1976. Die Entwicklung des Naturschutzrechtes in Deutschland von den Anfängen bis zur Neukodifikation des Bundesnaturschutzgesetzes von 1976. 2012.

Band 432 Ulrike Ingrid Bernhardt: Geschichte des Weinrechts im Deutschen Kaiserreich (1871-1918). Mit einem Überblick zur Vorgeschichte und Weiterentwicklung bis zur Gegenwart. 2012.

Band 433 Elisabeth Otto: Das Verwaltungsrecht in der SBZ / DDR bis zur Verwaltungsneugliederung im Jahr 1952. 2012.

Band 434 Werner Schubert: Zur Geschichte der Justizverfassung in Schleswig-Holstein im 19. und 20. Jahrhundert. Quellen und Studien. 2012.

Band 435 Stefan Ellenberg: Herrschaft und Reform. Zur Diskussion um die Aktienrechtsreform und den Konzern in der Weimarer Zeit. 2012.

Band 436 Jasmin Sonntag: Gesetzgebung und Verwaltung im Dalbergstaat 1802-1810. 2012.

Band 437 Martin Komusiewicz: Die Diskussion um das Verhältnis von Rechtsanwaltschaft und Notariat seit dem Ende des 18. Jahrhunderts bis zum Erlass der Bundesnotarordnung. 2012.

Band 438 Henriette von Breitenbuch: Karl Neumeyer – Leben und Werk (1869-1941). 2013.

Band 439 Günter Baranowski: Russische Rechtsgeschichte: Texte und Erläuterungen. Teil 1: Von den Anfängen bis 1612/13. 2013.

Band 440 Werner Schubert (Hrsg.): Staatsanwaltschaftsrecht (1934-1982). Quellen zu den Reformprojekten (Organisation – Innerer Dienstbetrieb – Ermittlungsverfahren – Verhältnis der Staatsanwaltschaft zur Polizei) und zur Anordnung über Organisation und Dienstbetrieb der Staatsanwaltschaft (OrgStA). Eingeleitet und herausgegeben von Werner Schubert. 2013.

Band 441 York Zieren: Das Schiedsverfahrensrecht der ZPO (1877-1933) unter Berücksichtigung der Genfer Übereinkommen von 1923 und 1927 sowie der Rechtsprechung des Reichsgerichts. 2013.

Band 442 Stefan Wolf: Das Jenaer Studium der Rechte im Dritten Reich. Zwischen Tradition und nationalsozialistischer Ideologie. 2013.

Band 443 Bernhard Klose: Das Verblassen eines Makels. Das Nichtehelichenrecht der DDR als Teil der gesamtdeutschen Entwicklung. 2013.

Band 444 Peter Opitz-von Bardeleben: Das Generalgouvernement Niederrhein. 2013.

Band 445 Nadine Göppner: Vorgeschichte und Entstehung des Atomgesetzes vom 23.12.1959. 2013.

Band 446 Frank L. Schäfer / Werner Schubert (Hrsg./eds.): Justiz und Justizverfassung / Judiciary and Judical System. Siebter Rechtshistorikertag im Ostseeraum, 3.-5. Mai 2012 Schleswig-Holstein / 7th Conference in Legal History in the Baltic Sea Area, 3rd-5th May 2012 Schleswig-Holstein. 2013.

Band 447 Sandy Schenker: Gegen Täuschungen und Gesundheitsgefährdungen durch schlechte Nahrung. Zur Entwicklung des Nahrungsmittelrechts durch Rechtsprechung und Gesetzgebung zwischen 1871 und 1927. 2013.

Band 448 Youn Seok Choi: Der Besitzerwerb des Erben. Historische Entwicklungen, die Lösung des § 857 BGB und ihre Anwendungsprobleme. 2013.

Band 449 Johannes Kalb: Die innerstädtische Auseinandersetzung in Regensburg am Ende der Reichsunmittelbarkeit. Eine historische und rechtliche Untersuchung. 2014.

www.peterlang.com